足利成氏の生涯

鎌倉府から古河府へ

市村高男

吉川弘文館

はじめに

足利《あしかが》成氏《しげうじ》は、四代鎌倉公方《くぼう》足利持氏《もちうじ》の子である。室町幕府の将軍に比べて知名度はやや低いが、高校日本史の教科書にも古河《こが》公方・享徳《きょうとく》の乱と合わせて登場するので、歴史上の重要人物の一人といってもよかろう。近年、古河公方に関する研究が進展し、さまざまな事実が分かってきた。本書ではそれらの研究を踏まえ、政治史ばかりでなく、社会経済史や宗教史・文化史など多様な方面から成氏の生涯に光を当て、その人物像に迫ってみることにする。

成氏は、永享《えいきょう》の乱（父の持氏が室町幕府と対立して滅ぼされた事件）・結城合戦《ゆうきがっせん》（持氏の遺児を擁立した下総《しもうさ》の結城氏朝《うじとも》らが室町幕府と戦って敗北した事件）で断絶した鎌倉公方家を幕府承認のもとに再建したが、ふたたび上杉《うえすぎ》氏や幕府と対立し、上杉憲忠《のりただ》を殺害して享徳の乱を引き起こし、幕府の追討を受けることになった。その過程で下総古河（茨城県古河市）に移って古河公方となり、約三〇年に及ぶこの乱を戦い抜いた。その間の彼の人生は波乱の連続であり、さまざまな人間ドラマが展開した。本書は確かな史料によって事実関係を掘り起こし、可能な限り成氏の生き様について描き出していく。

現在、成氏に関する研究は、彼の生涯の半ばを占める享徳の乱を中心にして、その戦いの経過を跡づけながら、成氏と幕府・上杉氏や関東の大名らとの関係を明らかにする試みが活発に進められている。最近では成氏時代の守護や奉行人《ぶぎょうにん》の研究に加え、足利一門に光を当てて、彼らの役割を考えようとする試みも進められるようになった。

その一方で、成氏の権力基盤をなす御料所《ごりようしょ》（直轄領）や奉公衆《ほうこうしゅう》（直属家臣団）に関する検討、成氏と宗教・文化（文芸や絵画など）との関わりに関する研究はそれほど活発ではない。それらの問題を踏まえ、成氏が下総古河で造り上げた権力組織・体制がどのようなもので、どのような性格を持っていたのかを問うことも、あまりなされていないようである。その結果、細かな事実関係が分かってきたのとは裏腹に、肝心の古河公方足利成氏の全体像は、いささかみえにくくなっているように思われる。

本書では、享徳の乱に関しては、段階ごとの内容・特徴と成氏の対応をみることに重点を置き、個別・具体的な戦いの経過などについては、それを主題として書かれた他書に譲り、成氏の誕生から鎌倉復帰までの足跡や再建した鎌倉府の内実を探り、さらには古河に移って樹立した政権の実態と特質を明らかにする。合わせて、その間に成氏が行った政策、古河での新たな都市づくり、宗教・文化との関わりについても検討する。そのなかでも、これまで史料の欠如のためあまり評価されてこなかった成氏の文化面での活動に関して見直しを試み、古河公方足利成氏の実像を描き出すことに努めたい。

とはいえ、成氏に関する史料はそれほど多くはない。彼自身が発した文書は三五〇点に満たず、年号を書かない簡単なものが多数を占めるため、広く関連史料をみていくことが必要になる。本書では、信憑性の高い文書や公家・僧侶らの日記などの記録類を中心にして、軍記物、和歌・連歌、絵画、考古資料や絵図・古地図など多様な史料を動員する。

しかし、こうした史料を使う際には注意すべきことがある。その時代に書かれた文書や公家・僧侶の日記はよいとしても、後世に作られた系図や軍記物などを使用する際には慎重さが求められる。信憑性の高い系図もあるが、他の確かな史料が記す内容と比較・検討しながら使うことが必要である。

系図と同じく軍記物もやっかいな史料である。本書でも軍記物は、『鎌倉持氏記』『結城戦場記』『鎌倉大草紙《かまくらおおぞうし》』などを使用している。このうち永享の乱後まもなく成立した『鎌倉持氏記』は、実録風に書かれた比較的信憑性の高い作品とされているが、それよりもあとに書かれ、その後さらに加筆された『鎌倉大草紙』は、上杉憲実《のりざね》と太田《おおた》道灌《どうかん》を称えるために作成されたとされているように、史実をもとに脚色された部分がみられるため、人物評価などについては注意して扱うべきであろう。

軍記物と異なるが、戦国後期以降に成立した『太田道灌状』という記録も、享徳の乱での幕府軍・上杉軍の功績を、すべて道灌個人の手柄にする傾向があり、事実に合致する点があっても、使用に際しては慎重な姿勢が求められる。

歴史の叙述は、確かな史料に基づいて書かれるが、成氏の時代のように史料が少ないと、なかなか書けないことがあり、『鎌倉大草紙』『太田道灌状』などを使わざるを得ない場合がある。しかし、使い方しだいで、かなり異なった歴史像・人物像を描き出してしまう。そこに歴史叙述の難しさがある。本書では、こうした問題点を踏まえ、断片的な史料や状況証拠に基づきつつ一部に推論を交え、古河公方足利成氏と彼が形成した古河府の実像に迫っていく。その際に、幕府や将軍を中心に論じられる歴史に対し、鎌倉・古河など関東から見た歴史を描き出すことに努めたい。

目次

第一章　父・兄たちの悲劇と成氏の生い立ち

1　鎌倉公方のあゆみ

初代鎌倉公方基氏　まず、成氏《しげうじ》の生涯を追うための前提として、鎌倉公方《くぼう》歴代のあゆみを概観する（巻末の系図参照）。

鎌倉公方家は、足利尊氏《あしかがたかうじ》四男の基氏《もとうじ》を始祖とする関東の足利氏の流れである。基氏には庶兄《しょけい》の直冬《ただふゆ》、尊氏の跡を継いだ義詮《よしあきら》らの兄がいた。義詮は初め叔父直義《ただよし》の後見のもと、鎌倉に住んで関東統治の旗頭の役割を務め、まもなく尊氏の後継者として京都へ出て、替わりに鎌倉に下ったのが基氏であった。義詮は京都帰還後も「鎌倉殿」と呼ばれ、初代鎌倉公方とされることもあるが、ここでは義詮に替わって鎌倉に入り、関東支配の基礎を固めた基氏を初代鎌倉公方、鎌倉公方家の祖と見なす。

基氏は幕府二代将軍となった義詮に協力し、東国支配の安定化を進めた。若い基氏には、補佐役として斯波家長《しばいえなが》・上杉憲顕《うえすぎのりあき》、高師冬《こうのもろふゆ》・畠山国清《はたけやまくにきよ》らが二人ずつ任じられた。幕府でも若い義詮に補佐役がおり、執事《しつじ》（のち管領《かんれい》）と呼ばれたので、基氏の補佐役は関東執事（のち関東管領）と呼ばれた。基氏は鎌倉府の基礎固めに努めた叔父直義の影響を受け、関東の地域性を踏まえた独自な政治組織である鎌倉府を造り上げた。

しかし、尊氏・直義兄弟が対立した観応《かんのう》の擾乱《じょうらん》で、直義が失脚・死去すると、関東執事の中心的存在であった山内《やまのうち》上杉憲顕も失脚し、関東から越後に後退する。基氏は憲顕の補佐を望んで復帰を要請し、貞治《じょうじ》元年（一三六二）に憲顕復帰を実現させるが、それから約五年後の貞治六年四月十六日、二八歳という若さで病死する。従三位《じゅさんみ》・左兵衛督《さひょうえのかみ》、法名は玉巌道昕《ぎょくがんどうきん》、謚号《しごう》は瑞泉寺殿《ずいせんじ》といい、鎌倉紅葉《もみじ》ヶ谷《がやつ》の臨済宗瑞泉寺（当初は瑞泉庵）に葬られた。

二代鎌倉公方氏満　基氏の死後、憲顕は基氏の子金王丸《こんおうまる》（のちの氏満《うじみつ》）を補佐して鎌倉府を運営し、その地位も関東管領と呼ばれるようになった。こうして鎌倉府の首長である鎌倉公方、その補佐役である関東管領を中心とする関東の統治体制が形成された。二代公方金王丸の成長過程は、関東の行政庁としての鎌倉府が体制を強化する時期に重なっている。金王丸は関東管領の補佐を受け、武蔵平一揆《むさしへいいっき》（上野《こうずけ》・武蔵では平氏の流れを汲む中小領主が血縁を軸に一揆を結んでいた）・宇都宮氏綱《うつのみやうじつな》の乱を鎮定すると、応安《おうあん》二年（一三六九）、将軍義満《よしみつ》の偏諱《へんき》を得て元服し、氏満と名乗った。氏満は成長するにつれて幕府からの自立志向を強め、将軍義満と競合する。それを象徴するのが、康暦《こうりやく》元年（一三七九）の康暦の政変で氏満がとった行動である。康暦の政変は、管領の細川頼之《ほそかわよりゆき》に対し、斯波義将《よしまさ》や土岐頼康《ときよりやす》らが頼之を排斥した事件で、このとき氏満は義将らに呼応する動きを見せたが、関東管領の上杉憲春《のりはる》に諫《いさ》められ、氏満も義満に野心なしと直筆の弁明書を送って事態を収束させている。

しかし、これより氏満と義満は互いに疑心暗鬼の状態に陥り、氏満が下野《しもつけ》の小山義政《おやまよしまさ》・若犬丸《わかいぬまる》の乱や常陸《ひたち》の小田孝朝《おだたかとも》の乱など関東の外様らを討伐すると、義満は警戒心を持って関東を見るようになる。明徳《めいとく》三年（一三九二）、義満は氏満との和解を意識し、奥羽二ヶ国を鎌倉府の管轄に移すが、権限分掌を曖昧にしたため、鎌倉・京都間の抗争の火種となった。応永《おうえい》五年（一三九八）十一月四日、氏満は四〇歳で急死した。法名は壁山道全《へきざんどうぜん》。鎌倉の永安寺《ようあんじ》に葬られた。従四位下《じゅしいげ》・左兵衛督であった。

三代鎌倉公方満兼　氏満が死去したとき、嫡子満兼《みつかね》は二一歳で、喪が明けた頃に三代公方に就任し、父祖や父と同じく左馬頭《さまのかみ》の官途を得た（のちに左兵衛督）。彼は公方就任の翌応永六年（一三九九）四月、陸奥《むつ》・出羽《でわ》両国統治のため、弟の満貞《みつさだ》・満直《みつただ》を陸奥の稲村《いなむら》（福島県須賀川市）・篠川《ささがわ》（同郡山市）に配置し、奥州探題大崎《おうしゅうたんだいおおさき》氏や伊達《だて》氏に対峙させ、反鎌倉府勢力に睨みをきかせると、同年七月には奥羽巡業も実施した。

この満兼の奥羽巡業と重なるように応永の乱が惹起《じゃっき》する。応永六年十一月に始まるこの乱は、将軍義満の策謀に乗って大内義弘《おおうちよしひろ》（周防《すおう》・長門《ながと》・豊前《ぶぜん》・和泉《いずみ》・紀伊《きい》の五ヶ国守護）が義満打倒を目指して挙兵した事件で、満兼は義弘から誘いを受けて武蔵府中（東京都府中市）まで出陣した。しかし、関東管領山内上杉憲定《のりさだ》に諌められ、さらには義弘敗死の報を得たこともあり、翌七年三月に鎌倉へ帰還する。この事件で義満の猜疑《さいぎ》心《しん》はさらに深まった。

応永九年春、南奥羽で伊達政宗《まさむね》らの反鎌倉府行動が発覚すると、満兼は犬懸《いぬがけ》上杉氏憲《うじのり》を大将とする討伐軍を派遣し、政宗をねじ伏せる。しかし、その後も幕府の支援を得た反鎌倉府勢力の抵抗が続いた。満兼は関東・奥羽の支配を強化し、鎌倉府体制の安定化を目指すが、応永十六年七月二十二日、三二歳で病死した。従四位下・左兵衛督、法名は泰岳道安《たいがくどうあん》。瑞泉寺の塔頭勝光院《たっちゅうしょうこういん》に葬られた。

四代鎌倉公方持氏　満兼の死後、幸王丸《こうおうまる》が一二歳で四代鎌倉公方となり、関東管領山内上杉憲定の補佐を受けた。応永十七年（一四一〇）八月、叔父の満隆《みつたか》に謀反の風説が拡がり、上杉邸に避難した。そして憲定が幸王丸と満隆を仲介し、幸王丸の弟乙若丸《おとわかまる》（のちの持仲《もちなか》）を満隆の養子にすることで和睦する。この年十二月、幸王丸は将軍義持《よしもち》から偏諱を得て元服し、持氏《もちうじ》と名乗った。翌十八年、憲定が関東管領を辞し、犬懸上杉氏憲（出家して禅秀《ぜんしゅう》）が後任となるが、持氏が禅秀家臣の所領問題などで禅秀と対立すると、応永二十三年十月、禅秀が満隆・持仲を擁立し、将軍義持の弟義嗣《よしつぐ》とも結び、縁者の千葉《ちば》兼胤《かねたね》・岩松満純《いわまつみつずみ》や持氏に不満を持つ佐竹山入与義《さたけやまのいりともよし》らの支持を得て持氏打倒の兵を挙げる。

持氏は鎌倉を没落し、禅秀らが鎌倉を制圧するが、義持は弟義嗣が満隆らと連携したことを知り、持氏支持に舵を切る。そのため、翌二十四年正月、禅秀の乱は鎮圧され、持氏の鎌倉帰還が実現する。この苦い経験がその後の持氏に大きな影響を与えた。応永二十六年、山内上杉憲実《のりざね》（憲基の子）が関東管領になったものの、まだ一〇歳と幼かったため、持氏は自らの意思で政権を運営し、応永二十四年五月の禅秀与党岩松満純討伐を契機に反対勢力の討伐を開始する。将軍義持は反持氏勢力を京都御扶持衆《ごふちのしゅう》として把握し、彼らを支援しながら持氏に対抗する。

応永三十二年、義持から将軍職を嗣いだ義量《よしかず》が一九歳で病死し、応永三十五年に義持が後継未決定のまま死去すると、改めて将軍継嗣問題が浮上する。義量の死後、鎌倉公方持氏は将軍就任の意欲を示したが、石清水八幡宮《いわしみずはちまんぐう》神前での鬮引《くじびき》きで、義持の兄弟の中から青蓮院門跡義円《しょうれんいんもんぜきぎえん》が選出された。持氏は将軍就任の夢を打ち砕かれたのである。

選出された義円は、還俗《げんぞく》して義宣《よしのぶ》（のち義教《よしのり》に改名）と名乗り、永享《えいきょう》元年（一四二九）三月に六代将軍となる。義教は持氏の動きを警戒し、南奥の篠川公方満直や伊達・蘆名《あしな》氏や、関東の結城《ゆうき》・千葉・小山氏に忠節を求め、持氏との対立姿勢を強めた。永享三年、持氏と義教は一時和睦するが、同五年に対立を再燃させ、同六年、持氏は鶴岡八幡宮《つるがおかはちまんぐう》に義教を呪詛《じゅそ》する願文を捧げている。同九年九月、持氏と上杉憲実の緊張が高まり、相模藤沢（神奈川県藤沢市）で一触即発の状態になった。このときは互いに自重し事なきを得た（呉座勇一「永享九年の『大乱』」）が、同十年六月に持氏が嫡子賢王丸《けんおうまる》の元服式を挙行し、将軍の偏諱を受ける慣例を破って義久《よしひさ》と名乗らせたので、同年八月、両者の関係は完全に破綻し戦闘が始まった。

義教は天皇から持氏追討の綸旨《りんじ》を得て、関東に追討軍を出陣させた。十一月、敗色濃厚となった持氏は出家して永安寺に入り、憲実は持氏の助命を試みる。しかし、義教はこれを許さなかった。翌年二月、上杉勢が永安寺を攻めて持氏を自害に追い込んでいる。享年四二歳、法名は陽山道継《ようさんどうけい》。鎌倉の長春院《ちょうしゅんいん》に葬られた。

成氏（万寿王丸《まんじゅおうまる》）は、父持氏が義教と和睦した永享三年に誕生する。しかし、まもなく両者の対立が再燃し、父の敗北・自害、公方家没落という事態の中で彼のあゆみが始まる。

2　成氏の生い立ちと父母

成氏の生年と母　ここで改めて成氏の生没年、父母、妻子などについて概観しておこう。前述のように父は四代鎌倉公方足利持氏、母は簗田《やなだ》満助《みつすけ》娘の興禅院殿《こうぜんいんどの》であった（『与五将軍系図《よごしょうぐんけいず》』）。簗田氏は、下野国簗田御厨《みくりや》（栃木県足利市一帯）の中から成長した足利氏譜代家臣であり、簗田御厨から武蔵・下総国境付近に複数の一族が分立していた。その中で、下総水海《みずみ》（茨城県総和町）一帯に勢力を持つ満助の娘が持氏の妻となったことから、公方家で大きな力を持つようになった（佐藤博信『古河公方足利氏の研究』、『総和町史　通史編　原始・古代・中世』）。

『本土寺過去帳《ほんどじかこちょう》』では、長兄の義久《よしひさ》を「ヤナタハラ」（簗田腹）とし、『古河公方系図』は同じく兄の春王丸《しゅんおうまる》を簗田河内守《かわちのかみ》（満助）の娘としているので、成氏と義久・春王丸の母は同じ女性であった可能性が高い。生年月日は、永享三年（一四三一）四月二日とするもの（『足利家通系図《あしかがけつうけいず》』）と永享六年とするものとがあり（『尊卑分脈《そんぴぶんみゃく》』『古河公方系図』）、死去年月日は明応《めいおう》六年（一四九七）九月晦日で一致している（『足利家譜』『足利家通系図』ほか）。享年については、生年の違いに対応して六七歳（『足利家通系図』）と六四歳（『喜連川判鑑《きつれがわばんかがみ》』『足利家譜』）の二通りあるが、兄弟・子女の年齢・活動期などから判断すると、永享三年四月二日生まれで、明応六年九月晦日に六七歳で死去したとするのが妥当であろう。

波乱の幼年期　成氏の幼名は長らく永寿王丸《えいじゅおうまる》とされていた。おそらく毛筆の「永」と「万」の字が誤読されたことによるものであろう。その後研究が進み、現在では万寿王丸であったことが分かっている（百瀬今朝雄「足利成氏の幼名」）。万寿王丸が鎌倉の公方御所のどこで生まれ、どのような日常生活を送っていたのか、具体的なことは何も分かっていない。しかし、すでに兄義久が持氏の後継者に決まっており、ほかに三人の兄がいたので、彼が持氏を継いで鎌倉公方になる可能性はほとんどなく、比較的気楽な日々を過ごしていたのであろう。

ところが、永享の乱を機に万寿王丸の生活は一変する。永享十一年（一四三九）二月、彼が九歳の時、幕府軍に敗北した父持氏が山内上杉勢に攻められ、謹慎中の永安寺で自害、兄義久も報国寺で自ら命を絶ち、兄弟も離散し、鎌倉公方家が滅亡の淵に追い込まれたからである。さらに、こののちに起こる結城合戦（下総の結城氏朝《うじとも》が、持氏遺児たちを擁立して室町幕府と戦った戦い）での敗北が追い打ちをかけ、公方家は一時断絶状態に陥った。

3　成氏の兄弟姉妹

長兄義久　父持氏には九人の子女がいた（『神奈川県史 通史編1 原始・古代・中世』、谷口雄太「足利成氏の妻と子女」）。持氏が永享十年（一四三八）の永享の乱で敗北し、翌年二月に永安寺で自害したとき、京都では「若君・姫君等七人」が殺害されたとの風聞があり（『師郷記』）、甲斐《かい》では「五人の若君が焼け死んだ」と伝えられる（『勝山記』）など、乱直後の情報は錯綜していた。確実なのは、持氏の嫡子義久が父の自害直後の二月十八日、叔父稲村公方満貞とともに報国寺で自害したことである（『鎌倉持氏記』、小国浩寿「永享記と鎌倉持氏記」）。義久の享年は一〇歳とも、一二歳とも伝えられる（『足利通系図』『足利家譜』）が、他の兄弟たちの年齢との関連からみると、正長《しょうちょう》元年（一四二八）生まれの一二歳とするのが妥当であろう。

次兄成潤　持氏の子女の多くは、持氏・義久父子の自害前後に近臣や乳母に護られて鎌倉を脱出し、各地に身を潜めた。持氏の「第二若君始めは大御堂殿と号し奉る」と記される男子は成潤《せいじゅん》と考えて間違いなかろう。彼はしばらく身を隠した（美濃であろう）後、永享十二年（一四四〇）春頃に結城氏朝を頼っている（『鎌倉持氏記』）。

「第二若君」とされる成潤は、他の兄弟の年齢との関係から判断すると、義久と同じ正長元年（一四二八）生まれ（義久より少し後か）か一歳下の永享元年生まれで、義久とは別の女性が生母であった可能性がある。成氏よりは二、三歳年上で、勝長寿院門主《しょうちょうじゅいんもんず》となって大御堂殿と呼ばれた（『古河公方系図』）。勝長寿院は源頼朝が父義朝《よしとも》の菩提を弔うため、鎌倉雪下大御堂ヶ谷《ゆきのしたおおみどうがやつ》に建てた寺院であり、鶴岡八幡宮を上回る高い格式を持っていた。勝長寿院門主になるには、将軍の猶子《ゆうし》となるのが慣例なので（『鎌倉年中行事』）、おそらく彼も将軍義政の猶子になったのであろう。生き残った成氏兄弟の最年長者で、鎌倉帰還後は成氏と並んで「両御所様」と呼ばれた（『喜連川家文書』）。

春王丸と安王丸　成潤のすぐ下の弟が春王丸と安王丸《あんおうまる》で、成氏を挟んでその下の弟が「乙若君《おとわかぎみ》」（乙若、『梁田家譜』）であった。年齢は史料にも混乱が見られるが、春王丸が永享元年（一四二九）生まれ、安王丸は永享三年生まれとみてよかろう（『足利家通系図』）。永享十二年の結城合戦で敗北し、翌嘉吉《かきつ》元年（一四四一）五月十六日、春王丸・安王丸は美濃国垂井《たるい》（岐阜県垂井町）で斬られ、二人の首が京着したとき、中原師郷《なかはらもろさと》は「十二歳と十歳なり」と明記する（『師郷記』、ただし『東寺執行日記《とうじしぎょうにっき》』は安王丸一一歳とする）。

前述のように、春王丸の母は、兄の義久や弟の成氏と同じ簗田満助の娘とみられるが、安王丸の生母について記したものはない。とはいえ、常陸国中郡荘《ちゅうぐんのしょう》（茨城県桜川市）での挙兵に際し、安王丸が主導者としての立場にあったことから、義久亡き後、彼が公方家の後継者としての地位にあったことは間違いない。おそらくそれは、安王丸の生母が簗田氏より格上の者の娘であったからであろうが、その詳細は不明である。乙若も簗田氏の娘が母であったことを想起すると、当時、持氏遺児の生き残りの中で、安王丸が後継者として第一に擁立される条件を備えていたことを示している。

弟の定尊　成氏のすぐ下の弟定尊《じょうそん》は、幼名を乙若と伝えられる（『簗田系図』）。結城落城のとき四歳・五歳・六歳などと伝えられるが、禅僧で歌人の清巌正徹《せいがんしょうてつ》が本人から五歳と聞いたと記している（『草根集《そうこんしゅう》』）ので、彼がそれを正しく記憶し、記録していたとすれば四歳と六歳は誤伝で五歳が正しいことになる。乙若は脱出後すぐ捕らえられ、京都に護送される途中の美濃垂井で処刑される予定であったが、将軍義教が横死したため、京都の土岐持益《もちます》邸に預けられ、そこで一三歳まで暮らした（『建《けん》内記《ないき》』『草根集』『東寺執行日記』）。

乙若は宝徳元年（一四四九）に鎌倉に下り、定尊の名で鶴岡八幡宮若宮別当《べっとう》（社務）となり、「雪下殿」と呼ばれた（『鶴岡八幡宮寺供僧次第』、佐藤博信『古河公方足利氏の研究』）。享徳《きょうとく》の乱が始まると、成氏の名代として出陣して各地を転戦するなど、応仁《おうにん》年間まで活動していたことが確認できる。

弟の守実と長春院

成氏には、このほか弟が三人いた。その一人が守実《しゅじつ》、もう一人が尊敒《そんじょう》で、その間に周防《しゅうぼう》がいたとされる。これまで周防は守実が改名した名とされていた（『足利家通系図』『足利家譜』ほか）が、近年、両者は別人で守実の弟とする説が出されている（佐藤博信「鎌倉公方足利成氏の『御連枝』の動向」）。しかし、争点となる文書の原本を見ると、筆跡から両者は同人の可能性が高い。

守実についてみると、生年や母について記すものはないが、事績については若干の史料がある。その一つが持氏側近の武家歌人木戸《きど》孝範《たかのり》の歌集『孝範集』で、その中に「和歌の秘々を聞きて、守実熊野堂と号す、成氏弟、人に奉りける時」との詞書《ことばがき》がある。この熊野堂《くまのどう》とは、勝長寿院・鶴岡八幡宮につぐ密教系寺院で、守実はその堂主に就任して熊野堂殿と呼ばれ、歌人としても活動していた。兄の定尊と協力して成氏を支え、応仁・文明の乱の後半期には、公方家と上杉氏を繋ぐキーマンの一人となった（『古簡雑纂』『太田道灌状』）。

周防の名は確かな史料には現れないが、足利氏関連系図では成氏弟の一人に長春院殿・長春院主を上げ、周防に当たると記す史料がある（『源家御所系図』『尊卑分脈』『足利系図』『古河公方系図』『喜連川判鑑』）。長春院は成氏の父持氏の墓所であるから、彼は成氏の鎌倉復帰に伴ってその院主となったとみられ、成氏から京都への重要案件を託された使者を務めたほか、岩松・小山氏への使者を務めるなどの役割を果たした（『喜連川文書』『正木文書』『小山文書』）。系図では「早世」したとされる。

弟の尊倣　尊倣については、生年や生母はもとより、永享の乱・結城合戦後の足取りも不明である。しかし、その活動が成氏・定尊より遅く始まり、明応期（一四九〇年代）にまで及んでいるので、彼らの弟であることは確実といってよい。系図類では、「長春院、雪下殿、蓮華《れんげ》光院《こういん》、若宮別当」（『古河公方系図』）、「雪下殿、蓮華光院、若宮別当」（『喜連川判鑑』）とあり、彼が鶴岡八幡宮若宮別当（社務）になったことを伝える。ただし、兄定尊の死後すぐ後継者になったのではなく、享徳の乱の中で幕府が任じた社務弘尊《こうそん》と競合し、成氏の支援を得て社務に就任し（『香蔵院珍祐記録《こうぞういんちんゆうきろく》』）、定尊と同様、成氏とその子政氏《まさうじ》を支えて関東の宗教界で重要な役割を果たした。

成氏の姉妹　成氏には姉妹が一人いた。鎌倉の太平寺《たいへいじ》住持となった安渓昌泰《あんけいしょうたい》である（『喜連川判鑑』）。彼女の生母や俗名は一切不明であるが、系図の記載や活動時期から成氏の姉である可能性が高い。太平寺は鎌倉尼五《かまくらあまご》山《さん》の第一に位置づけられた名刹で、鎌倉西御門《にしみかど》の来迎寺《らいこうじ》付近にあった（貫達人・川副武胤『鎌倉廃寺辞典』）。鎌倉の西御門は、成氏が鎌倉公方に復帰したあと、宇津宮辻子《うつのみやずし》・桐谷《きりがやつ》に続いて御所を置いたところである。太平寺は、彼女や成氏の曽祖父基氏の妻清渓尼《せいけいに》が再興し、鎌倉公方家代々の信仰を集めた尼寺で、成氏の娘義天昌全《ぎてんしょうぜん》もこの寺の住持になっている（『喜連川判鑑』）。

4　結城合戦と兄たちの悲劇

永享の乱を逃れた兄弟たち　永享十一年（一四三九）二月に成氏の父持氏と長兄の義久が自害した

とき、成氏を含む他の兄弟は、①成潤、②春王丸・安王丸、③乙若こと定尊、④万寿王丸こと成氏、⑤尊倣、⑥守実に分かれて鎌倉を脱出したようである。なぜこのように分かれたのかは、史料不足で不明であるが、それぞれの生母や乳母・乳父、近臣らとの繋がりに規定されたこと、彼らが同一行動をとって一網打尽にされるのを避けようとしたことなどが考えられよう。

成潤は弟たちが常陸中郡荘（茨城県桜川市）で挙兵する前から、下総の結城氏朝を頼る動きを見せており（『鎌倉持氏記』）、彼ら以前に結城へ入城したとみられる。永享の乱後の成潤については不明な点が多いので、ここでは鎌倉脱出後の足跡が多少なりとも分かる春王丸・安王丸と乙若の足跡を追い、結城合戦の顚末を概観しておこう。

春王丸・安王丸と乙若は、鎌倉から脱出したあと、いったん下野の日光山（栃木県日光市）に身を隠したとされる。この説については、軍記物によっており信用できないとし、鹿島・行方《なめがた》郡方面への逃避を主張する考えもある（佐藤博信『古河公方足利氏の研究』）。しかし、日光山側の史料には、公方持氏の自殺後、その遺児が鎌倉から日光山に逃れ、山内に滞在したとする記録があり、それらの史料が改めて注目されるようになった（『日光山往古年中行事帳《にっこうさんおうこねんちゅうぎょうじちょう》』、千田孝明「桜本坊宗安と『日光山往古年中行事帳』」、江田郁夫「武力としての日光山」）。

ところが、当時の日光山は、公方派勢力とその反対派勢力に分かれていたようで（『那須文書』『国学院大学白河文書』、小池勝也「室町期日光山別当考」）、春王丸・安王丸らが安心して滞在できる状態ではなく、まもなく彼らは日光山を下山し、永享十一年冬頃には常陸国中郡荘に入っていた可能性が高い。

春王丸・安王丸らの挙兵　春王丸・安王丸らが中郡荘の木所城《きどころ》（茨城県桜川市）で挙兵したのは、それからまもない永享十二年（一四四〇）三月四日のことであった。この日、彼らは城に近い加茂部《かもべ》郷（鴨部郷、同市）の賀茂大明神《かもだいみょうじん》に「源《みなもとの》安王丸《あんおうまる》征夷将軍《せいいしょうぐん》」の武運長久を祈願し、神領寄進を約束する願文《がんもん》を捧げている（『加茂部文書』）。同社の北西にある磯部《いそべ》郷には鹿島郡の鹿島神宮と密接な関係を持つ磯部大明神があり、持氏からも神領の寄進を受けるなど、公方家と繋がりを持っていた（磯部祐親『磯部稲村神社と謡曲桜川』）。春王丸・安王丸らが挙兵した木所城は、この神社が建つ台地の一角にあった。この地域は春王丸・安王丸らが安心して身を寄せられるところであり、実際、結城合戦では賀茂大明神の神主の一族とみられる加茂部加賀《かがの》守《かみ》が籠城し、討ち取られている（『結城戦場記』）。

加茂神社（茨城県桜川市）

磯部稲村神社（同）

しかし、彼らが磯部郷に身を寄せたのは、もとよりそればかりではない。中郡荘の南・東には筑波《つくば》・宍戸《ししど》氏の一族が分立し、在国奉公衆《ほうこうしゅう》として頼れる存在となっており、西には安王丸らが最も頼りにした結城氏朝がいた。氏朝は永享の乱に先立って、一時、幕府と和睦していた（『成簣堂文庫文書』）ので、持氏を直接支援することはなかったが、永享の乱後は重臣らの反対を退け、春王丸・安王丸らを結城城に迎え入れたのである（『鎌倉持氏記』『結城戦場記』）。

万寿王丸の動き　その当時、万寿王丸は信濃《しなの》国佐久《さく》郡（長野県佐久市）におり、岩村田城主の大井《おおい》持光《もちみつ》の庇護下にあった。それについては後述するが、兄たちの動きを知った万寿王丸は、持光から家臣の蘆田・清野氏らを付けられて信濃から結城に向かい、籠城戦に参加したと伝えられる（『鎌倉大草紙』）。しかし、別の史料では、春王丸・安王丸らの挙兵を知った持光が、上野との国境まで出陣したものの、上杉重方《しげかた》や箱根別当大森氏、駿河の今川氏らに阻まれて、関東に入ることができなかったと記す（『結城戦場記』『永享記』ほか）。信濃国佐久郡から関東に入るには、必ず碓氷峠《うすいとうげ》を越えるので、上杉方は上野との国境付近であらかじめ通路を遮断し、大井氏の動きを封じ込めたのである。しかも、大井氏の一族の中には幕府方に通じる者もあり（『笠系大成付録』）、持光が万寿王丸を擁立して結城城に籠城するのは事実上不可能であった。万寿王丸の結城籠城譚は、弟の乙若と混同した話であろう。

春王丸・安王丸らの最期　春王丸・安王丸らを迎えた結城城では、当初は周辺地域まで出撃するなど幕府・上杉方を手こずらせていたが、戦いの長期化とともに戦線の縮小を余儀なくされ、嘉吉元年（一四四一）四月十六日、幕府・上杉方の総攻撃によって落城した（『諸家文書纂』）。城主の氏朝はもちろん、桃井・一色氏ら春王丸・安王丸に付き添った足利一門・近臣らの多くが討ち死にした。同年五月四日、氏朝ら主立った者の首が京都六条河原に掛けられている（『師郷記』）。

春王丸・安王丸は、女装して城からの脱出を図ったと伝えられる（『結城合戦絵詞』）が、上杉氏配下の長尾実景《さねかげ》に身柄を拘束され（『鎌倉持氏記』『鎌倉大草紙』）、京都へ護送される途中、美濃国垂井宿（岐阜県垂井町）外れの御所野《ごしょの》にあった「垂井道場」（金蓮寺《こんれんじ》、のちに現在地へ移転）で殺害された。ときに嘉吉元年五月十六日、春王丸一二歳、安王丸一〇歳であった（『師郷記』『看聞日記』『鎌倉持氏記』）。春王丸の法名は喜阿弥陀仏《きあみだぶつ》、安王丸の法名は独阿弥陀仏《どくあみだぶつ》と伝えられる（『足利家譜』）。五月十九日、彼らの首が京着し、首実検に掛けられている（『建内記』）。

現在、金蓮寺の本堂には幼い二人を彷彿とさせる木造が安置されており、御所野の墓地には二人と乳母の墓とされる乱積の宝篋印塔《ほうきょういんとう》がある。また、彼らの墓の近くから出土した骨壺二つがあり、形態編年では一五世紀半ば頃のものである（小野木学氏のご教示）が、彼らのものと特定するのは難しい。

生き延びた乙若　乙若は結城城を脱出してまもなく、小山持政《もちまさ》に捕らえられた。その場所は「筑波根」とも「伊佐庄」（両者は同じ筑波山西麓方面を指す）ともある（『鎌倉持氏記』『結城戦場記』）ので、東

伝春王丸（左）**・安王丸の木像**（金蓮寺蔵、茨城県立歴史館提供）

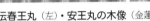

へ向かっていたことは確かであり、公方派大名の佐竹氏を頼ろうとしたと考えられる。

乙若も京都に護送されるが、春王丸・安王丸よりも捕らえられた日時が少し遅かったことから、遅れての出発になったようであり、このことが彼と春王丸らとの明暗を大きく分けることとなった。嘉吉元年（一四四一）六月二十四日、将軍義教が赤松満祐《あかまつみつすけ》に殺害された嘉吉の乱が起こり、幸運なことに乙若の処刑が中止となったのである。現在、金蓮寺には乙若に関する伝承が一切伝えられていないことから、彼はこの寺に入ることはなかったのかもしれない。

5　成氏の鎌倉脱出

万寿王丸の鎌倉脱出　永享の乱後、万寿王丸こと成氏は、公方近臣らに護られて信濃国佐久郡（長野県佐久市）の在国奉公衆で、岩村田城主である大井持光のもとに身を潜めた（『角田石川文書』）。その間の足跡をうかがわせるのが次の史料であり、興味深い内容を伝えている。

鎌倉の成氏は、同姓持氏一乱の時、永享十年十一月朔日、永寿王と申五歳にて、鎌倉小八幡社まで落としける。瑞泉寺昌在西堂懐して、常陸国住人筑波別当太夫郎等二人御供申、甲州へ忍で鍛冶が家にかくれけり、信濃へ落行、大井越前守持光を頼居給ひしが、同十三〔二〕年三月四日、舎兄二人常陸国中郡に蜂起して逆心を企、同二十一日、結城氏朝を頼み籠城有しかば、（下略）

これは『鎌倉大草紙』の一節で、鎌倉小八幡社まで退避したことや筑波氏の郎等らがお供したとの話は、享徳四年（一四五五）二月の筑波潤朝《じゅんちょう》軍忠状写（『諸家文書纂』）の一節をベースに書かれている。しかし、筑波潤朝軍忠状写では、筑波氏の郎等が「当大御所様・若君様」（持氏室・安王丸か）に付き添って鎌倉小八幡社まで退避させたとするのに対し、『鎌倉大草紙』では「若君様」を永寿王（万寿王の誤り）に置き換え、成氏の鎌倉逃避の話にしているなど、問題を含んでいるので注意を要する。

興味深いのはその後の部分であり、幼い成氏が小八幡社まで脱出したとき、瑞泉寺の昌在西堂《しょうざいせいどう》に懐抱され、筑波氏の郎等二人がお供をして甲斐から信濃へ落ち、大井持光を頼ったとする。瑞泉寺は初代公方基氏の墓所で、小八幡社に近い二階堂の一角の紅葉ヶ谷にあった。その瑞泉寺の昌在西堂が成氏を懐抱し、筑波氏の郎等とともに成氏を護って信濃の大井氏のもとへ逃れたとする。この点は筑波潤朝軍忠状と異なる情報源によっており、江戸初期成立の『古河公方系図』にも、昌在西堂が成氏を懐抱して甲斐、ついで信濃の大井持光を頼ったという記載があり、一六世紀半ばの成立とされる『簗田家譜』には、成氏が信濃に逃れる途中で甲斐に身を潜めたとの記載もみえる。これらの記載をすべて『鎌倉大草紙』の創作として切り捨てることもできるが、成氏が瑞泉寺の昌在西堂や筑波氏の尽力で鎌倉を脱出することはあり得るし、大井持光のもとに逃れたことは紛れもない事実であった。

この話の中の永寿王を万寿王に置き換えてみると、永享の乱後、不明な状態にあった幼き日の成氏の足跡を多少なりとも推測する手がかりが得られそうである。

鎌倉と大井氏との繫がり　右の史料の記載の中で、最も注目されるのは、瑞泉寺の昌在西堂が登場する点である。昌在西堂が万寿王丸と甲斐・信濃へ行ったとすれば、彼の鎌倉復帰に少なからぬ影響を与えた可能性がある。今のところ昌在本人が信濃へ行った証拠は見当たらないが、のちに成氏が鎌倉から古河へ移ったとき、昌在も随伴していた可能性があることから、彼の信頼する弟子が幼い成氏に付さ添って信濃へ行った可能性は否定できないであろう。

問題は成氏の逃避先が信濃佐久の大井氏であったのはどうしてか、そして彼が身を潜めたのは大井領のどこであったのかである。第一の問題からみよう。大井氏は信濃守護小笠原氏の一族で、複数の家に分かれて発展し、惣領家《そうりょうけ》は信濃守護代を務めていた。持氏期の持光も小笠原氏と協調し、幕府の命に従っていたが、伴野《ともの》氏らを圧して勢力を拡大し、守護小笠原氏や村上氏と対立すると、幕府が持光の動きを制止したのに対し、公方持氏が持光を支援したため、両者の関係が密接になっていった。

当時の信濃は幕府分国であるが、東部に位置する佐久郡や小県《ちいさがた》郡は関東分国の上野に隣接し、早くから関東と一体的な地域性を持っていた。この地域の領主である大井氏は、関東に親近感を持ちながら幕府に従う存在で、いわば幕府と鎌倉府の狭間に生きる領主であった。持氏は持光を積極的に支援し、鎌倉府の在国奉公衆とすることにより、幕府分国の一角に鎌倉府の楔《くさび》を打ち込んだのである。持光の「持」は持氏の偏諱であろう。

そのため持光は、結城合戦で信濃武士が守護小笠原氏に従って下総結城へ出陣した（『結城陣番帳』）とき、結城方に応じて上野と信濃の国境に出陣し（『鎌倉持氏記』）、享徳の乱でも碓氷峠を越えて、上野安中《あんなか》付近（群馬県安中市）まで出陣し、上杉方に対峙する（『正木文書』）など明確に公方派として活動した。永享十一年（一四三九）、永享の乱の敗北で鎌倉を脱出した万寿王丸が信濃大井へ逃れたのは、頼れる公方派大井氏の存在があったことによるものである。

鎌倉と安養寺との繋がり

万寿王丸こと成氏は、結城合戦で関東に入れず、結城落城後も大井氏の庇護下で日々を過ごした。問題は彼が過ごしたのは大井領のどこであったのかである。第一に考えられるのは、大井氏の居城である岩村田館《いわむらだ》（長野県佐久市）であろう。この城は大井城《おおい》とも呼ばれ、湯川を見下ろす台地の縁辺部に立地し、王《おう》城と呼ばれる主郭部分を中心に、石並城《いせならび》・黒岩城《くろいわ》という曲輪《くるわ》を南北に配した大規模なもので、佐久郡最大の領主大井氏の居城にふさわしい城であった。この城の外郭で万寿王丸が生活した可能性もあるが、当時の武家の慣例では、城主の親子・兄弟でも成長すれば同じ城で生活することはなく、逃避中の万寿王丸を城内に置くとは考えがたいことである。

岩村田館跡中心部遠景（長野県佐久市）

　そこで注目されるのが、万寿王丸の逃避先と伝えられる安原《やすはら》の臨済宗安養寺《あんようじ》（佐久市安原）である。この寺は大岩田城から東南東へ約三キロメートル離れた山裾にあり、山門の手前から遠望する境内はなかなかの風格を持つ。持光が成氏を大井の「山中」で養育したとする（『永享記』）風景とも矛盾しない。しかし、鎌倉や万寿王丸との関連から、安養寺に着目した研究はなかった。信ずるに足る史料を欠くことが理由である。

実際、安養寺と万寿王丸（この寺では永寿王丸とされる）との関係は、伝説に近い話であるが、江戸期から成氏の乳母は安養寺住持の妹である（『鎌倉管領九代記』）とか、大井氏の娘が持氏の妻である（『信陽雑記《しんようざつき》』）とか、さまざまな形で安養寺と万寿王丸との繋がりが語られてきた。安養寺でも成氏との関係が根強く伝えられてきた（江戸時代のものであるが、成氏が使用したとする食膳具まで残している）。

ところがこれまで、確かな史料を欠くためか、万寿王丸と臨済宗寺院や禅僧との関係から探ろうとする試みは、あまりなされてこなかった。しかし、万寿王丸が永享の乱で鎌倉を脱出する際、瑞泉寺昌在西堂が寄り添い、信濃への逃避行を援けた可能性があるとすれば、瑞泉寺などの臨済宗寺院との関係から、彼の足跡を探ってみることも一つの方法であろう。

瑞泉寺は鎌倉の二階堂紅葉ヶ谷にあり、鎌倉末期に二階堂道緼《にかいどうどううん》（貞藤）を開基、夢窓疎石《むそうそせき》を開山として創建された臨済宗夢窓派の寺院である（当初は瑞泉庵）。その後、初代公方基氏が中興開基となり（基氏墓所）、錦屛山《きんぺいさん》瑞泉寺という寺院に発展し、二代公方氏満時代に関東十刹《じっさつ》に列せられる有力寺院となった（『夢窓国師年譜』『扶桑五山記』）。

瑞泉寺は夢窓派の中でも、住持を務めた古天周誓《こてんしゅうせい》（建長寺五七世）や曇芳周応《どんぽうしゅうおう》（円覚寺《えんがくじ》五八世）の門派との関係が深く（『円覚寺史』）、公方氏満と将軍義満が対立したとき、仲介に奔走したとされるのは古天周誓であり（『鎌倉大草紙』）、のちに成氏が父持氏らのために再興した武蔵上崎《かみさき》（埼玉県加須市）の龍興寺《りゅうこうじ》や、古河に建立された公方家の菩提寺も古天門派の流れに繫がる僧が住持となっているほか、建長寺派の一部に公方家に親しい僧がいた形跡もある（後述）。

甲斐の恵林寺　夢窓疎石が各地に建立した夢窓派寺院の一つに恵林寺《えりんじ》があった。甲斐国牧荘《まきのしょう》（山梨県山梨市）の恵林寺は、鎌倉末期に二階堂道縕を開基、夢窓疎石を開山として成立した臨済宗寺院である。夢窓疎石は恵林寺を甲斐の拠点とし、鎌倉の瑞泉寺との間を往来したといい、両寺には緊密な繋がりがあった（『夢窓国師年譜』、今枝愛眞『中世禅宗史の研究』）。『鎌倉大草紙』では、成氏が鎌倉を脱出した後、甲斐の鍛冶屋のもとに身を潜めたとする。似通った話は『簗田家譜』にもあり、彼の乳母の身内が鍛冶屋であったとするが、この話は成氏の逃避行を強調する脚色であった可能性がある。成氏の逃避に瑞泉寺が関係したとすれば、その人脈や法脈から恵林寺か長禅寺・勝善寺などを想定するのが自然であろう。

しかし、甲斐の守護武田《たけだ》氏は、上杉禅秀の乱で持氏に敵対し、甲斐を没落して幕府の庇護を受け、永享の乱では持氏を攻撃しているので、恵林寺が万寿王丸をかくまえる状況にはない。恵林寺がだめなら、目指すところは信濃佐久の大井氏のところに絞られる。成氏が身を潜めた安養寺は大井氏の菩提寺で、臨済宗法燈派《ほうとうは》（現在は妙心寺派）であった。

安養寺の盛衰　安養寺は鎌倉末期、無本覚心《むほんかくしん》を開山として佐久郡の寺平《てらだいら》に建てられた。覚心は信濃筑摩《ちくま》郡神林《かんばやし》（長野県松本市）出身で心地覚心ともいい、高野山で真言・禅を学び、鎌倉の寿福寺《じゅふくじ》を経て京都深草の極楽寺で道元《どうげん》に学んだ後、宋へ渡って径山《きんざん》・道場山、杭州《こうしゅう》の護国仁王寺（中国浙江省杭州市）に参じ、臨済宗楊岐派《ようぎは》の法を嗣いで帰国し、高野山金剛三昧院（和歌山県高野町）を経て、紀伊

安養寺遠景（長野県佐久市）

由良《ゆら》（同由良町）の西方寺《さいほうじ》（のち興国寺）の開山となった。彼の禅は密教色が強く、普化宗《ふけしゅう》（虚無僧の寺）を広めたことでも知られる（『鷲峰開山法燈円明国師行実年譜《しゅうほうかいさんほうとうえんみょうこくしぎょうじつねんぷ》』、広瀬良弘「臨済宗法燈派の越中進出」）。

覚心は永仁六年（一二九八）に死去し、晩年に弟子の一人が彼を勧請《かんじょう》開山として寺平に開いたのが安養寺で、現在の安養寺と別の場所にあったとされるが、現在の安養寺境内を含む一帯が字光明寺であることから、ここに安養寺の前身となる寺院があった可能性が高い。おそらく寺平安養寺の衰退後、覚心の高弟の一人高山慈照《こうさんじしょう》の法嗣大歇勇健《だいけつゆうけん》が現在地に再興したのが安原の安養寺であろう。勇健は安原安養寺の実質的な開山で（『安《あん》養開山勅諡正眼智鑑禅師年譜《ようかいさんちょくしせいがんちかんぜんじねんぷ》』）、永徳三年（一三八三）五三歳で死去しているので、中興の時期は一四世紀半ばとみられる。以来、安原の安養寺は臨済宗一山派《いっさんは》の慈寿寺《じじゅじ》（長野県佐久市）とともに、大井氏の菩提寺の中心として発展する。万寿王丸が大井持光の庇護のもと、瑞泉寺の僧らとこの寺に入るのは永享十一年（一四三九）冬から翌年春頃であろう。

安養寺は、大井氏が文明十六年（一四八四）に村上氏に滅ぼされると（『龍雲寺文書《りゅううんじもんじょ》』『太田山実録』）、他の菩提寺と同じように荒廃していった。一六世紀に武田氏が信濃へ進出したとき、中興された甲斐の恵林寺の末寺となり、寺領を寄進され（『安養寺文書』）、今日まで存続することになった。そうした盛衰があるためか、万寿王丸が過ごした当時の史料は散逸し、詳細を語る史料は残っていない。

こうして成氏は、何一つ不自由のない鎌倉での生活から一転し、信濃の禅寺で厳しい規律の中で幼年期を過ごした。そこでの生活が、成氏の人格形成に少なからぬ影響を与えていた可能性がある。

第二章　成氏の復帰と鎌倉公方就任

1　成氏の鎌倉復帰

公方家の継承

永享《えいきょう》の乱による持氏《もちうじ》の自害後、将軍義教《よしのり》は持氏遺児を処分し、鎌倉には新たな公方《くぼう》として自分の息子を配置する方針であった。人選も進んで新たな「鎌倉殿」が決定し、文安《ぶんあん》二年（一四四五）四～五月には、「鎌倉殿御直垂《おんひたたれ》二具誂《ぐあつら》え」とその費用に関する話が記録されている（『高倉永豊《たかくらながとよ》卿記《きょうき》』）。この「鎌倉殿」を義教の子義永《よしなが》とする研究もある（清水克行「まぼろしの鎌倉公方」）。しかし、義教が嘉吉《かきつ》元年（一四四一）六月二十四日、赤松満祐《あかまつみつすけ》に殺害された（嘉吉の乱）ため、義教子息の鎌倉下向計画は白紙に戻されたらしく、これ以降、京都の「鎌倉殿」は史料から消滅する。それに伴って、美濃《みの》垂井《たるい》辺りで斬殺される予定であった乙若《おとわか》が、幕閣の会議で鎌倉公方後継の候補に選出されて、美濃守護の土岐《とき》持益《もちます》邸に預けられることになった。

なお、結城《ゆうき》落城の際に逃げ延びた成潤（当時は俗人）は、最初から後継候補から外れていた。結城城には持氏の叔父稲村公方満貞《みつさだ》の跡継ぎも入っていた形跡がある（『角田石川文書』、『神奈川県史 通史編

1　原始・古代・中世』）が、それが元服まもない成潤《せいじゅん》であろう。彼は成氏《しげうじ》の鎌倉帰還と同じ頃、鎌倉へ戻って勝長寿院《しょうちょうじゅいん》の門主となる際に出家して成潤と名乗ったとみられる。彼が成氏と乙若の兄であるにもかかわらず、後継候補からはずされていたのは、養子に出ていたためであった可能性がある。

万寿王丸の公方擁立の動き　その頃、信濃《しなの》国佐久《さく》郡（長野県佐久市）では、大井氏のもとにいた万《まん》寿王丸《じゅおうまる》を公方に擁立する動きが活発化していた。すでに嘉吉元年（一四四一）十二月二十九日、万寿王丸は南奥石河荘《いしかわのしょう》（福島県石川町一帯）の石川持光に、「今月十七日、綸旨《りんじ》ならびに御旗到来の上は、近々御還御有るべく候、然ば不日出陣せしめ、忠節致すべく候」と申し送っていた（『角田石川文書』）。この文書が出される一二日前、万寿王丸のもとに後花園《ごはなぞの》天皇の綸旨と錦御旗が到着したとある。それが事実なら、遅くとも十一月までに綸旨・御旗の下賜《かし》申請をしていたことになるが、綸旨と錦御旗の交付については確認されていない。とはいえ、万寿王丸が天皇に鎌倉復帰を認められたと主張しながら、石川持光に出陣を命じていたのは紛れもない事実である。

　万寿王丸の行動が、同年六月二十四日の義教横死からまもない頃に始まったのは注目に値しよう。岩松持国《いわまつもちくに》（上野《こうずけ》国新田荘《にったのしょう》の岩松氏の当主。上杉禅秀《うえすぎぜんしゅう》の乱後、本家当主にとってかわった）は義教横死の報をいち早く入手し、同年七月二十七日、石川持光に「関東の御本意この時に候う」と書き送り、万寿王丸への忠節を求めながら鎌倉復帰に向けた行動を開始した（『角田石川文書』）。そして、その五ヶ月後には万寿王丸本人が鎌倉帰還の意向を伝える文書を発している（『角田石川文書』）。彼がまだ八歳であったことを思えば、付き添いの公方近臣・禅僧や復権を目論む持国らの意向が反映されていたことは確かであろう。

一方、幕府は義教を暗殺した赤松満祐追討で混乱しており、嘉吉二年十一月には九歳の足利義勝《あしかがよしかつ》が新将軍に就任したばかりで、かなり不安定な状況にあった。乙若が京都の土岐邸に入った嘉吉元年七月二十八日当時、将軍職は空位の状態にあり、新将軍に面会しようにも面会できない状態であった。乙若は公方継承候補とされながら、想定外のことが連続し、公方就任が叶わないまま日時を費やしていたのである。

成氏の鎌倉復帰を支えた勢力　新将軍足利義勝を擁立する細川持之《ほそかわもちゆき》は、赤松追討後の嘉吉二年（一四四二）六月下旬に管領《かんれい》を辞し、その一ヶ月余り後に急死した。その後任には持之のライバルであった畠山持国《はたけやまもちくに》が着任した。畠山氏は幕府内でも周知の親鎌倉公方派であり、公方派大名の下総《しもうさ》結城氏とも親しい関係にあった。その新たな管領持国が、持氏遺児の公方家再興・鎌倉府再建問題に向かい合うことになったのである。

こうした幕閣の変化の中で、万寿王丸やその兄成潤らはどのように動いたのであろうか。文安元年（一四四四）に比定される十二月十八日付けの鑁阿寺《ばんなじ》宛て鎌倉府奉行人前下野守義行《さきのしもつけのかみよしゆき》（明石氏か）の文書を見ると、万寿王丸は「上様《うえさま》」と呼ばれ、その少し前に「御代始《おだいはじめ》」を行ったとの記載があり（『鑁阿寺文書』）、この年十二月初め頃に、万寿王丸が信濃佐久で持氏の跡目を継承し、代始めの儀式を行っていたことが分かる。この時、仮りの元服をしていた可能性もある。万寿王丸は、京都や鎌倉でも他の兄弟より優位に立つ条件を獲得し、そのことが公方家相続を後押しする力になっていた。その大きな力の一つが、瑞泉寺《ずいせんじ》を中心とする禅僧らのネットワークであったと考えられる。

加えて、結城合戦で春王丸《しゅんおうまる》・安王丸《あんおうまる》を支えた岩松持国が、今度は万寿王丸を積極的に擁立する立場に立ったことや、持氏後家の一人である成氏の生母とその実家簗田《やなだ》氏の動きも注目される。関東の足利氏「御一家」に次ぐ岩松氏の先導的な対応、持氏後家の父娘の動きは、幕閣ばかりか山内《やまのうち》上杉氏らの判断にも影響を与えた可能性がある。万寿王丸の復帰活動の本格化により、幕府側にも関東側にも、彼を公方として承認しようという流れが急速に拡がっていった。万寿王丸の弟乙若が、幕府の判断任せにしたまま、京都の土岐邸で目立った復帰行動を起こさなかったことも、二人の明暗を分けた理由であろう。

実現した成氏の鎌倉復帰　管領畠山持国による幕府運営が進むにつれて、将軍の子弟が鎌倉公方になっても関東を統治するのは難しいとの認識が広がり、山内上杉憲実《のりざね》を関東管領に復帰させ、新たな公方を補佐させようとの意見が固まった。幕府は憲実を復帰させるべく、天皇に綸旨の発行を求める異例の処置をとるが、憲実が頑なにこれを固辞したため方向転換が必要になり、山内上杉氏家務職長《なが》尾昌賢《おしょうけん》（景仲）らが推す憲実の子龍忠《たつただ》（のちの憲忠《のりただ》）を候補として、幕府・朝廷間との調整を進めた。

文安四年（一四四七）八月二十九日、万寿王丸の近臣が鑁阿寺子院《しいん》の普賢院《ふげんいん》（栃木県足利市）に発した書状には、「去廿七日還御《かんぎょ》」という記載があり（『鑁阿寺文書』）、この日に万寿王丸の鎌倉帰還が実現したことが分かる。『鎌倉大草紙《かまくらおおぞうし》』も「永寿王丸」（万寿王丸の錯誤）が「八月廿七日、上州白井をたち、鎌倉へおもむきたまふよし聞へければ」と記す。確かな文書と軍記物とが、ともに文安四年八月二十七日を万寿王丸鎌倉帰還の日としているので、彼の鎌倉帰還がこの日であったことは確かであろう。万寿王丸一六歳の秋であった。

上野国分を経由した理由　注目されるのは、『鎌倉年中行事』に万寿王丸が上野国分《こくぶ》（上野国府、上野の政治的中心地、前橋市元総社町《もとそうじゃ》、高崎市東西・国分町）から鎌倉に帰還し、そのとき万寿王丸の沓《くつ》（木製の靴）を整える役目を本間太郎が務めたと記載していることである。この点、『鎌倉大草紙』は上野白井（群馬県渋川市）に入り、上杉憲実の迎えを受けた後に鎌倉へ帰還したとする。二つの史料は、万寿王丸がいったん上野に入り、鎌倉府側の出迎えを受けたという点で一致している。

しかし、『鎌倉大草紙』は上杉憲実が上野白井で出迎えたとし、『鎌倉年中行事』は鎌倉府役人の本間氏らが上野国分で出迎えたとしており、微妙な違いがある。上野国は山内上杉氏の守護分国で、当時、白井城には長尾昌賢がおり、国分（総社）には長尾忠政《ただまさ》が在城していた。万寿王丸の立ち寄り先がどちらであったにせよ、山内上杉氏との関係が調整されていたことを示す。しかし、『鎌倉大草紙』と『鎌倉年中行事』の史料的性格を考えれば、後者の方が信憑性が高いので、上野国分で鎌倉府の役人らの出迎えを受けたと見るのが妥当であろう。万寿王丸が信濃佐久から鎌倉へ帰還する道筋から考えても、上野白井は外れるのに対し、上野国分はあまり不自然さを感じさせない。

つぎに信濃佐久から上野国分までと、そこから鎌倉までの日程を考えてみると、万寿王丸は七月上旬に幕府から公方継承の承認を得て、遅くとも八月半ばには上野国分に入っていた可能性が高い。そこで鎌倉からの出迎えを受け、鎌倉公方としての体裁を整えてから鎌倉に向かったとみられるが、鎌倉入りを移転とみなし、移徙《いし》の儀式が行われていたのかもしれない。いずれにせよ、『鎌倉年中行事』が万寿王丸は「上野国分より還御」と記すのは、関東の一角をなす上野に入ることに意味があったからで、この史料の筆者海老名《えびな》季高《すえたか》は、それを認識して「上野国分より還御」と書き留めたのである。同時期の『鑁阿寺文書』にも、「成氏様、上州より御帰座《ごきざ》の砌《みぎり》も」とあり、万寿王丸が信濃佐久から帰還したにもかかわらず、上野から帰還した記している。このことも、当時の関東では、万寿王丸は上野から帰還したと考えられていたことを示す。万寿王丸が短期間とはいえ、上野の中心である上野国分に滞在し、そこから鎌倉の御所に入ることが、儀礼的に重要な意味を持っていたと考えられる。

なお、万寿王丸の弟乙若が、鎌倉に帰還したのは宝徳《ほうとく》元年（一四四九）のことであり、彼はこれに伴って出家し定尊《じょうそん》と名乗り（幕府が彼を公方継承者と内定したとき、元服していた可能性もある）、鶴岡八幡《つるがおかはちまん》宮《ぐう》社務の地位に就き、公方となった兄成氏を支えていくことになる。

2　成氏の任官と鎌倉の新御所

万寿王丸の元服　こうして万寿王丸は鎌倉に帰還した。文安四年（一四四七）八月二十七日、万寿王丸一六歳のことであった。年齢的にはすでに元服を済ませている年回りであり、鎌倉公方として活動するためにも、正式に元服し官位を得ることが必要であった。関東管領に就任した四歳年下の上杉龍忠が、すでに元服して憲忠と名乗っていたことも、彼の元服を急がせることになった。

万寿王丸の元服の動きが進展したのは文安六年である。この年六月、上杉憲忠の家務長尾景信《かげのぶ》が上洛し、「関東御名字《かんとうごみょうじ》」（万寿王丸の偏諱《へんき》拝領）について幕府に申し入れ、万寿王丸は将軍足利義成《よししげ》（のちに義政《よしまさ》）の「成」の一字を得て「成氏」と名乗ることになった。鎌倉側は公方家の慣例に従って、成氏の官途を左馬頭《さまのかみ》か右兵衛佐《うひょうえのすけ》にしたいと希望したが、当時、将軍義成が左馬頭であったため、改めて幕府に右兵衛佐の官途を申請すべきか、位階は従五位下《じゅごいげ》か、などと伺いを立てている（『康富記《やすとみき》』）。

当時の幕府の内情をみると、嘉吉の乱で将軍義教が殺害されたため、嘉吉元年（一四四一）六月二十六日、その子千也茶丸《せんやちゃまる》が室町第へ移され、管領細川持之ら大名たちに擁されて後継者となることが確認された。同年八月十九日、千也茶丸は後花園天皇から義勝の名を与えられ、童形《どうぎょう》のまま「室町殿」（足利将軍家の家督継承者）と呼ばれるようになった。翌嘉吉二年十一月七日に九歳で元服し、同時に将軍宣下が行われ七代将軍となるが、同三年七月二十一日に赤痢で夭折した（享年一〇歳）。そのため、管領畠山持国らが義勝の同母弟三春（のちの義政、はじめ義成）を「室町殿」に選出した。まだ八歳の三春は、文安三年十二月十三日に御花園天皇から「義成《よししげ》」の名を与えられたが、元服したのは同六年四月十六日、一四歳のときであり、この月二十九日に将軍宣下を受けて八代将軍となった。

こうした事情があったため、文安六年四月末以降に鎌倉から幕府に対し、万寿王丸の元服と叙位・任官についての伺いが立てられたのである。そして、幕府への申請が終わり、元服と叙位・任官が承認されると、ようやく万寿王丸の元服式が行われることになった。特別の事情によるとはいえ、かなり遅い一八歳での元服となった。

成氏の祖父満兼《みつかね》やその弟満貞《みつさだ》・満直《みつただ》の元服式では、御所奉行《ごしょぶぎょう》の海老名《えびな》修理亮《しゅりのすけ》が「御髻役《おんもとどりやく》」を務め、持氏のときは同じく御所奉行の本間遠江守《ほんまとおとうみのかみ》が「御髻役」を務めた（『鎌倉年中行事』）。「御髻役」とは、作法に従って元服する人の髻を結い、その上に立烏帽子《たちえぼし》を装着する役割をいい、有力な近臣が務めるのが慣習であった。成氏が上野から鎌倉への帰還の際、「御沓《おんくつ》」の役を務めたのも御所奉行本間氏の一族本間太郎であった。成氏の元服に際し、誰が「御髻役」を務めたのか不明であるが、それまでの慣例からみて、御所奉行の海老名氏か本間氏であった可能性が高い。

成氏の叙位・任官　こうして万寿王丸は年下の新将軍義成から「成」の一字を与えられ、成氏と名乗ることになった。元服からまもない宝徳元年（一四四九、七月に文安から宝徳に改元）八月二十七日、成氏は後花園天皇の口宣案《くぜんあん》によって、従五位下・左馬頭となった（『綱光公記《つなみつこうき》』『妹尾文書《せのおもんじょ》』）。この日、将軍義成は従五位下・左馬頭から従四位下《じゅしいげ》の参議《さんぎ》・左近衛中将《さこんえのちゅうじょう》となっており（『康富記』）、成氏は官位を上げた義成の旧官位に着いたことを示している。

成氏は、従五位下・左馬頭に任官してまもなく、幕府に礼状を送り、宝徳元年九月十一日、それに応えた管領畠山持国が、関東管領山内上杉憲忠に宛て、将軍義成も喜んでいると成氏に伝えるよう返書を書き送っている（『喜連川文書』）。その約二年半後に当たる宝徳三年二月二十八日、成氏は従四位下・左兵衛督《さひょうえのかみ》に昇進した（『妹尾文書』）。成氏は二〇歳、将軍義成は四つ違いの一六歳であった。

宇津宮辻子の御所　こうして成氏は鎌倉公方にふさわしい官位を得た。では成氏はどこに御所を構えたのであろうか。成氏が鎌倉へ帰還してからまもなく、鶴岡八幡宮供僧《ぐそう》の香象院珍祐《こうぞういんちんゆう》が書いた記録

宇津宮辻子の一角にある宇津宮稲荷神社（神奈川県鎌倉市）

には、文安五年（一四四八）九月、弘法大師（空海）筆とされる八幡神御影《はちまんしんごえい》を「宇津宮公方《うつのみやくぼう》」に進上したところ、十一月二十八日、珍祐のもとへ公方から本間遠江入道《にゅうどう》が派遣されて、毎日法施するように命じられたという記載がある（『鶴《つる》岡八幡宮寺供僧次第《がおかはちまんぐうじぐそうしだい》』）。宇津宮（宇都宮）は鎌倉の中心部の宇津宮辻子《ずし》一帯のことであり、そこにいた公方が宇津宮の公方と呼ばれていた。前年八月末に鎌倉へ帰還した成氏は、宇津宮辻子付近に御所を構えていたことが判明する。

成氏がいた宇津宮辻子の御所は、鶴岡八幡宮から由比ガ浜《ゆいがはま》に延びる若宮大路《わかみやおおじ》東側の中央部にある。鎌倉期半ばの執権《しっけん》北《ほう》条時頼《じょうときより》邸跡や若宮幕府（四代将軍藤原頼経《ふじわらのよりつね》から九代守邦親王《もりくにしんのう》の鎌倉幕府滅亡まで）跡の南側に当たる。鎌倉期には一時期、宇津宮幕府（四代将軍藤原頼経、執権北条泰《やす》時《とき》・連署《れんしょ》北条時房《ときふさ》の時代）が置かれたこともあった。それでは成氏は、なぜここに御所を構えたのであろうか。少なくとも父持氏や歴代公方がここに御所を置いたことはない。持氏の御所は、源頼朝が最初に幕府を置いた大倉《おおくら》幕府の東方、浄妙寺《じょうみょうじ》の東側にあった。大倉谷《おおくらがやつ》（大蔵谷）は広域地名で、鶴岡八幡宮の北側から東側にかけての地域を広く含み、現在の二階堂・西御門《にしみかど》・雪ノ下・浄明寺《じょうみょうじ》・十二所《じゅうにそ》一帯に当たるとされる。浄明寺は、宝治《ほうじ》元年（一二四七）の宝治合戦で三浦氏に味方した毛利《もうり》季光《すえみつ》から没収され、足利義氏《よしうじ》に与えられたところであり、やがて足利氏屋敷や義氏の父義兼《よしかね》を開基とする浄妙寺が建てられ、鎌倉における足利氏の拠点になったところであった。

大倉谷の「公方屋敷」　鎌倉府の成立期、足利尊氏は若宮小路にあった将軍家旧跡に御所を営み、その子義詮《よしあきら》は二階堂に御所を置き、義詮と入れ替わりに鎌倉公方となった弟の基氏《もとうじ》は、最初、大倉谷の西にある亀谷《かめがやつ》（亀ヶ谷）御所にいた。その場所はまだ特定されていないが、基氏の子で二代公方となった氏満《うじみつ》、三代公方となった満兼らの御所は、大倉谷の一角を占める浄妙寺東側にある「公方屋敷」（大倉御所）にあったことが分かっている。応永《おうえい》十四年（一四〇七）八月、この御所が火事に遭ったとき、満兼は奉公衆《ほうこうしゅう》の宍戸《ししど》遠江入道（希《き》宗《そう》、俗名は基宗《もとむね》、基家とするのは史料の誤読によるもの）の屋敷にしばらく逗留し、翌年十二月、新造なった御所に移っている（『生田本鎌倉大日記』）。この新造御所は、大倉谷の「公方屋敷」の上に重なるように再建されたと考えられる。

この御所は満兼から持氏に受け継がれた。応永二十三年九月、持氏は上杉禅秀（犬懸《いぬがけ》上杉氏憲《うじのり》）の乱の際に一時、奉公衆の梶原美作守《かじわらみまさかのかみ》の屋敷に退避しており、乱が終結した後、修復なったこの御所に戻っている（『鎌倉大草紙』）。その九年後の応永三十二年、「公方屋敷」はふたたび火災で消失し（『喜連川判鑑』）、永享十年（一四三八）の永享の乱では幕府・上杉軍の攻撃を受け、「大蔵谷御所以下」の諸施設がことごとく焼き払われている（『大乗院《だいじょういん》日記目録《にっきもくろく》』）。結城合戦後、春王丸・安王丸が殺害され、他の遺児たちも離散したため、「公方屋敷」は再建されることなく荒廃していった。そのことは、「公方屋敷」跡の発掘調査により、この遺構の稼働時期が一三世紀後半～一五世紀前半頃であると判明したことによっても裏付けられている（河野眞知郎『鎌倉考古学の基礎的研究』）。

それゆえ成氏が帰還した文安四年（一四四七）八月当時、持氏期の御所は荒廃したままになっており、すぐに住める状態ではなかった可能性が高い。成氏は本格的な御所を新造する余裕もなく、若宮大路東側の宇津宮辻子に暫定的御所を建設し、屋敷兼政庁として使用していたのが実情であろう。

桐谷の御所　こうして成氏は、宇津宮辻子の御所に住んで関東の統治を開始する。ところが宝徳二年（一四五〇）四月、上杉方との対立が再燃し、長尾昌賢・太田《おおた》資清《すけきよ》らの攻勢によって、宇津宮辻子の御所から江ノ島へ退去する。戦いが終息した約半年後、成氏が帰還したのは、宇津宮辻子の御所ではなく桐谷《きりがやつ》（桐ヶ谷）の御所であった（『喜連川文書』『喜連川判鑑』）。新たな桐谷御所は、現在の大町と材木座の間に拡がる経師谷《きょうじがやつ》の東側に位置しており、背後には鎌倉七口の一つ名越《なごし》の切通《きりとおし》がある。また、谷の前面には大町を中心とする町衆の町が拡がっており、経済面を重視するなら決して悪い場所ではない。成氏がここに御所を移したのは、経済的な理由もあろうが、山内・扇谷《おうぎがやつ》など上杉氏勢力の影響が強い地域から離れたところに拠点を求めたことや、次の本格的な御所づくりまでの暫定的な処置であったことなど、多様な観点から見ていく必要があろう。

近年、桐谷御所は鎌倉の桐谷ではなく、相模北西部の津久井桐谷（神奈川県相模原市緑区）であるとする「仮説」が出された（伊藤一美「江ノ島合戦と公方足利成氏の動座」）が、根拠なしに論じられていることや、江ノ島合戦で勝った成氏がなぜ鎌倉を捨ててまで上杉憲忠方の拠点の近くに移らねばならないのかなど疑問が多く、受け入れるのは難しい。

西御門の御所　桐谷御所に移ってから一年余り後、鶴岡八幡宮の北側に位置する西御門に新たな御所が建設された（『喜連川文書』、長塚孝「鎌倉御所に関する基礎的考察」、阿部能久「浄妙寺と鎌倉公方御所」）。享徳《きょうとく》三年（一四五四）十二月末、成氏が関東管領山内上杉憲忠を殺害したのも、この西御門に新造された御所であった。この西御門の地は、頼朝が最初に開いた大倉幕府の跡地に近く、六浦道《むつらみち》を東に進めば公方満兼・持氏期の御所があった浄妙寺東側の「公方屋敷」にも近く、そこからさらに東へ進めば鎌倉の外港として繁栄した六浦にも通じていた。しかし、成氏は鎌倉幕府や歴代公方の御所跡を意識しつつも、新たな御所の建設地として、あえて「公方屋敷」を選ばなかった。かつての外港六浦の繁栄はすでに峠を過ぎており、その地位を品川・神奈川に取って代わられるなど、大きな社会変動のうねりが押し寄せていた。成氏は、そうした時代の変化を意識した御所づくりを目指したのであろう。西御門の御所は、鶴岡八幡宮と合わせて鎌倉の政治や信仰の中核をなすところにあり、その全体像はまだ解明されていないが、成氏が思い浮かべた鎌倉府のあり方の一端をうかがうことはできよう。

西御門御所跡の一角に立つ碑（神奈川県鎌倉市）

　このように、成氏は宇津宮辻子の御所に三年余り住んだあと、桐谷の御所に移り、さらに西御門に御所を造営した。西御門の御所が安定した公方屋敷として建設される予定であったことは

「公方屋敷」跡に立つ碑（神奈川県鎌倉市）

間違いなかろう。しかし、享徳三年十二月末に始まる享徳の乱を契機に鎌倉を離れたため、そこに住んでいたのはわずか二年余りに過ぎなかった。その間にどれだけ建設が進み、どのような施設が建てられていたのかは、ほとんど分かっていない。一五世紀前半の持氏時代の御所については、『鎌倉年中行事』の記載から、その実態がある程度分かるので、それを手掛かりに西御門の御所について考えてみよう。

持氏期の御所と成氏の御所　『鎌倉年中行事』によれば、持氏期の御所は築地《ついじ》で囲まれた四町四方の規模を有し、南側を正面にしていた。一町は約一〇九メートル、四町は約四三六メートルになるので、かなり大規模な御所であったことになる。これでは浄妙寺東側の「公方屋敷」の比定地に収まらないので、数値に誤りがあるとの意見もある。もっとも一辺四町を築地の内側とせず、形も正方形にこだわらず、庭園に取り込んだ山の斜面や滑川対岸も含めて考えれば、ありえないことではない。

築地で囲まれた御所は、正面に「大御門」と「小門」があり、東側と西側にも「御門」があった。「大御門」が正門に当たり、東西両側にも一ヶ所ずつ「御門」が設けられ、西側には通常使用されない「不明之御門《あかずのごもん》」があった。御所の北側は小高い山を背負い、その山上にある八幡宮は「山之八幡」

（小八幡）と呼ばれ、その山を越えた谷には公方家の菩提寺である瑞泉寺があった。

築地内の中心となる建物は庇《ひさし》付きの御主殿であり、九間・六間・四間の南向いの御座を中心に、三間の御帳台《みちょうだい》（調度品などを置く部屋）・御寝所《ごしんじょ》（寝室）・御寝殿《ごしんでん》が附属し、御座の南側の二間の妻戸《つまど》で結ばれた一二間の御座があった。妻戸の側には中門、それに接して御車寄せ（玄関に当たる空間）があった。御主殿は公方の生活の場であると同時に公的儀式を行う施設でもあった。

これとは別に、御評定所《ひょうじょうしょ》・御遠侍《とおざむらい》・御厩《みまや》・臨時之御厩などの建物群があった。御評定所は一五間という大きな部屋で、管領や評定衆・引付衆《ひきつけしゅう》ら重臣たちが政治や軍事について協議する施設で、評定所を持つこと自体、公方御所が一般の武家屋敷と異なる存在であったことを示す。七間の大部屋である御遠侍は公方を警護する近臣たちの詰所で、中には立物もなく畳も敷かれていなかった。御厩は御厩別当《べっとう》の指揮下に馬を飼育・管理する施設で、七間・二間と臨時の厩があり、七間厩は公方だけに許された大厩であった。

そのほか御台所《みだいどころ》・東の御台屋《みたいや》（御対屋）・西の御台屋（御対屋）・御中居などの建物があった。御台所とは、本来、調理場を指す台所の意味であるが、正室が御台所の主宰者であることから、正室そのものを指す言葉として使用されるので、公方正室やそれを支える女房たちがいた空間と考えられる。

このように、一五世紀前半の公方御所には多様な施設が建っていた。鎌倉に帰還した成氏が、八年間に二回も御所を移転した事実を想起してみると、享徳の乱の開始当時、この西御門の御所が持氏期の御所のように整備されていたとは考えにくい。もちろん御所の敷地がそれなりの規模を有し、御主殿など一部の主要施設は建設されていたであろうが、その他の建物の多くは建設・整備の途上にあったとみるのが妥当であろう。成氏が享徳四年（一四五五）正月早々に出陣し、そのまま帰還しなかったことを考えれば、建設予定地に主殿など一部の建物がまばらに立ち、更地が拡がっていた可能性が高い。

3　成氏の妻と子女

成氏の妻　成氏は生涯に少なくとも二人の妻を迎えていた。一人は簗田氏の女性で、簗田直助の娘とするもの（『与五将軍系図』）、簗田直助の孫とするもの（『簗田系図』）、簗田持助の娘とするもの（『系図纂要』）などの記載が見える。直助と持助は同じ簗田氏の一族でも競合関係にあったようであり、勝ち残った持助とその子孫が成氏・政氏《まさうじ》らとの関係を深めていくので、成氏の妻は持助の娘であった可能性が高い。また、享徳の乱の最中に「河内守館」に移った「若御料」（『真壁文書』）は政氏とみられるので、その母である成氏夫人が持助の娘であった可能性はさらに高まる。成氏が彼女を妻に迎えたのは、継嗣政氏の年齢からみて、享徳の乱が始まる少し前の頃であろう。

成氏の息子　系図などの記載によると、成氏には少なくとも三人の男子がいた。その一人が文正《ぶんしょう》元年（一四六六）に生まれた継嗣の政氏であり、その幼名は亀王丸であった（『足利通系図』『足利家譜』）。政氏の「政」の一字は、将軍義政からの偏諱であろう。そうであるなら、成氏と義政との和睦がなった文明《ぶんめい》十四年（一四八二）末以降に元服し、一字を与えられたことになる。

二人目の男子の幼名は不明であるが、元服して四郎義綱《よしつな》と名乗り、のちに関東管領山内上杉顕定《あきさだ》の養子となって顕実《あきざね》と改名した（『足利通系図』『足利家譜』）。顕実は養父顕定の跡を継いで関東管領になることになっていたが、永正《えいしょう》七年（一五一〇）に顕定が越後で戦死したため、もう一人の養子憲房《のりふさ》が養父の意思に反して顕実と山内上杉氏の家督争いを始め、政氏やその子高基《たかもと》らを巻き込んだ抗争を展開する。そして、敗北した顕実が追われ、永正十二年に病死したと伝えられる。

もう一人は臨済宗の僧になり、貞岩《ていがん》（貞巌）と名乗った（『足利通系図』『古河公方系図』）。享禄《きょうろく》四年（一五三一）に兄の政氏が死去したあと、その居館に建てられた甘棠院《かんとういん》の初代院主となった。彼は生前の政氏が臨済僧と親しく交流していたので、臨済僧の自分が兄の菩提を弔おうと考えたのであろう。

成氏の娘　系図によると、成氏には二人の娘がいた。その一人は、鎌倉尼五山第一位の太平寺《たいへいじ》の住持となった義天昌全《ぎてんしょうぜん》とされる（『足利通系図』『古河公方系図』）。政氏誕生時の成氏の年齢からすると、政氏の姉であった可能性が高い。太平寺には、叔母の安渓昌泰《あんけいしょうたい》の跡を受けて入寺したのであろう。

また、もう一人の娘がおり、近江国の佐々木《ささき》六角《ろっかく》高頼《たかより》の妻になったとする系図がある（『古河公方系図』）。あり得ないことではないが、他に関連する史料がみられないので、詳細は不明である。

「成氏御息　成経」　近年、成氏には成経《しげつね》というもう一人の男子がいた可能性を示す史料が紹介された（谷口雄太「足利成氏の妻と子女」）。それが次の史料（A）である。

（A）岩瀬文庫公武大体略記奥書　　（B）某書状写（塙不二丸氏所蔵文書、原本所在不明）

鎌倉殿
成氏　御息成経《おんそくしげつね》

成氏御舎弟《ごしゃてい》
若宮殿　経義《つねよし》

キヤウケン院殿
政義

当国に御旗《おはた》を立てられ候、弥《いよいよ》御本意に属され候の様、御祈禱の精誠《せいせい》を致すべく候、然らば当社え一所、御寄進《ごきしん》有るべく候、謹言。

享徳十七年正月十六日（花押）

大禰宜殿《おおねぎどの》

（A）は長禄二年（一四五八）三月十四日に空蔵《くうぞり》が書いた本文と奥書のあとに書かれている。一見すると後世の加筆のようにもみえるが、原本をみると本文と同筆で、奥書とほぼ同じ時期の加筆とみられる。ただ、成氏に成経という男子がいたことを示す史料はなく、弟定尊が鶴岡若宮社務であったことは確かでも経義と名乗ったという傍証はない。「キヤウケン院殿　政義」も該当者が見当たらず、これらの記載は誤伝で信憑性に欠けるとする意見もある。

しかし、筆者の空蔵は幕府や朝廷の故実にかなり詳しい知識人で、年老いたと記してはいるものの、同時代の「鎌倉殿」関係者について、誤伝を疑うことなく書き連ねたとは考えにくい。長禄二年には成氏も二七歳となり、元服まもない男子がいた可能性はあり得る。また、弟定尊も幕府で公方継承者に予定されたことがあったので、そのときに元服していた可能性があり、出家し定尊と名乗るのは、成氏が公方継承者として鎌倉に入ったあと、若宮別当に就任する時であったと考えられる。彼が未受法であるのも、それと関係していよう。「キヤウケン院殿　政義」も、（A）が成氏の子弟を重点的に記すことからみて、堀越公方政知に宛てるより、未知の成氏子弟か病死した成潤の戒名とみることもできよう。

このように、(A)の成経が成氏第一子であった可能性は十分あり得よう。年齢からみれば、成氏が信濃で娶《めと》った大井氏の娘との間に生まれた男子である可能性が高く、長禄二年には一一、一二歳になっていたであろう。成氏兄成潤が病死したのも、この前後であったと考えられるので、「キヤウケン院殿　政義」も彼の院号と戒名が書かれたとみても不自然ではない。

そこで改めて注目されるのが(B)である。この文書は早くから知られており、①『茨城県史料中世I』(一九七〇年)とそれを踏まえて刊行された②『茨城県立歴史館史料叢書12』(二〇〇九年)では某判物としており、③『戦国遺文　古河公方編』(二〇〇六年)は足利成氏書状とし、「この文書は検討の余地がある」と付記している。④成氏発出文書一覧表(黒田基樹編『足利成氏とその時代』二〇一八年)は、③に新出文書一点を加えるが、真偽についての記載はまったくなく、(B)についても足利成氏書状とするのみである。

②に掲載された写真を見ると、③が指摘するように少し違和感のある文書で、書状形式なのに「享徳十七年」(応仁二、一四六七)と年号があることや、この時期に成氏がこうした内容の文書を出すのも不自然であることから、「検討の余地がある」としたのは無理もない。しかし、花押は成氏のものに似ているが、微妙に異なるものであり、別人の文書写と考えたほうがよい。自敬表現や書札例からみれば成氏と同レベルの人物、すなわち子弟の文書写である可能性が高い。政氏もその候補となるが、

彼は文正元年（一四六六）生まれで、まだこうした文書を発する年齢に達していない。その点、成経が「成氏 御息」なら、二〇歳前後になっていたはずで、代替わりを目前に発した文書とみることができる。成経はまもなく死去したようで、成氏は幼い第二子の成長を待って代替わりをしたのであろう。

（A）（B）を誤伝や偽文書とする前に、さまざま可能性を想定してみることが必要であり、右のように考えれば、成氏継嗣となった政氏の遅い誕生と公方家継承も、かなり整合性をもって説明できる。（A）（B）に関しては引き続き検討していくことが必要である。

第三章　鎌倉府の再建

1　奉公衆・奉行人らの再編

難航する関東管領人事　成氏《しげうじ》の鎌倉帰還に先立ち、関東管領《かんれい》を誰にするか問題となっていた。山《やま》内上杉憲実《のうちうえすぎのりざね》は、永享《えいきょう》の乱後に関東管領を辞す心積もりであったが、翌年に結城《ゆうき》合戦が始まったのでその鎮圧に当たり、嘉吉《かきつ》二年（一四四二）五月に鎌倉へ帰還すると、関東管領を辞し、幕府からの復帰要請を受け入れなかった。憲実は持氏《もちうじ》を自害に追い込んだ主君殺しの自責の念にかられ、自らの復帰を拒んだだけでなく、次子の龍春《たつはる》（のちの房顕《ふさあき》）を幕府に出仕させる以外、嫡子龍忠《たつただ》（のちの憲忠《のりただ》）ら男子すべてを出家させて、越後《えちご》の上杉房方《ふさかた》の子で実弟でもある清方《きよかた》に山内上杉氏を継承させた。

ところが清方は文安《ぶんあん》二年（一四四五）八月以前に死去してしまったので、憲実は養父上杉憲基《のりもと》の実弟佐竹義憲《さたけよしのり》（義人《よしひと》）の次子実定《さねさだ》を継嗣にしようとする。長尾景仲《ながおかげなか》らはこれに強く反発し、出家していた龍忠を清方の継承者として擁立した。同三年春頃、龍忠は父憲実の意向に背いて還俗《げんぞく》、元服して憲忠と名乗り、山内上杉氏を継承する（『神奈川県史　通史編1　原始・古代・中世』）。右京亮《うきょうのすけ》の官途は、元服からまもない時期に得たものであろう。

これを知った憲実は同四年十月十一日、越後上杉氏の在京代官判門田祐元《はねたゆうげん》に宛てた文書の中で、「愚息右京亮（憲忠）」を義絶《ぎぜつ》（勘当《かんどう》）したと記しており（『上杉家文書』）、この日以前に憲忠を義絶していたことが分かる。義絶の時期は、この文書が出される前の九月頃とみられ、その理由は父の意に反して還俗・元服し、山内上杉氏を継ぎ関東管領に就任したことにあった。義絶の引き金になった関東管領の就任は八〜九月頃であろう。

このようにみると、成氏が鎌倉に帰還するとき、本間太郎らが上野国分《こうずけこくぶ》まで出迎えに行ったのは、憲忠が関東管領就任直後か目前に当たっており、彼が鎌倉公方の補佐役として務めを果たそうとしたことを示す。成氏が憲忠を「父持氏の仇」の子とする思いがなかったとはいえないが、成氏の帰還を待つ憲忠の動きと重ねてみると、一〇代後半と半ばの若い二人が、最初からいがみ合っていたと考える必要はないであろう。やがて始まる享徳《きょうとく》の乱は、成氏と憲忠との関係に加え、彼らを取り巻くさまざまな人間関係の中で見ていくことが必要である。

御一家などの復帰　成氏の復帰と憲忠の関東管領就任に伴って、公方の御一家や近習《きんじゅう》・奉行人《ぶぎょうにん》らも相次いで復帰した。彼らの多くが永享の乱と結城合戦で没落したが、実務官僚である奉行人たちの中には、中立的な立場で生き延びた者も少なくなかった。明石《あかし》氏とみられる前下野守義行《さきのしもつけのかみよしゆき》のように、永享の乱後の公方空位時代に、上杉氏が主導する鎌倉府で上杉氏奉行人と一緒に活動し、成氏の復帰後もその職務を務めた者もあった（植田真平「成氏期の奉行人」）。

まず、足利一門の復帰状況から概観する。足利一門とは、足利氏とそこから分立した吉良《きら》・斯波《しば》・畠山《はたけやま》・細川《ほそかわ》・渋川《しぶかわ》・一色《いっしき》氏や吉良氏から分立した今川《いまがわ》氏なども含めた同族集団の総称として説明されている。足利一門は、嫡流の京都将軍家を中心とした集団と、鎌倉公方を中心とする関東の足利一門とに大別され、吉良・渋川・一色氏など京都と鎌倉に分属する者も少なくない。ここでは関東の足利一門を中心にみていこう。

『鎌倉年中行事』は、鎌倉公方家の一門の中で、公方に次ぐ最上位者を「御連枝様《ごれんし》」と呼んでいる。これは持氏の弟持仲《もちなか》や叔父篠川《ささがわ》公方足利満直《みつただ》・稲村《いなむら》公方足利満貞《みつさだ》らを指しており、成氏の復帰後は、吉良氏と渋川氏が御一家として最上位に位置づけられていた。このほか一色・桃井《もものい》氏や里見《さとみ》・岩松《いわまつ》氏らは、御一家に継ぐ一門であり、結城合戦で春王丸《しゅんおうまる》・安王丸《あんおうまる》を擁立し、一色伊予《いよ》六郎《ろくろう》・桃井修理亮《しゅりのすけ》・里見修理亮らが戦死するなど（『鎌倉持氏記』『結城戦場記』）、かなりの打撃を受けた。しかし、一色氏は持氏生母の実家であることから、成氏の時代にも影響力を持ちつづけ、岩松氏も成氏の時代に政治と軍事面で大きな役割を果たした。

吉良・渋川氏は儀礼的な存在で、成氏の古河《こが》移転後も存続し、吉良氏は武蔵《むさし》国世田谷郷（東京都世田谷区）を本拠として武蔵に、渋川氏は下野国小俣《おまた》（栃木県足利市）を本拠として下野・下総《しもうさ》などに足跡を残している（『福田文書』『鶏足寺文書』『鶏足寺蔵釈迦牟尼仏坐像光背銘』）が、政権運営など現実の政治世界では影の薄い存在で、公方家の継嗣が絶えたときの「足利氏の血のスペア」とする説もある（谷口雄太『中世足利氏の血統と権威』）。

彼らの存在によって、鎌倉府体制の中で公方に次ぐ身分の連枝や御一家が明確に序列化され、公方の直下に排列されることにより、公方が特別の存在として荘厳される。彼らは繰り返される行事の中で、公方を荘厳化する装置として機能していたのである。

鎌倉府の政治組織　『鎌倉年中行事』が伝える一五世紀前期の鎌倉府には、侍所《さむらいどころ》・政所《まんどころ》・問注所《もんちゅうじょ》、評定衆《ひょうじょうしゅう》・引付衆《ひきつけしゅう》、評定奉行《ぶぎょう》・御所奉行・地方《じかた》奉行などが置かれており、侍所の別当《べっとう》には千葉《ちば》氏、政所の執事《しつじ》（長官）には二階堂《にかいどう》氏、執事代の清《せい》氏らが就任し、問注所では町野《まちの》・太田《おおた》・二階堂氏らの中から執事（長官）が任命されていた。

鎌倉府の評定会議は、公方と管領、評定衆の有力者から選出された評定奉行・政所執事・問注所執事・御所奉行などが参加し、御所内にある御評定所で行われていた。このほか各種の奉行が設置されており、御所内の御厩《みまや》を管理する長官の御厩別当には梶原《かじわら》氏が任じられ、その下には小別当も置かれていた。持氏期の鎌倉府は、幕府と同じような政治機構・組織を設置しているなど、行政庁として整備された内容を持っていた。

再興された鎌倉府の政治組織　『鎌倉年中行事』の享徳三年（一四五四）の加筆分を見ると、御所奉行として佐々木《ささき》近江守《おうみのかみ》・海上信濃守《うなかみしなののかみ》・梶原美作守《みまさかのかみ》・宍戸《ししど》・二階堂信濃守・寺岡但馬守《てらおかたじまのかみ》・本間遠江守《ほんまとおとうみのかみ》・海老名《えびな》の八人の名と、奉行人として壱岐《いき》・明石・布施《ふせ》・雑賀《さいか》・清・吉岡の六人の名がみえる。この部分の記載は、海老名季茂が一五世紀前半の『鎌倉年中行事』の内容に、御座での対面の儀礼、社参の慣例・書札礼《しょさつれい》など、成氏や再興された鎌倉府の関係者が知っておくべきことや必要な故実を書き加えたもので、当時の鎌倉府の置かれた状況に対する海老名氏ら鎌倉府首脳部の理念が反映されている。

御所奉行は、公方の寺社参詣や年中行事などを執り行うとともに、評定会議を通じて公方の政務に参画する公方御所の重臣たちであり、奉公衆《ほうこうしゅう》でも公方近習の有力者から選出された。このうち二階堂氏は鎌倉幕府政所別当などを務めた官僚の子孫の一人、海上氏は下総の大名千葉氏庶流出身の近習、宍戸氏は常陸《ひたち》の小田一門、梶原氏は鎌倉期以来の足利氏譜代家臣の一人、寺岡・本間・海老名氏も鎌倉期以来の足利氏譜代家臣であった。彼らの大半は成氏の下総古河移転に伴い、鎌倉を離れ古河やその周辺地域へ移っていった。

つぎの奉行人六人は、ほとんどが一五世紀前半～半ばの文書に登場し、清・明石氏らが右筆《ゆうひつ》を務めて、公方文書の作成・発行に関わり、ときには公方の使者や取り次ぎを務めるなど、公方の支配を実務面で支える重要な職務を果たした。しかし、彼らのような実務官僚は、御所奉行よりも下位に位置づけられており、評定衆や引付頭人《とうにん》などの要職に就くことはなかった。

しかし、成氏が再興した鎌倉府は、持氏期鎌倉府の単なる復活版ではない。結城合戦の戦死者の中に二階堂左衛門尉《さえもんのじよう》・明石大炊介《おおいのすけ》・梶原大和守《やまとのかみ》らの名がある（『鎌倉持氏記』『結城戦場記』）ように、鎌倉幕府以来の高級官僚であった二階堂氏の一族や実務官僚の明石氏の一族の中にも、持氏やその遺児たちに応じて戦死した者がいた。それゆえ、結城合戦以前からの御所奉行や奉行人が、そのまま何の変化もなしに成氏の下で活動しつづけたわけではなく、嫡流と庶流の入れ替わりや新たな人材登用による変化もあり、公方御所周辺でかなりの人事再編が進められていた。

とはいえ、成氏の鎌倉帰還から三年足らずで江ノ島合戦が起こり、その四年後には享徳の乱が開始されているので、成氏が再興した鎌倉府は、政治機構や官僚組織の整備が十分に進んでおらず、御所奉行・奉行人など当面の鎌倉府運営に必要な役職を復活させた状態に留まっていた可能性が高い。

奉公衆の復帰　『鎌倉年中行事』の中に「奉公」「奉公中」「奉公衆」などと呼ばれる公方直臣らが登場する。彼らは「管領・奉公・外様」「奉公・外様」などと記されるように、関東管領の下に位置し、外様と区別される公方直勤の家臣であった。室町幕府にも将軍の奉公衆が存在したが、鎌倉府にも奉公衆がおり、成氏の復帰に伴い復帰し、再編された。

しかし、一口に奉公衆といっても、直属軍団を構成する者だけでなく、奉行人のような実務官僚も広い意味で奉公衆の一部であり、両者を合わせて奉公衆をみていくことが必要である。もとより、この時代に武官と文官を明確に区別できるか問題であるが、再興された鎌倉府の御所奉行としてみえる佐々木・海上・梶原・宍戸氏らは武官・文官の両面を併せ持つ存在であった。武官と文官との差異は柔軟に捉える必要があろう。

とはいえ、研究の方向としては両者の違いを踏まえておくことも必要であり、本書では奉公衆の中には、主として実務官僚として活動する奉行人らと、それを大きく上回る公方直属軍として組織された武士たちがいたと考えることにする。彼らの中には「御近辺ニ宿所アル人」と記されるように、鎌倉に在住（これを在倉《ざいそう》、在鎌倉《ざいかまくら》という。江田郁夫『室町幕府東国支配の研究』）する者が少なからず存在し、その中の有力者が御所奉行や政所執事・問注所執事などの要職に就いていた。政所執事には二階堂氏がたびたび就任し、問注所執事には問注所氏を名乗る町野氏が就任することが多かった。

公方直属軍に組織されたのは、「御一家」の吉良・渋川氏を別格として、一色・里見・梶原・海老名・本間・寺岡氏らに代表される足利一門・足利譜代家臣、二階堂・町野・明石氏ら奉行人の一族、海上・宍戸・佐野氏ら鎌倉府分国の守護の一族や国人《こくじん》らが中心であった。『鎌倉年中行事』に「在郷《ざいごう》ノ奉公《ほうこう》」「奉公中在郷之方々《ほうこうちゅうざいごうのかたがた》」という表現がみられるように、彼らの中には自分の所領に住む在国奉公衆も少なからず存在し、公方権力の裾野を拡げていた。

『鎌倉大草紙』によれば、応永二十三年（一四一六）の上杉禅秀《ぜんしゅう》の乱の際、上杉憲基（憲実の養父）の屋敷に逃れる公方持氏に御供したのは、一色兵部大輔《ひょうぶのだいふ》子息左馬助・同左京亮ら五〇〇余騎であったが、この時の経験を踏まえた持氏が、奉公衆の増員・増強を図り、七〇〇人に達したという（『簗田《やなだ》家譜』、山田邦明『鎌倉府と関東』）。

奉公衆の分布　在倉・在国を合わせて、確かな史料にみえる奉公衆は次のようになる。

信濃―大井氏（小笠原氏の一族）　駿河《するが》―大森氏（今川氏の一族）
甲斐《かい》―逸見《へんみ》氏（武田氏の一族）　伊豆《いず》―伊東・河津《かわづ》両氏
相模《さがみ》―本間・梶原・愛甲《あいこう》・座間・香川の各氏および三浦氏の一族
武蔵―江戸・品川・平子《たいらく》の各氏
上野―里見・山名・新田・田中・那波《なば》・高山・園田の各氏
下野―佐野・長沼・薬師寺・浄法寺《じょうほうじ》の各氏

常陸―筑波・宍戸両氏とその一族、小田氏の一族、吉原・島崎《しまざき》両氏
下総―海上・印東《いんとう》・木内《きのうち》・神崎《こうざき》・龍崎の各氏
上総《かずさ》―椎津《しいづ》・小滝両氏（ともに二階堂氏の一族）・高滝氏

彼らの分布をみると、安房《あわ》を除く関東七ヶ国と駿河・甲斐・信濃・伊豆で検出される。幕府分国と鎌倉府分国との境界国にも分布するのは、鎌倉府が幕府分国で奉公衆を組織する動きを見せていたことを示す。鎌倉を含む相模と武蔵・下総に御所奉行などの要職に就く者が集中し、奉行人もこの地域の出身者が多くを占める点は、鎌倉府中枢の人材がこの三ヶ国を中心に供給されていたことを示し（上野は守護である山内上杉氏との関係によるものであろう）、当初の鎌倉府の基盤が相模・武蔵にあり、満《みつ》兼《かね》・持氏の時代になると、下総・常陸・下野などの守護の一族や国人らの比重が高まっていった（山田邦明『鎌倉府と関東』）。

その具体例が、氏満《うじみつ》から持氏の時代に御所奉行として活動した常陸の宍戸・筑波両氏であった。宍戸氏は小田氏の一門で、宍戸基宗（希宗、基家とするのは誤り）・持朝（風間洋「関東奉公衆宍戸氏について」）らが御所奉行となり、同じく小田氏一門の筑波氏も筑波社の神官領主として在国しつつ、奉公衆に列して公方を支えていた。宍戸・筑波両氏は、その子弟からも奉公衆を輩出し、常陸における公方派勢力の中心の一つとなっていた。

また、鎌倉期に六波羅引付頭人、室町幕府で評定衆を務めた小田氏の一族（伊賀守流小田氏）は、氏満の時代に鎌倉に戻り、奉行人としても能力を持つ奉公衆として、鎌倉府の支配体制確立に寄与した

（市村高男「鎌倉府奉公衆の系譜」）。さらに島崎氏をはじめとする行方《なめがた》・鹿島両郡の国人たちの多くが奉公衆に編成された。下野でも佐野・長沼両氏や小山《おやま》氏の一門薬師寺氏、那須《なす》氏の一門浄法寺氏らも、持氏期を中心に奉公衆として編成された。常陸・下野は、外様の有力大名・国人らが割拠する地域であるが、そこからも多くの在倉・在国の奉公衆が供給されていたのである。

再興された鎌倉府の奉公衆　しかし、永享の乱・結城合戦で足利一門や多数の奉公衆が戦死する（『鎌倉持氏記』『結城戦場記』）など、鎌倉公方の権力基盤は大打撃を受けた。復帰した成氏が、足利一門や奉公衆の再結集と再建に力を注いだのは、そのためであった。

注目されるのは、『鎌倉年中行事』にみえる成氏期の記載の中に、「奉公中の宿老」として木戸《きど》・野《の》田《だ》両氏の名が記されていることである。木戸氏は下野国足利荘木戸郷（群馬県館林市）を名字の地とする足利氏の譜代家臣、野田氏も下野国簗田御厨《みくりや》野田郷（栃木県足利市一帯）を名字の地とする足利氏の譜代家臣であり、ともに下野から北下総に基盤をもっていた。とりわけ木戸氏は、氏満の時代に下野の守護になったこともある有力者であり、単なる新興勢力ではないが、野田氏と同じく鎌倉府の中枢部で活動した形跡はなく、その意味で在国奉公衆の有力者であったと位置づけることができよう。

その両氏が成氏の鎌倉復帰後、それまでの公方側近たちに替わって「奉公中の宿老」として登場するのは、在倉奉公衆が永享の乱・結城合戦で大打撃を受け、彼らに替わる人材が必要とされていたからであろう。木戸氏は結城合戦で一族・家臣を失い、野田氏は一族間の分裂や戦死によって、ともに少なからぬ打撃を受けていたが、成氏が奉公衆を速やかに再建するためにも、長年にわたって在地で培ってきた彼らの実力に期待を寄せるのは当然のことであった。

さらに注目されるのは、新興勢力の簗田氏一族がこれまでにも増して台頭し、文武両面で成氏を強力に支えるようになったことである（佐藤博信『古河公方足利氏の研究』）。簗田氏は、下野国簗田御厨の中から成長した足利氏の譜代家臣であり、持氏期の公方家との婚姻関係を足掛かりに公方近臣として台頭し、大きな役割を果たしていた。春王丸・安王丸が常陸国中郡荘《ちゅうぐんのしょう》で挙兵したとき、賀茂大明神に捧げた願文の奉者となったのは簗田景助《かげすけ》であり（『加茂部文書』）、結城合戦の戦死者の中に簗田出羽三郎の名がみえる（『鎌倉持氏記』『結城戦場記』）のは、その一端を示す事実であろう。

簗田氏は、簗田御厨や下総国下河辺荘《しもこうべのしょう》（茨城県古河市から埼玉県久喜市・千葉県野田市を中心に広がる荘園）に分立した複数の一族が併存し、ともに勢力を伸ばしていた。鎌倉復帰を果たした成氏にとって、母の実家でもある簗田氏の実力は、大いに頼れる存在であった。簗田氏に象徴されるように、成氏の奉公衆再建は、持氏期に開始された奉公衆増強策を継承・発展させ、幅広い武士層を編成する志向性を持っていた。

2　公方派勢力の編成

結城氏再興と上杉氏の対応　奉公衆の復帰が進むにつれて、結城合戦で没落した公方派大名らの復権も進んだ。その代表が北下総の結城成朝《しげとも》であった。成朝は結城氏朝《うじとも》の第四子で、結城落城の際、幼かった成朝は縁者の佐竹氏のもとに逃れ、宝徳元年（一四四九）一三歳のときに結城氏を再興した（『結城家之記《ゆうきけのき》』）。その二年前の文安四年（一四四七）八月二十七日、成氏が鎌倉に復帰しており、成朝の結城氏再興が成氏の復帰と無関係ではなかったことを暗示する。

しかし、そこに至るまでには紆余曲折があった。宝徳元年十二月、幕府管領畠山持国《もちくに》が相国寺懐《しょうこくじかい》玉軒徳翁中佐《ぎょくけんとくおうちゅうさ》に対し、結城七郎（成朝）の件はすでに将軍の許可が出ているのにまだ実行されていないのはどうしたことか、と申し送っており、これを受けた中佐は上杉憲忠に、「結城七郎身上《しんじょう》の事」について重ねて将軍の厳命が下されている、先の御教書《みぎょうしょ》を数ヶ月も開封しないのはなぜか、早急に成朝の出仕を実現させるよう督促している（『上杉家文書』）。

このやり取りから、将軍義成《よししげ》が成朝の結城氏再興を認めているにもかかわらず、関東管領上杉憲忠がそれを黙殺していたことが分かる。これは憲忠が、成朝の結城氏再興に否定的な姿勢で臨んでいたことを示すが、憲忠がまだ一四歳であったことを思えば、山内上杉氏家務職の長尾昌賢《しょうけん》（景仲）らの意向が強く反映した結果である、と考えるのが妥当であろう。

山川・小山氏の対応　結城一門内部でも対応に違いがあった。当主成朝は、成氏と一蓮托生《いちれんたくしょう》の関係にあったのに対し、結城合戦で上杉・幕府方に寝返った一門の山川基義《やまかわもとよし》・景貞《かげさだ》父子らは微妙な動きを見せていた。基義らは結城氏の断絶中、幕府・上杉方から結城氏の所領の管理を委ねられていた（『結城御代記』上）ので、成朝の復帰によって権益が縮小することを危惧していたのである。

同じく結城合戦で幕府・上杉方に属した小山持政《もちまさ》も、微妙な立場にあった。小山氏は六〇年ほど前の小山義政《よしまさ》の乱で鎌倉公方氏満に叛して没落するまで、結城氏の本家に当たる存在であったが、結城氏からの養子によって再興されたため、その統制下に置かれていた。結城合戦による結城氏の断絶は、小山氏が自立する好機であったが、持政はその道を選択することなく、成氏の鎌倉復帰とともに、公方派に属して小山氏の自立と発展を目指したのである。

こうした不安定な状況の中で、結城成朝は成氏の期待と管領畠山持国の好意的な計らいにより、宝徳元年（一四四九）末頃、鎌倉宇津宮辻子の御所で、公方成氏に初出仕した。

常陸の佐竹氏の内紛　結城氏と並ぶ公方派の中心は常陸の佐竹義憲（上杉憲定《のりさだ》の子）であった。当時の佐竹氏は、佐竹宗家と佐竹山入家《やまのいりけ》が主導権争いの最中で、義憲は幕府「御扶持衆《ごふちのしゅう》」となった山入家に対抗し、実家の山内上杉氏とも対立する。永享の乱後は窮地に陥ったが、山入家との関係から結城合戦では春王丸・安王丸に呼応し、成氏の復帰後もこれを支持して幕府・上杉方に対抗した。

しかし、上杉憲実の養子となった義憲の次男実定が、山内上杉氏の後継候補から外れて常陸に帰還したため、兄の義俊《よしとし》と佐竹氏の主導権争いを開始し（『佐竹家譜』『臼田文書』）、成氏方の義俊と上杉方の実定とが激しく対立するようになった。そのため佐竹氏は、宗家内の対立、宗家と山入家との対立が絡んで展開する状態となった。

常陸中南部の公方派勢力　常陸は成氏の支持勢力が多く、小田・宍戸・筑波・鹿島氏や行方郡の国人らが上杉方に対峙した。小田氏は結城合戦では幕府・上杉方に属した（『鎌倉持氏記』『結城戦場高名着到幷結城系図所収文書』）が、成氏の鎌倉復帰を機に成氏派に転じた（『武家事紀』）。小田氏は上杉氏配

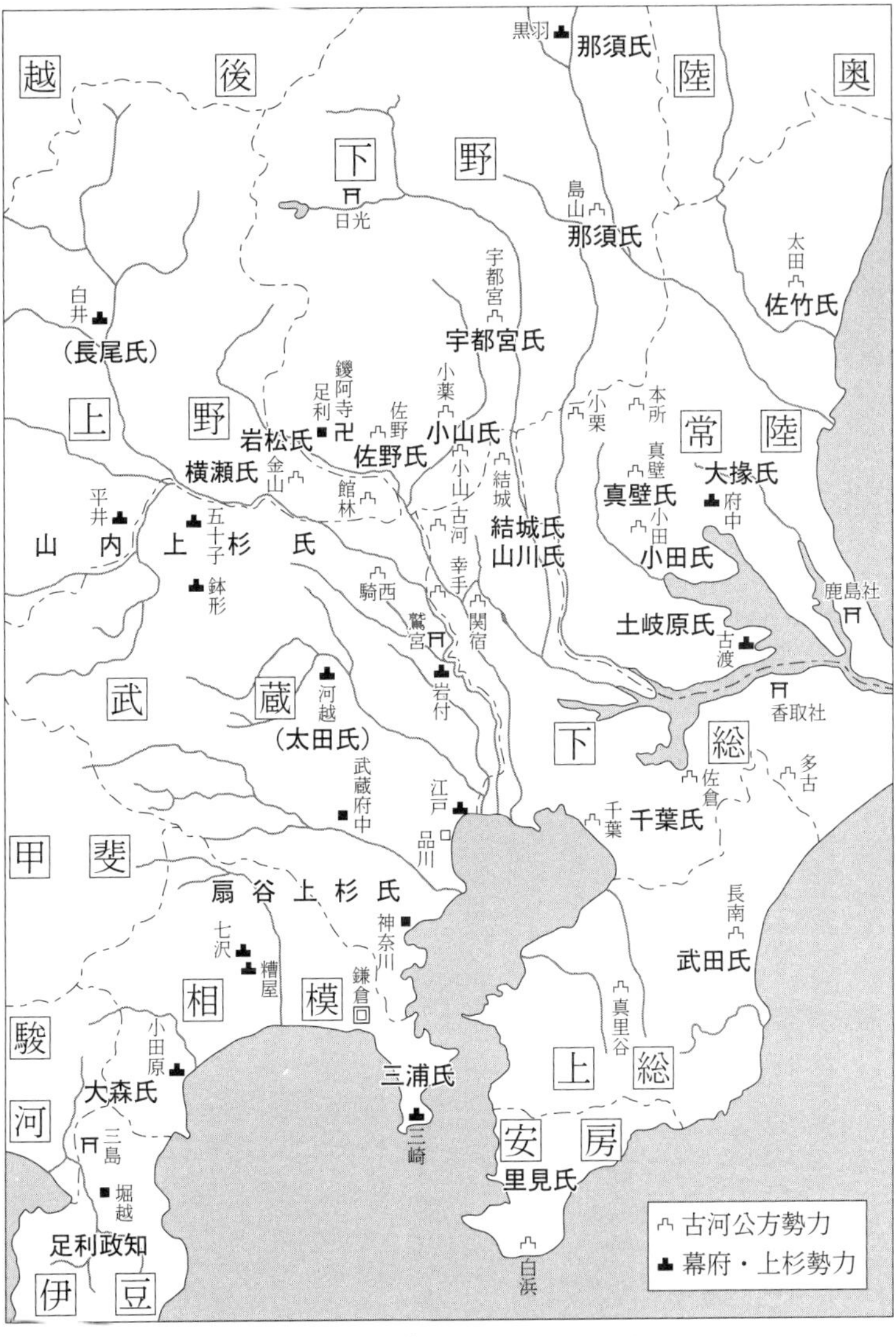

図1　15世紀後半の関東の勢力分布

下の土岐原《ときのはら》氏と信太荘《しだのしょう》（茨城県稲敷市）をめぐって対立しており、たやすく幕府・上杉方に応じられなかった。また、京都から鎌倉に戻った小田氏の一族らは、鎌倉府奉公衆として成氏に従ったほか、佐竹氏の庇護下に那珂湊《なかみなと》（茨城県ひたちなか市）に移り、公方派として活動する（『筑波大学図書館所蔵常陸志料』、市村高男「中世港湾都市那珂湊と権力の動向」）。

宍戸氏は、公方氏満の時代から奉公衆を輩出し、その嫡流に当たる安芸守持里は、結城合戦に際し結城方として宍戸荘内の泉城（茨城県笠間市）で挙兵する（『諸家文書纂』）など、在国奉公衆として活動した。また、その一族の備前守持朝は、公方に近侍する在倉奉公衆となり、御所奉行も務めていた（『続常陸遺文』、『円福寺文書』ほか）。

筑波郡の筑波氏は、嫡流が筑波社とその神宮寺の中禅寺（茨城県つくば市、現在廃絶）を管轄し、神領を支配する宗教領主であり、一五世紀初めまでに鎌倉府奉公衆となり（『家蔵文書』）、永享の乱では法眼玄朝《ほうげんげんちょう》らが持氏に従って武蔵・上野を転戦し、春王丸・安王丸が挙兵すると、熊野社・全宗寺《ぜんそうじ》（厳密にはその前身寺院。茨城県つくば市）を管轄する熊野別当と連携し、定朝・持重らの子弟と一緒に結城城に籠城した（『諸家文書纂』）。

鹿島郡を代表する鹿島氏は、鹿島社《かしましゃ》（茨城県鹿嶋市）の惣大行事職《そうだいぎょうじしき》を世襲し、鎌倉府の成立期から公方を支持し（『常陸遺文』）、成氏の鎌倉復帰後もこれに従った。行方郡の国人らは、鳥名木《となぎ》氏のように上杉方もいた（『鳥名木文書』）が、芹沢《せりざわ》氏（『芹沢文書』）が公方派であったのをはじめ、島崎・小高氏らも在国奉公衆として成氏に従っていた（『喜連川文書案』）。

下野・東上野の公方派勢力　下野中央部に勢力を持つ宇都宮氏は、持綱《もちつな》の頃から持氏と対立し、幕府の「御扶持衆」となったが、その有力一族の伊予守家綱《いよのかみいえつな》や宿老筆頭の芳賀伊賀守《はがいがのかみ》らは持綱に従わず、結城合戦では家綱が結城に籠城して戦死している（『鎌倉持氏記』『結城戦場記』）。持綱の子等綱《ともつな》は、成氏と山内上杉氏家務職長尾景仲らとの対立が激化すると、幕府・上杉方に属した（『武家事紀』『那須文書』ほか）ため、芳賀伊賀守らは等綱の子明綱《あきつな》を擁立し、成氏のもとに参陣した（『那須文書』『武家事紀』、江田郁夫『室町幕府東国支配の研究』）。

　下野北部の那須氏は、上那須氏と下那須氏に分裂し、成氏の鎌倉復帰後も両者の競合がつづいた（『那須文書』）。しかし、成氏の鎌倉復帰を契機に、下那須の資持が成氏に接近し、宇都宮等綱や足利荘の幕府方を攻撃するなど、その期待に応えて優位に立ち始め（『那須文書』『那須系図』）、一六世紀初めに上那須・下那須氏を統合する（江田郁夫『室町幕府東国支配の研究』）。

　上野・伊豆は関東管領山内上杉氏の本国であるが、実質的支配が及んだのは西毛《せいもう》（西上野）・北毛《ほくもう》（北上野）が中心であった。東毛には新田荘《にったのしょう》（群馬県太田市とその周辺地域）の岩松氏、佐波《さわ》郡赤堀郷《あかぼりごう》（同伊勢崎市）の赤堀氏や佐貫荘《さぬきのしょう》（同館林市）の舞木《まいぎ》氏らの成氏派がおり、その中心となったのが岩松持国《もちくに》である。持国は岩松氏庶流出身ながら、上杉禅秀の乱で没落した本宗家の岩松満純《みつずみ》・家純《いえずみ》父子に替わって持氏に近侍し、成氏の鎌倉復帰に際しても重要な役割を果たした（『岩松文書』）。一方、本宗家の満純の子家純は、京都に逃れたあと将軍義政に仕え、享徳の乱のとき、幕府の成氏討伐軍の武将の一人として関東に帰還した。

房総半島の公方派勢力　下総の千葉胤直《たねなお》は持氏に近い大名であった（『大山寺八大坊文書』）が、永享の乱や結城合戦では幕府・上杉方に属し（『永享記』『結城戦場高名着到幷結城系図所収文書』）、その功績によって子の胤将《たねまさ》が上総守護に任じられている（『円覚寺文書』）。一五世紀半ば、千葉氏は享徳の乱で分裂し、胤直とその子宣胤《のぶたね》、胤直弟の賢胤《かたたね》らが幕府・上杉方に属し、胤直の叔父康胤《やすたね》・胤持《たねもち》は成氏に味方した。康胤は馬加城《まくわりじょう》（千葉県千葉市花見川区）に拠って馬加千葉氏と呼ばれ、千葉亥鼻城《いのはなじょう》（千葉市中央区）に拠る千葉宗家と下総支配の主導権を争って勝利するが、まもなく幕府・上杉方との戦いで戦死する。そして、千葉氏庶流で配下の馬場氏流本橋輔胤《もとはしすけたね》・孝胤《のりたね》父子が康胤の跡を継ぐ形で千葉氏を再興し、公方派として行動するようになる（市村高男「室町・戦国期の千葉氏と本佐倉城跡」）。

　上総・安房両国では、山内上杉氏が守護であったため、公方派に与《くみ》しない勢力が多く、成氏の鎌倉復帰後も同じ状況が続いた。とりわけ上総は、長らく犬懸《いぬがけ》上杉氏の守護分国であったため、中小武士たちが上総本一揆《ほんいっき》を結成して持氏に敵対し（『烟田《かまた》文書《もんじょ》』『喜連川判鑑』）、鎌倉から何度も討伐軍が送られていた。武田信長《のぶなが》は甲斐の武田信満《のぶみつ》の次男であるが、禅秀の乱後に持氏と対立し（『大山寺八大坊文書』）、結城合戦でも幕府・上杉方に属した（『観智院金剛蔵聖教目録』『結城戦場記』）。しかし、成氏の鎌倉帰還とともに一転してこれに従い、江ノ島合戦が起こると、幕府管領の畠山持国から成氏側近の有力者として書状を送られている（『斎藤文書』）。

　安房では里見氏が公方派として活動する。持氏の時代、里見氏は在倉する一族と常陸に在国する一族など複数の系統に分かれており、永享の乱・結城合戦で里見家基《いえもと》・里見修理亮《しゅりのすけ》らが戦死して（『鎌倉持氏記』『結城戦場記』)、里見氏の主流は大打撃を受けた。そのため、美濃《みの》国円教寺《えんきようじ》地頭《とう》(岐阜県北方町)の流れを汲む里見氏が、成氏の弟定尊《じようそん》に随伴して関東に下り、里見氏を継承した可能性を考える説(峰岸純夫「中世城館跡の調査と保存・活用」)や、関東で生き残った里見氏の一族の中から戦国に繋がる安房里見氏の流れを探ろうとする説(瀧川恒昭「戦国前期の房総里見氏に関する考察」)など、いくつかの考え方が示されている。

鎌倉後期以来の美濃や頼貞流土岐氏と鎌倉との深い関係(市村高男「中世土岐氏の成立と展開」)、美濃から常陸江戸崎の土岐原氏を継いだ土岐氏の例、戦国期に現れる上総万木《まんぎ》(千葉県いすみ市)土岐氏の存在などを想起すると、円教寺地頭里見氏(土岐氏と婚姻関係を持つ)の子孫が関東に入る可能性は、定尊に随伴した関東入りを含めてあり得たといってよかろう。里見氏がいつ安房に入ったのかは分からないが、成氏・定尊との関係に基づく入部であり、安房を成氏勢力圏の一角に組み込む役割を果たすことになったのである。

3　宗教界編成の再建

鎌倉五山と鶴岡八幡宮の人事　成氏が帰還したとき、鎌倉の宗教界は変化していた。第一は、鎌倉五山の住持《じゆうじ》が大きく入れ替わっていたことである。成氏が信濃に逃れたとき、わずか七歳であったことを想起すると、その変化にどれだけ気づいていたかは不明であるが、以前と様子が異なることは感じたはずである。その相違の原因は、将軍義教が永享の乱の戦後処理の一環として、鎌倉五山の住持をすべて更迭したことにある（『神奈川県史 通史編1 原始・古代・中世』）。上杉憲実の推薦によって義教が任命した新人事は、建長寺《けんちょうじ》の智海充察《ちかいじゅうさつ》、円覚寺《えんがくじ》の大叙士林《だいじょしりん》、寿福寺《じゅふくじ》の充興《じゅうこう》、浄智寺《じょうちじ》の昌均《しょうきん》、浄妙寺《じょうみょうじ》の宝種《ほうしゅ》、というものであった（『蔭凉軒日録《いんりょうけんにちろく》』）。義教は京都五山と同じく鎌倉五山の住持任命権も握っていたので、持氏に近い住持をすべて排除する人事を強行した。さらに夢窓疎石《むそうそせき》の墓所であり夢窓派の拠点でもあった黄梅院《おうばいいん》住持も更迭し、夢窓派の公方家に近い一派に大きな打撃を与えた（『蔭凉軒日録』）。自分の息子を強引に鎌倉公方にしようとした義教だけに、こうした人事を強行しても不思議ではない。

第二は、鶴岡八幡宮《つるがおかはちまんぐう》社務（若宮別当）も入れ替えられていたことである。持氏時代に社務であった尊仲《そんちゅう》の活動は、永享十年（一四三八）五月二十一日に弘俊《こうしゅん》（荘厳院）を供僧《ぐそう》に任じたのが最後であり、永享十一年十一月七日には弘尊《こうそん》が勝誉《しょうよ》（荘厳院）を供僧に任じている（『荘厳院文書』）ので、この間に尊仲から弘尊に交替したことが分かる。弘尊は武蔵の加治《かじ》氏出身とされ、上杉氏に近い存在であることや、この交替劇が持氏敗死の時期とも重なることから、義教の関与があったことを示す。さらに新たな社務弘尊が、供僧の新規交替を意味する補任状《ぶにんじょう》を発している点に注目すると、義教の意向は鶴岡八幡宮社務だけでなく、供僧職の変更にも及んでいたことになる。

このように、永享の乱終結を機に、幕府は鎌倉五山の住持ばかりか、鶴岡八幡宮社務らの入れ替え人事を行っていた。しかし、こうした政策の背景に、社務弘尊が公方に対し、鶴岡支配の優越権を主張し、抵抗して改替され、持氏に近い供僧尊仲が新たな社務に任じられたことに対する社家・供僧らの強い不満があったことも確かである（小池勝也「室町期鶴岡八幡宮寺における別当と供僧」）。その点からみれば、弘尊の再任は、鶴岡社務・供僧らの不満を汲み取った将軍義教が、持氏による鶴岡支配を改めるために実施した政策であったともいえよう。

成氏の鎌倉宗教界人事　こうした状況の中で鎌倉に復帰した成氏は、生き残りの兄弟の処遇を含めて迅速な対応が求められた。成氏が進めた鎌倉宗教界の人事は、兄の成潤、弟の定尊、同じく弟の守実《しゅじつ》、姉の昌泰《しょうたい》ら全員を要職に配置するもので、兄弟重視という点で大きな特徴を持っていた。

勝長寿院跡（神奈川県鎌倉市）

前述のように、定尊は成氏の弟の乙若《おとわか》（『簗田系図』）が成人した姿であり、宝徳元年（一四四九）八月末頃に鎌倉へ帰還し、鶴岡八幡宮社務に任じられ、雪下《ゆきのした》に住んで雪下殿と呼ばれた。成氏と同じ頃、鎌倉へ帰還した兄の成潤は、勝長寿院《しょうちょうじゅいん》の門主《もんず》となり、勝長寿院の別称「大御堂」によって大御堂殿と呼ばれ、日光山別当と山門本覚院門跡を兼帯した。門主は鎌倉公方家の子弟で将軍の猶子《ゆうし》となった者など、最上位の貴顕出身の僧が務め、出自では鶴岡八幡宮より上位に位置した。

成潤や定尊の弟の守実は、熊野《くまの》堂《どう》の堂主に任じられた。熊野堂は二階堂の一角にあり、やはり鎌倉の密教系寺院の代表的存在であった。彼らと同じ頃、成氏の姉昌泰が鎌倉尼五山筆頭の太平寺《たいへいじ》（西御門《にしみかど》にある）住持となり、のちには成氏の娘昌全《しょうぜん》もこの寺の住持となっている。成氏はこの寺の住持に公方家の女性が入る慣習を定着させたのである。

このように成氏は、兄の成潤、弟の定尊（のちには弟尊敒《そんじょう》）、同じく周昉《しゅうぼう》・守実、さらに姉の昌泰を鎌倉の主要寺社の別当や住持に任じ、彼らの身分にあった地位に就けている。父持氏が強い公方を目指し、意に添わない鶴岡八幡宮社務を改替し、その自立性を制約する動きを継承しようとしたのである。もちろん成氏以前にも、公方の兄弟が鎌倉を代表する諸寺院の別当・住持になることはあったが、兄弟でそれを独占することはなく、その点に成氏の目指そうとした方向性の一端がうかがえる。

享徳の乱で鶴岡八幡宮の供僧らが鎌倉から古河に移った（『鶴岡供僧次第』）のは、成氏と鶴岡社務定尊の要求に従った供僧らがいたことを示しており、社務の支配下にあった進止供僧（内方供僧）中心であるとはいえ、日頃から定尊が供僧らの編成に力を注いでいたことをうかがわせる。

成氏を支持する禅寺・禅僧

成氏支持の禅宗寺院の中で、瑞泉寺《ずいせんじ》は最も重要な存在であり、その塔《たっ》頭《ちゅう》祥雲庵《しょううんあん》と長春院《ちょうしゅんいん》をはじめ、興聖寺《こうしょうじ》などの寺々も成氏支持の立場で動いていたことが分かる。

瑞泉寺はこれまで何度も登場しているように、公方家の菩提寺であり、関東十刹《じっさつ》の一位か二位を占める名刹である（『扶《ふ》桑五《そうご》山記《さんき》』）。時代を遡ってみると、二代公方氏満が将軍義満と対立したとき、和解の仲介をしたのが瑞泉寺住持の古天周誓《こてんしゅうせい》であった。また、永享の乱の際、幼い成氏を援けて信濃へ逃避させたのも瑞泉寺の昌在西堂《しょうざいせいどう》であった（『鎌倉大草紙』）。古天周誓は夢窓疎石の法嗣《はっす》の一人であり、昌在も永享四年（一四三二）八月の黄梅院の「毎月中居《まいつきなかい》方下行《かたげぎょう》」を定めた文書に、「瑞泉昌在（花押）」と署名し、瑞泉寺住持であったことが確認できる（『黄梅院文書』）。

永享の乱後の永享十一年十一月、相国寺蔭涼軒の季瓊真蘂《きけいしんずい》は、四日に瑞泉寺中璵《ちゅうよ》西堂が上洛し、六日に将軍と面会して銭三〇緡《さし》（三〇貫文）を献上したと日記に書き留めている（『蔭涼軒日録』）。中璵西堂は昌在西堂の後継と推測されるが、真蘂の記事は簡略であるため、何を目的に上洛し、何を話し合ったのか不明である。しかし持氏が敗死し、春王丸・安王丸が常陸で挙兵する直前であり、多額の銭を献じての対面であるので、公方家や持氏子息らの処遇に関することであった可能性もある。

さらに享徳の乱が起こってまもなく、成氏の弁明の書状を京都に届ける使者となったのも瑞泉寺の僧であった（『鎌倉大草紙』）。成氏が古河へ移ったとき、瑞泉寺の西堂らも随伴したようであるが、成氏の側近で使僧として活動していたこと（『那須文書』）を除いて、その詳細は不明な点が多い。

古河に移ったのは瑞泉寺だけではない。瑞泉寺と同じく夢窓疎石を開山とする興聖寺もその一つであった。興聖寺は江戸期に廃寺となったため、鎌倉のどこにあったのか不明であるが、関東十刹に列する名刹であった（『五山記考異』『鎌倉五山記』『鎌

瑞泉寺（神奈川県鎌倉市）

倉廃寺辞典』)。この寺と成氏との関係は、父持氏から引き継いだもののようで、古河に移ると成氏の近辺で使僧を務めるなどの足跡を残していた。

このほか、古河の成氏のもとで使僧として活動する祥雲庵がおり(『喜連川家文書案』『集古文書』)、古河在住が長期化したためか自らの帰趨《きすう》に迷う長春院主の姿もあった(『小山文書』)。祥雲庵は瑞泉寺の塔頭の一つとして知られ(『鎌倉市史寺社編』)、長春院は成氏の父持氏の墓所として瑞泉寺と不可分な関係を持っていた。こうした寺院も古河へ移って成氏を支えていたのである。これらの寺々は、古河周辺の御料所から寺領を寄進され、中興や新設の寺院に入寺し、定着した者もあったと考えられる。

第四章　成氏と享徳の乱

1　成氏と江ノ島合戦

御料所の回復　成氏《しげうじ》は鎌倉府再建を目指し、公方《くぼう》御所の造営、近習《きんじゅう》・奉公衆《ほうこうしゅう》の再建、外様の大名・国人《こくじん》の再掌握などを推し進める一方、鎌倉府・公方御料所《ごりょうしょ》の回復、寺社領の保護、交通路・港・都市の掌握などにも取り組んだ。関東管領《かんれい》山内上杉《やまのうちうえすぎ》氏と扇谷《おうぎがやつ》上杉氏の分国には深入りを避ける傾向がみられるが、鎌倉府御料所の回復や近習・奉公衆、大名・国人らの知行地、不知行化した寺社領の回復は最も重要な課題であり、その進展とともに両上杉氏やその配下の長尾《ながお》・太田《おおた》氏らとの対立をしだいに表面化させていった。

持氏期の鎌倉府御料所は、関東の各地域に拡がっていた。それを概観すると大きく二つの地域に集中する傾向が認められる。その一つは、武蔵《むさし》国久良《くら》郡《きぐん》（神奈川県横浜市）・六浦荘《むつらのしょう》（横浜市）や相模《さがみ》国山内荘《やまのうちのしょう》（神奈川県鎌倉市）・毛利荘《もうりのしょう》（同厚木市）・愛甲荘《あいこうのしょう》（同愛甲町）・糟屋荘《かすやのしょう》（同相模原市）など、武蔵南部から相模東部・中部にかけての地域であり、もう一つは下野《しもつけ》国足利荘《あしかがのしょう》（栃木県足利市）・下総《しもうさ》国下河辺荘《しもこうべのしょう》（茨城県古河市・千葉県野田市・埼玉県幸手市など）や武蔵国太田荘《おおたのしょう》（埼玉県久喜市・同蓮田市・さいたま市など）・足立郡（東京都足立区・埼玉県和光市・朝霞市）など旧利根《とね》川中下流の地域であった（山田邦明『鎌倉府と関東』）。これらの御料所から近習・奉公衆、鎌倉中の寺社や公方ゆかりの寺社に寺領・神領が寄進された。

このほか成氏は、関東各地の要所を結ぶ主要街道や、それに沿って成立した宿や関所、浅草・品川・船橋などの沿岸各地の港町とそこを舞台に展開する海運、相模川・利根川など主要河川の水運と津を掌握し、鎌倉府の経済基盤に組み込んで、奉公衆や鶴岡八幡宮《つるがおかはちまんぐう》・建長寺《けんちょうじ》・円覚寺《えんがくじ》などの鎌倉寺社に収益の取得権を与えていた。

しかし、永享《えいきょう》の乱による鎌倉府の倒壊により、これらの御料所は幕府の認可のもと、関東管領山内上杉氏の管理下に置かれ、扇谷上杉氏や長尾氏らの支配が及んだ。文安四年（一四四七）、成氏の復帰による鎌倉府再建に伴い、これらの御料所に対する公方の支配権が復活し、とりわけ相模・南武蔵の両上杉氏分国にある御料所群の返還をめぐり、両上杉氏や長尾氏らと奉公衆・公方派大名・国人たちの利害がぶつかり始めた。

上杉方との対立要因　なかでも大きな問題は、山内上杉氏家務職にあった長尾氏・扇谷上杉氏家務職の太田氏らが、鎌倉府の御料所や公方ゆかりの寺社領、没落した公方派大名・国人らの所領に対し、実質的な支配を行っていたことであった。成氏が奉公衆の知行地を回復し、没落した大名・国人の復帰を進めれば進めるほど、長尾・太田氏らとの対立を激化させざるを得なかったのである。

成氏は鎌倉復帰後、ただちに関東管領の山内上杉憲忠《のりただ》と対立し始めたわけではない。一方では協調する動きも見せており、むしろ近習・奉公衆や公方派大名・国人らが、扇谷上杉氏や長尾氏・太田氏らと緊張を強めていったのが実情である。近習・奉公衆や公方派大名・国人らにとって、旧領回復は大きな課題であり、その一方、彼らの没落中に利権を得た両上杉氏や長尾・太田氏らは、せっかく獲得したものを簡単に手放すわけにはいかなかったのである。

成氏は、永享の乱後に関東分国の所領に「強入部《ごうにゅうぶ》」（強引に人の所領へ入って占拠すること）した者たちが、「京都の上意《じょうい》」（京都の将軍の命令）であると言って退去しないと主張している（『喜連川文書』）。これは成氏が、永享の乱を機に上杉方が占拠した鎌倉府御料所、奉公衆の所領、鎌倉寺社領などを回復しようとしたとき、上杉方勢力が「京都の上意」を名目に返還に応じなかったことを示す。

成氏はこうした現実を踏まえ、幕府に訴える合法的な手段により、上杉方が占拠する「関東祇候人《かんとうしこうにん》の所帯」（奉公衆らの所領）を回復し、その見返りに幕府が支配権を持つ下野足利荘を返還し、幕府の代官による管理を申し出た（『喜連川文書』）。これは、幕府の足利荘支配を容認する従順な姿勢を示しつつ、奉公衆らが自力によって進める所領回復行為（これも「強入部」になる）を容認させようとするものであった。

さらに成氏は、長尾昌賢《しょうけん》が関東管領の上杉憲忠が若いのを良いことにして、憲忠を軽んじ公務を蔑《ないがし》ろにしている上、太田道真《どうしん》と結んで緩怠を募らせ、謀叛まで企てていると主張している（『鎌倉大草紙』）。

江ノ島遠景（神奈川県鎌倉市）

江ノ島合戦の顚末　こうした状況下、成氏と上杉方との対立が武力抗争へと発展する。それが宝徳二年（一四五〇）四月の江ノ島合戦である。成氏と上杉方との確執は、すでに宝徳元年の結城《ゆうき》氏再興問題で表面化していたが、御料所や奉公衆所領の返還などの問題ではもはや妥協の余地はなく、同二年四月になると、扇谷上杉持朝《もちとも》や昌賢・道真らと、成氏のもとに結集した結城・武田《たけだ》・簗田《やなだ》氏ら公方派勢力との対立が先鋭化し、一触即発の状態になっていた。昌賢・道真らは、永享の乱後しばらく上杉憲実《のりざね》に代わって関東支配を担っていただけに、成氏を中心とする公方派勢力の急進的な動きに警戒感と危機感を抱いていたのである。

四月二十日、成氏は昌賢・道真らの不穏な動きを察知すると、いち早く鎌倉から江ノ島（神奈川県藤沢市）へ退避し、彼らに対抗するための陣を構えた。江ノ島は鎌倉府御料所の一つであり、島内にある岩木坊も公方家に親しい存在であったので、成氏の身近な退避先としてふさわしいところであった。翌日、昌賢・道真らの軍勢は、江ノ島の対岸の腰越浦《こしごえうら》（神奈川県鎌倉市）に押し寄せ、これを成氏が迎え撃つ形で戦端が開かれた。その激闘の中で小山持政《おやまもちまさ》の「家人数輩《けにんすうはい》」が討ち死にした。初戦に勝利した昌賢・道真らは、余勢を駆って鎌倉の由比浦《ゆいのうら》へ軍を進めると、そこに千葉《ちば》胤直《たねなお》・小田《おだ》持家《もちいえ》・宇《う》都宮等綱《つのみやともつな》らが成氏の支援に馳せ参じ、今度は成氏方が勝利を収めて、昌賢・道真らは糟屋荘《かすやのしょう》（神奈川県伊勢原市）へ敗走することになった（『鎌倉大草紙』『南部文書』）。

しかし、成氏が江ノ島へ退避し、上杉方勢力と戦っているとき、兄の成潤《せいじゅん》と弟の定尊《じょうそん》が成氏方から離脱し、独自な動きを見せていた。成氏に比肩しうる格式を持つ勝長寿院《しょうちょうじゅいん》の門主成潤と、弟ながら一度は公方予定者になった鶴岡八幡宮社務の定尊だけに、公方成氏に対する思いは複雑であり、江ノ島合戦の初戦で苦境に立った成氏をみて、彼らの野心が頭を持ち上げても不思議ではなかった。しかし、江ノ島合戦が成氏優位に推移したため、彼らも自制することを余儀なくされたのである。

一方、糟屋荘では合戦の主謀者であった扇谷上杉持朝が、執拗に抵抗をつづけており、そのため長棟《ちょうとう》（上杉憲実）の弟で駿河《するが》にいた道悦《どうえつ》（重方《しげかた》）が、成氏と持朝との仲介役を努めることになった。それによって、持朝の子顕房《あきふさ》は降参するが、持朝は成氏への出仕を拒んで七沢山《ななさわさん》（神奈川県厚木市）の要害に籠城した（『鎌倉大草紙』『南部文書』）。

成氏は昌賢・道真らを処罰する意志を示すとともに、幕府管領畠山持国《はたけやまもちくに》に江ノ島合戦の釈明をする一方で、幕府に従順な姿勢を示しながら、上杉憲忠の罪を問わずに出仕のみを求め、長棟の関東管領復帰を命じて欲しいこと、江ノ島合戦で功績のあった者への将軍御教書《みぎょうしょ》の発行と、関東の大名・国人や武州《ぶしゅう》・上州一揆《じょうしゅういっき》に対する成氏への忠節指令の発出を望むこと、成潤・定尊を鎌倉の一所に置きたいこと、などの要望を出した（『鎌倉大草紙』『南部文書』）。この成氏による幕府との交渉には、柔軟な中にも計算された強かさが見え隠れしており、彼の外交手腕の確かさが示されているが、同時に兄弟で

「御連枝《ごれんし》」の成潤・定尊らの対策に苦慮する成氏の立場の不安定さも示すことになったのである。

成氏の戦後処理交渉　宝徳二年（一四五〇）五月、管領畠山持国は成氏側近の大平《おおひら》氏に対し、長棟の帰国の件と江ノ島合戦で戦功のあった者たちに御教書を発すること、憲忠と持朝父子には義政《よしまさ》の御教書のとおり、ただちに帰参し功を励むよう指示すること、成潤と定尊が一所に「御座」を構えるのは妥当である、との将軍義政の意向を成氏に伝えるよう求めた（『喜連川文書』）。この回答の内容から、成氏の要望の大半が聞き入れられたことが分かる。幕府に対する従順な姿勢で行った釈明が功を奏したといえるが、鎌倉府に好意的な畠山持国が管領であった幸運も見落とすべきではなかろう。

成氏の鎌倉帰還　一方、上杉方は、憲忠が将軍義政の御教書が発せられても復帰を固辞し、持朝・顕房父子も硬直した態度を取り続けた。しかし、幕府が成氏の主張を認めたため、政局は成氏に有利に動き出し、宝徳二年（一四五〇）八月後半、成氏は鎌倉桐谷《きりがやっ》へ帰還する。

しかし、憲忠は持朝父子や昌賢・道真らに擁立され、意に添わぬ苦労を強いられていたためか、しばらく帰還を渋っていた。それでも幕府の執拗な説得に折れて、十一月下旬に鎌倉へ帰参している（『上杉家文書』『喜連川文書』）。それに伴って、成氏が江ノ島合戦の張本人と見なしていた昌賢・道具も、「御免を蒙り御所へ出仕」することになった（『鎌倉大草紙』）。幕府が彼らを赦免する方針を決めたため、成氏もそれに逆らうことを控えたのである。

こうして江ノ島合戦は、一部に禍根を残しながらも終息した。これまでの研究は、成氏がこの合戦で何も得るものがなかったとすることが多い。しかし、実際の戦闘で上杉方に勝利し、成氏方の実力と存在感を示したことの意味は大きい。そして、幕府に対し二心《ふたごころ》なしと強調し、鎌倉公方の地位を再確認されて、安定した立場で鎌倉府再建に取り組めるようになったことも重要である。ときに宝徳二年、成氏二〇歳の夏であった。

2　鎌倉府再建の再開

寺社領の保護　鎌倉帰還後の成氏は、奉公衆や寺社の所領回復を図ることを政策の基調としたが、これを本格的に展開することができたのは、宝徳二年（一四五〇）四月の江ノ島合戦以降である。宝徳元年夏頃から始まる結城氏の再興問題も、そうした回復政策の一環をなすものであった。

成氏の寺社領保護・回復策は、鶴岡八幡宮領から始められ、宝徳二年九月二十一日、八幡宮小別当坊に、武蔵国青木村（神奈川県横浜市）・相模国早河荘久富名《はやかわのしょうひさどみみょう》（同小田原市）・阿久和郷《あくわごう》内水田《ないすいでん》（同横浜市）などの売却社領の取り戻しを認め（『大庭文書』）、同年十月二十九日には鶴岡八幡宮領の「沽却《こきゃく》地《ち》」（売却地）を返却させる徳政令《とくせいれい》も発した（『鶴岡八幡宮文書』）。鶴岡八幡宮は、永享の乱以降、鎌倉公方という保護者を失って運営に支障をきたし、各地の宿・港町などに出現した富裕な人々（富有仁《ふゆうのじん》、有徳人《うとくにん》）や在地の寺社などに、神領や船役《ふなやく》・関銭《せきせん》の徴収権を売却せざるを得ない状態になっていた。成氏は鶴岡八幡宮の苦境を救うべく売却地や各種の利権を無償で取り戻させようとしたのである。宝徳三年九月五日には、鶴岡八幡宮の恒例の儀式で雅楽を奏する楽人《がくじん》（職能民）の知行地（実質的な役職料）を八幡宮神主に与え、八幡宮の儀式が滞りなく実施できるようにした（『鶴岡八幡宮文書』）。

さらに享徳二年（一四五三）十二月十五日、成氏は鎌倉の浄光明寺《じょうこうみょうじ》長老に対し、相模国金目《かねめ》郷北方《ごうきたかた》（神奈川県平塚市）・波多野荘《はたののしょう》内平沢村（同秦野市）・四宮荘内長沼・今里（同平塚市）など、南関東各地に分布する寺領の諸公事《くじ》・課役《かやく》を、歴代公方御教書に即して免除すると伝えている（『浄光明寺文書』）。浄光明寺は扇谷にある足利氏ゆかりの臨済宗寺院であり、成氏は扇谷上杉氏や長尾・太田氏らの「強入部」も意識しつつ、これまでどおりに公事・課役免除の保証を与えたものと考えられる。おそらく鎌倉の他の寺社に対しても、領地の安堵、諸権益の承認、諸課役の免除などを行い、天下泰平・武運長久、公方家の安泰などを祈禱させたのであろう（『古証文』『荏柄天神文書』ほか）。

こうした成氏の政策は、公方ゆかりの寺社領に進出していた上杉方勢力と、改めて利害の対立を引き起こした。そして、彼の政策が進展すればするほど、両者の緊張が高まっていくことになった。

繁栄する武蔵品川の掌握　成氏は鎌倉府再建のため、交通や交易が生み出す富の掌握にも力を注いだ。宝徳二年（一四五〇）十一月十四日、武蔵国品川（東京都品川区）の住人鈴木道胤《すずきどういん》の「蔵役《くらやく》」を免除し、享徳二年（一四五三）五月八日、荏原郡南品河《えばらぐんみなみしながわ》（東京都品川区）の日蓮宗妙国寺《みょうこくじ》（現在の天妙国寺《てんみょうこくじ》）を公方祈願所《きがんじょ》に指定した（『妙国寺文書』）のは、それを象徴する政策であった。品川はもともと鎌倉府御料所で、鎌倉円覚寺や金沢称名寺《しょうみょうじ》（横浜市金沢区）の造営料などが徴収されていた。復帰後の成氏は、改めて近臣で縁者でもある簗田持助を代官に任じ、品川の掌握に力を注いだのである（『妙国寺文書』）。

当時の品川は、武総《ぶそう》の内海《うちうみ》（現在の東京湾）沿岸最大の港町であり、同時に東海道《とうかいどう》の前身となる沿岸部の街道沿いに成立した宿でもあった。成氏の時代には、すでに南・北の二つに分かれるほど発展を遂げていた。南品川の住人の鈴木道胤は、紀伊国熊野《きいくまの》（和歌山県田辺市・新宮市・三重県尾鷲《おわせ》市・熊野市など）の有力な御師《おんし》（特定の寺社に属し、その社寺へ参詣者を案内し参拝・宿泊などの世話をする宗教者）である鈴木氏の出身であり、俗名を長敏《ながとし》といった。父道永《どうえい》の時代から廻船業・倉庫業、馬借《ばしゃく》の元締め、馬の売買など多角的な営業によって巨万の富を築き、品川住人を代表する存在となっていた。

同じく北品川には榎本道琳《えのもとどうりん》という富裕な住人が住んでいた。道琳も紀伊国熊野の出身で、鈴木氏のように海運・陸運と倉庫業を中心に多角的な経営を展開し、巨大な富の保有者となり、北品川の住人を主導する立場に立っていた。道琳の出身地である有馬荘神木《ありまのしょうこうのぎ》（三重県南牟婁《みなみむろ》郡御浜町）には、榎本《えのもと》氏出雲守屋敷《いずものかみやしき》跡とされる場所があり、その一角には二メートルを超える宝篋印塔《ほうきょういんとう》をはじめとする榎本氏一族の石塔群が立っている。榎本氏は有馬荘の荘官を務めた武士でもあり、単なる御師ではないが、熊野の海で鍛えられた航海術を駆使して熊野と関東の間を股に掛けて活動し、早くから一族を品川に配置していたのである（伊藤裕偉「熊野と東国品川」）。

海運の掌握を目指す意味　鈴木氏や榎本氏のような存在は「有徳人《うとくにん》」と呼ばれている。とりわけ鈴木道胤は、巨富を投じて妙国寺を建立し、新たに鋳造した梵鐘《ぼんしょう》を寄進し、この寺の大旦那として君臨した。当時の蔵は富を象徴する建物とされており、道胤も屋敷内に蔵を持っていたので蔵役という税が課されていた。成氏は道胤の地位に注目し、蔵役免除の特権を与え、妙国寺を公方祈願所に指定することで、自治都市として存在する品川を、その主導者の道胤を介して掌握しようとしたのである。

この頃の品川は、大湊《おおみなと》（三重県伊勢市）・阿濃津《あのづ》（同津市）・桑名（同桑名市）などを擁する伊勢《いせ》・尾《お》張《わり》・三河《みかわ》に囲まれた内海と、武総の内海（現在の東京湾）の間を往反する船が着岸する、文字通りの関東の海の玄関であった。それに着目した成氏は、この港町とそこに出入りする船に津料《つりよう》・帆別銭《ほべつせん》などを課し、それを鎌倉府の財政基盤に組み込むことを目指したのである。この二つの内海の間を往反する交易船は、瀬戸内海航路を利用し、畿内と豊前《ぶぜん》・長門《ながと》・周防《すおう》方面との間で展開した遠隔地交易を行う船の数に匹敵するほどであった（市村高男「中世日本の港町」）。成氏が品川の掌握に力を注いだ理由はまさしくここにあった。

品川は山内上杉氏の守護分国武蔵に属するが、鎌倉府御料所として守護の支配から分離された領域であり、成氏にとって比較的掌握しやすいところであった。ところが、品川と同じく富裕な住人が住む神奈川（横浜市神奈川区）や鎌倉の外港六浦（横浜市金沢区）については、武蔵守護の山内上杉氏が掌握していた（福島金治「中世神奈川湊の構成とその住人」、山田邦明『鎌倉府と関東』、盛本昌広「戦国初期の神奈川郷と山内・扇谷上杉氏家臣」）ため、成氏も安易な介入は控えていた。

しかし、成氏と上杉方との軋轢が強まるにつれ、武総の内海に点在する港町の掌握をめぐる両者の利害対立が先鋭化する。それは船橋・千葉（千葉市）・畑沢《はたざわ》（木更津市）・上総港・富津《ふっつ》（富津市）など房総半島側の港町についても同様であった。これらの海域での主導権争いは、成氏方・上杉方双方の重要な関心事となっていた。

徳政発令の時期をめぐって　鎌倉帰還後、成氏は宝徳二年（一四五〇）九月から十月にかけて相次いで徳政（令）を出した。この徳政は一般に成氏の代初め徳政と位置づけられる（『神奈川県史 通史編1 原始・古代・中世』）。鎌倉公方の代初め徳政は、持氏のときにも出されていた。代初め徳政とは、天皇・将軍・公方などの代初めに世の中が改まり、それに伴い負債も帳消しになるという観念に基づくもので、中世社会の法慣習に根ざした政策である（勝俣鎮夫『一揆』、笠松宏至『徳政令』）が、成氏の公方就任は文安四年（一四四七）であるので、実施までにいささか時間が掛かりすぎている。

ではなぜこの時期に徳政が行われたのか。江ノ島合戦で優位に立った成氏が、その立場を安定させ、権威発揚のために実施したと説明されることが少なくないが、鶴岡八幡宮をはじめとする寺社が、上杉方による横領行為や有徳人らの土地買得の洗礼を受け、経済的に厳しさが増していたのなら、もっと早く対策を講じてもよいはずである。しかし、それには寺社側から寺領・神領回復の申請が必要であり、成氏がそれを受理し一定の手続きを経て徳政を発することになるので、若干の時間を要するのは当然であった。ところがその最中に江ノ島合戦が開始されたため、合戦が終息し、成氏が鎌倉に帰還してから徳政を出すことになったのである。

このとき成氏はまだ一九歳であり、ブレーンの禅僧や御所奉行らの支えがあったとしても、鎌倉帰還から二年余りしかたっておらず、さまざまな難問を一挙に解決することは難しかった。そういえば、成氏が最初に鶴岡八幡宮へ社領を与えたのも、有徳人の鈴木道胤の蔵役を免除したのも、妙国寺を公方祈願所に指定し港町品川の掌握に乗り出したのも、いずれも江ノ島合戦の終息後のことであった。

公方派大名・国人への所領宛行《あてがい》が見られるのも、江ノ島合戦後がほとんどであった。

しかし、成朝《しげとも》による結城氏再興の動きが始まったのは江ノ島合戦前である。それは、永享の乱・結城合戦で没落した奉公衆・奉行人《ぶぎょうにん》が、成氏の鎌倉帰還に伴って復権に向けて動き出した時期でもあり、寺社の寺領・神領保護政策に乗り出した時期とも軌を一にする。成氏の復帰と公方派勢力の復権への動きが、上杉方勢力の中核をなす長尾・太田氏らとの対立を激化し、江ノ島合戦を引き起こし、その間、中断されていた鎌倉府再建の諸政策が、合戦終結とともに再開されたのである。江ノ島合戦後に多く見られる成氏の諸政策は、そうした流れの中で評価していく必要があろう。

3　成氏に敵対する成潤

源義氏と名乗る人物　宝徳四年（一四五二）四月二日、源《みなもとの》義氏《よしうじ》なる人物が、幕府・上杉方の南奥白河（福島県白河市）の結城直朝《なおとも》に対し、「常陸国小栗《おぐり》六十六郷」の知行を認めるとの文書を発している（『国学院大学白河結城文書』）。この人物は、成氏と同等の立場で文書を発しており、成氏の兄で勝長寿院門主となった成潤と同一人物の可能性を示唆する研究もある（戸谷穂高「享徳の乱前後における貴種足利氏の分立」）。この文書は、ごく最近、写しで「検討の余地がある」との指摘がなされたが、義氏は一日前の四月一日にも白河の結城氏に書状を発しており、こちらは正真の文書である。その中で、幕府管領細川《ほそかわ》氏の一族持賢《もちかた》と文書のやり取りをしていることや、幕府・上杉方に近い宇都宮等綱と親しい関係にあることが示されている。江ノ島合戦と享徳の乱の間に発出されているだけに、義氏がどのような素性の人であるのか大きな問題となる。

足利氏関係、古河公方関係の系図には、一五世紀半ばに生きた義氏という名の人はまったく現れないが、右の二点の文書から判断すると、義氏は成氏と同じレベルの社会的地位にあった人と考えるのが自然であり、成氏の兄弟かそれに近い立場の人である可能性はかなり高い。義氏が成氏の兄成潤と同一人物である可能性が示唆されるのは当然のことといってよかろう。ただ、それを裏付ける史料がないため、確定できないのが現状であった。

成潤の足跡　成潤については、すでに簡単に紹介しているが、まだ不明な点が多いので、関連史料をもう少し整理してみることにしよう。まず問題となるのは、結城合戦の際、春王丸《しゅんおうまる》・安王丸《あんおうまる》・乙若《おとわか》（のちの定尊）や成潤も結城城に立て籠もっていたことである。その中に「二橋《ふたつばし》上様《うえさま》御跡《おんあと》続《つ》き、兼ねてお約束候、御一緒に御座候」（『角田石川文書』）とあり、南奥から鎌倉に戻った「二橋上様」稲村公方足利満貞《みつさだ》（持氏の叔父）の養嗣子となった男子（「御跡続き」）がいた。この四人の中で「二橋上様御跡続き」に最も近いのがのちの成潤であり、彼は結城落城に際し、春王丸・安王丸、乙若らと別途、逃避したようで、その後しばらくその消息を絶つ。

彼がふたたび史料に現れるのは、成氏の鎌倉復帰に際してである。柏舟宗趙の『周易抄《しゅうえきしょう》』によれば、成氏が復帰したとき、兄弟三人が来て援けたという。その一人が美濃の土岐氏に養育された「雪ノ下殿」、一人は僧侶の弟、もう一人は美濃にいた俗人で「重《（成）》氏ノ一ノ兄」であったと記す。「雪ノ下殿」は定尊を指し、もう一人の僧の弟は、おそらく守実《しゅじつ》か周昉《しゅうぼう》か尊敞《そんじょう》のいずれかであろうが、在俗の「重氏ノ一ノ兄」（生存する一番上の兄）は成潤である可能性がきわめて高い。彼が稲村公方満貞の養嗣子であったとすれば、俗人であったのはむしろ当然で、美濃から鎌倉へ帰還し、勝長寿院の門主になるときに、出家して成潤と名乗った可能性が高い。

勝長寿院の門主は、将軍の猶子になる慣例があったので、彼も門主に就任する際に将軍の猶子となったとみられるが、弟の定尊が未受法であった（小池勝也「室町期日光山別当考」）ように、彼もまた未受法であった可能性がある。そして、最初は不満を持ちながらも野心を現さず、定尊とともに成氏を支える姿勢を示したのであろう。

上杉方が擁立する成潤　しかし、成氏と上杉方の対立が再燃すると、成潤は上杉方からの誘いに乗って、江ノ島合戦で不穏な動きを見せた。このときは上杉方が敗北したため、成潤は進退に窮し、不本意ながら成氏に謝罪の起請文を提出して赦免されている。成潤は、これを機にいったんは勝長寿院に戻り、それから二年近くを経過して発せられたのが前述の宝徳四年四月一日・二日の文書であった。とりわけ四月一日の書状は、義氏が幕府と通じていたことを示している（『武家事記』）。

そして、享徳の乱が始まると、成潤は今度は小栗城に籠もった長尾昌賢らと連携し、下野日光山（栃木県日光市）に移って衆徒を催し、成氏に対して公然と叛旗を翻した（『鎌倉大草紙』）。成氏が、成潤は日光山に「陣館」を移して敵対した、と批難している（『喜連川家文書』）のはこのことであった。このときも上杉方が敗北したため、危険を感じた成潤は、関東を脱出すると、幕府を頼って京都に落ち延びていった。

　このように成潤は、勝長寿院の門主として日光山別当を兼ね、当初は成氏を援ける姿勢を示したが、上杉方が成氏に対抗する旗頭として擁立した（戸谷穂高「享徳の乱前後における貴種足利氏の分立」）ため、成氏に替わる公方としての自意識を高め、江ノ島合戦での不穏な動きに続いて明確に反成氏の立場で行動したのである。

義氏は成潤か

成潤が不穏な動きを見せ始めたのは、宝徳二年（一四五〇）四月に始まる江ノ島合戦からであった。そして、源義氏が白河の結城直朝に文書を発したのは宝徳四年四月であり、このときにはすでに幕府・上杉方に通じていた形跡がある。そして、享徳三年十二月末にはじまる享徳の乱では明確に成氏への敵対行動をとったのである。この成潤の動きと義氏の行動は多くの部分で重なりあっている。

　柏舟宗趙が書き留めているように、成潤は享徳の乱の初戦で没落したあと、美濃に逃れており、文安四年（一四四七）八月下旬の成氏の鎌倉帰還と同じ頃、鎌倉に戻っているが、それまでは俗人であった。前述のように、彼が稲村公方満貞の養嗣子になっていたのであれば、在俗であったのは当然であり、永享の乱で自害した持氏嫡子義久《よしひさ》と近い年齢であったことからみて、すでに元服していた可能性が高い。義久に通じる義氏を名乗るこの人が、成潤の出家前の姿であったとみて大過ないのではなかろうか。彼がいったん出家し、成潤となってまもなく義氏と名乗ったのは、還俗《げんぞく》してもとの実名に復したことをうかがわせるが、上杉方に通じた彼が目指したのは成氏に替わる公方であり、ふたたび勝長寿院の門主に返り咲こうとはまったく考えていなかったことを暗示する。

実際、この後の成潤は一貫して幕府・上杉方として動いており、五十子《いかっこ》陣で若くして病没するまでの彼の行動は、勝長寿院門主としてよりも次代公方としての意識に基づくものであった。本書では、反証となる史料が現れないかぎり、成潤が義氏と同一人物であるという立場で叙述を進める。

4　享徳の乱と成氏

上杉憲忠誅殺　江ノ島合戦が終わっても、上杉憲忠が関東管領の地位に留まり、合戦の張本人である扇谷上杉持朝・長尾昌賢・太田道真らは処罰されなかった。しかし、成氏は上杉方に対する軍事的な優位を示し、幕府には恭順な姿勢を示して、その公認のもとに鎌倉府再建の動きを加速させるようになった。その過程で奉公衆や公方派勢力の動きが上杉方を強く刺激し、成氏への敵対行動を自粛していた持朝・顕房父子や昌賢・道真らが、ふたたび反公方の動きを活発化させるようになった。

享徳三年（一四五四）十二月二十七日、成氏は西御門《にしみかど》の御所に上杉憲忠を呼び寄せて殺害した（『康富記』）。同じ日、岩松持国らは公方御所での動きに呼応し、鎌倉山内にある上杉邸を襲撃しており、長尾実景《さねかげ》ら多数の上杉氏家臣を討ち取った（『正木文書』）。

『鎌倉大草紙』は、この事件について公方近臣らが長尾氏らの不穏な動きを察知し、機先を制して憲忠を打ち取ることを提案したので、成氏はこれを聞き入れ、結城成朝・武田信長《のぶなが》・里見《さとみ》義実《よしざね》らに襲撃を命じ、抵抗する憲忠主従二十余人を討ち取ったと記す。この記載の中には錯誤もあるが、それを正して『康富記』等の記載と合わせて読み直してみると、結城・武田・里見氏ら公方近臣らが憲忠殺害を成氏に進言し、公方の命を受けた彼らが御所に参上した憲忠らを討ち取り、彼らと示し合わせた岩松持国が上杉邸を襲撃し上杉氏家臣ら多数を討ち取った、という事件の全貌が浮かび上がる。

この事件は、結城氏やその配下の多賀谷《たがや》氏の伝えるところによれば、成氏の命を受けた結城成朝が憲忠を討ち取ったとし（『結城家之記』）、多賀谷氏は成朝に従って憲忠を討ち、立身の契機となったとする（『多賀谷旧記』）。また、『鎌倉大草紙』は、成朝の家人金子祥永《かねこしようえい》・祥賀《しようが》兄弟（正しくは祥賀・祥永兄弟）が憲忠を討ち取り、その功によって多賀谷名字と所領を与えられたとし、甲斐《かい》の年代記である『王代記』は、「結城、多賀谷兄弟討手なり」と記している。

このように、憲忠殺害は成氏が計画し、結城・武田・里見氏らに命じたというより、結城成朝らを急先鋒とする公方近臣らの思惑が強く作用し、それに押された成氏が憲忠誅殺を決断し、成朝らが実行したとするのが真相に近いといってよかろう。

実際、成氏は幕府と協調した鎌倉府再建の姿勢を維持しており、鎌倉復帰以降、表だって憲忠を糾弾した様子は見られないが、前述のように、成朝は結城氏の再興に際し、憲忠（長尾昌賢らの意志が介在している）がとった対応に大きな不満を持っていた。成朝に従って憲忠を討った金子祥賀・祥永兄弟は、その功績によって多賀谷名字を公認され、兄の祥賀（氏家）は奉公衆に列し（『松陰私語』）、弟の祥永（朝経）は結城氏の宿老となるなど、一挙に関東の主要武家の仲間入りを実現した。彼ら兄弟の立身は、関東の新興武士たちに希望と期待感を抱かせることになった。成氏もまた、鎌倉府再建に必要な人材補給の坩堝《るつぼ》がどこにあるかを認識し、これ以降の政策の中に生かしていくことになる。享徳三年末、成氏二四歳の冬の事件であった。

長尾昌賢らを撃破する成氏軍　憲忠を殺害された上杉方は、享徳四年（一四五五）正月早々、成氏への報復のために出陣する。享徳の乱の始まりである。正月五日、成氏は武蔵の稲荷大明神（東京都港区芝）に対し、今度の出陣で所願成就の暁には、当社を修造するとの願文を捧げ（『烏森神社文書』）、一門の一色頼清《いっしきよりきよ》と近臣の武田信長を大将とする軍勢を出陣させている（『武家事紀』三四）。この日、成氏軍は武蔵府中（東京都府中市）の高安寺《こうあんじ》に陣取り、翌六日、相模国島河原《しまがわら》（神奈川県平塚市）で扇谷上杉持朝（道朝）や長尾昌賢らの山内上杉軍と激突する。結果は成氏軍の勝利に終わり、両上杉軍は伊豆三島（静岡県三島市）へ後退を余儀なくされた（『武家事紀』三四）。

それから約二週間後、成氏は自ら鎌倉を出陣した。上杉方は庁鼻和《ちょうのはな》上杉憲信《のりのぶ》・扇谷上杉顕房（持朝の子）や長尾昌賢らが上野《こうずけ》で態勢を立て直し、成氏方に反撃すべく武州・上州一揆以下の大軍を率いて武蔵国境近くへ攻め寄せると、正月二十一日・二十二日の両日、高幡《たかはた》（東京都日野市）・分倍河原《ぶばいがわら》（同府中市）で数回に及ぶ激戦を展開した。その戦闘の中で、大将の憲信・顕房らが戦死するなど上杉方はまたしても敗北したのであった（『武家事紀』三四、『鎌倉大草紙』）。成氏方も石堂《いしどう》・一色氏以下一五〇〇人が討ち死にする打撃を受け（『鎌倉大草紙』）、常陸の佐竹氏や武蔵の豊島氏らに軍勢催促状を発していた（『家蔵文書七　大山弥太夫義次並組下院内給人家臣家蔵文書』『豊島宮城文書』）。

勝利を収めた成氏は、二月十八日、武蔵村岡（埼玉県熊谷市）に在陣する。そこに上杉方の義氏攻めで戦果を上げた赤堀時綱《あかぼりときつな》が参陣すると、まもなく成氏は村岡陣を引き払って、上州・武州一揆や赤堀氏らを従え、三月三日に下総国古河に着陣し、しばらくそこに在陣した（『赤堀文書』）。そして、三月五日以前に上杉方への対策のため、一門の岩松・鳥山《とりやま》・桃井《もものい》氏を三大将に任じ（『正木文書』『松陰私語』）、上野から下野足利・佐野方面の押さえとしたのであった。

小栗城に立て籠もる昌賢　一方、成氏軍に敗北した長尾昌賢は、武蔵分倍河原から敗走すると、三月十九日以前に常陸西部の小栗城《おぐりじょう》（茨城県筑西市）に立て籠り、成氏に対する抵抗を執拗に続けていた。この城がある小栗御厨《みくりや》は、応永三十年（一四二三）に小栗満重《みつしげ》が持氏によって滅ぼされたあと、鎌倉府がその北半（北小栗御厨）を没収して結城氏の管理下に置いたようであり、その南半（南小栗御厨）を所領とする小栗氏の一族は、春王丸・安王丸らに応じて没落した（『鎌倉持氏記』『結城戦場記』）ため、結城合戦後は御厨全体が上杉氏の管理下に置かれた時期があった。昌賢が小栗に立て籠もったのは、こうした背景があったからであろう。

この当時、結城氏は成朝と一族の長老山川景貞《やまかわかげさだ》が競合しており、成朝が成氏の近臣として活動したのに対し、景貞は上杉方に近い立場で行動した。真壁《まかべ》郡の真壁氏は、当主の朝幹《ともとも》と一族の氏幹《うじもと》が主導権を争い、朝幹が成氏方、氏幹が上杉方に属していた（『真壁文書』）。そして享徳四年（一四五五）春、上杉方の山川景貞と真壁氏幹が小栗城に立て籠もった昌賢らに呼応し、下総山川（茨城県結城市）・常陸真壁（茨城県桜川市）にそれぞれ城郭を構え、成氏に叛旗を翻したのである（『武家事記』三四）。

小栗城の攻防と成潤　小栗城の攻防戦が始まる頃、成潤はふたたび鎌倉を脱して下野日光山に入り、上杉方に呼応する動きを見せた。『鎌倉大草紙』はこのときの成潤について、「敵より何とかすかし申けるにや、鎌倉を落ちて日光山へ御移り、敵と一味にて衆徒を催され」たと記す。勝長寿院の門主である成潤は、日光山別当でもある立場を利用し、同調する衆徒を結集させながら、小栗城の昌賢らと連携して成氏に対抗したのである。

小栗城の攻防は、享徳の乱の前半の山場となる戦いであったので、成潤は成氏を打倒し、公方になる絶好の機会と考えていたのであろう。上杉方にしても、成潤を味方に付けることにより、公方派勢力の切り崩しに利用しようとした可能性が高そうである。実際、成潤の動きと時を同じくし、山川景貞・真壁氏幹が蜂起し、宇都宮等綱も成氏から離反し、成潤の去就が彼らの判断に少なからぬ影響を与えていたことがうかがえる。

成潤離反を知った成氏が、大いに動揺したことは間違いなく、康正《こうしょう》二年（一四五六）四月四日付けの、将軍側近の公家正親町三条実雅《おおぎまちさんじょうさねまさ》に宛てた書状の中で、成潤は以前、起請文を提出して陳謝したのに、またしても敵陣に加わるとは「太《はなはだ》虚偽の至り」であると感情を露わにし、成潤が出した陳謝の書状の写を送り届けていた（『武家事紀』三四）。

それだけに成氏の対応は迅速であった。昌賢が常陸で活動を開始しようとする享徳四年（一四五五）三月十五日には、岩松持国に長尾昌賢の東上野出張の雑説を伝えて、その対処を求めており（『正木文書』）、三月十九日には、南奥白河の結城直朝に小栗へ出陣し、忠節を尽くすよう伝えていた（『国学院大学白河結城文書』)。成氏自身も、すでに下総古河(茨城県古河市)へ陣を移しており、そこから東上野・下野足利・佐野と常陸小栗の双方を睨む態勢を整えたのである。

小栗城陥落　享徳四年(一四五五)四月五日、成氏方の諸勢力が小栗に着陣し(『正木文書』)、翌四月六日早朝には小栗城の「外城《とじょう》」(実城《みじょう》=主郭に対する外郭)を攻め落としたという報告を受けていた(『正木文書』)。

この間、赤堀時綱らを除いた上州一揆の多くが離脱する(『赤堀文書』)が、成氏は味方の大名・国人らの戦意を鼓舞し、小栗城に籠城する昌賢攻略のため、自ら「野州結城御厨《やしゅうゆうきのみくりや》」に軍を進めている(『武家事紀』三四)。「野州結城御厨」は結城氏の本領下総国結城郡を指すとされているが、あえて御厨と記している点に注目すると、この地域で唯一の伊勢神領であり、結城氏とも関係が深い小栗御厨を指している可能性もある。もしそうであれば、成氏は自ら小栗城周辺に出陣して陣頭指揮をとっていたことになろう。この点なお検討を要するとはいえ、小栗城攻略は、離反した成潤が絡んでいるだけに、成氏にとって迅速に解決すべき課題であったことは間違いない。

しかし、籠城軍の抵抗は激しく、成氏軍は苦戦を強いられることになった。それでも、結城成朝・那須《なす》資持《すけもち》・小山持政・小田持家らの約二ヶ月に及ぶ(享徳四年は閏月がある)攻撃が功を奏し、五月二十日までに実城(本丸)を攻略し、小栗城の完全制圧に成功する(『正木文書』『中島大住氏所蔵文書』『那須文書』ほか)。成氏は小栗城陥落が目前となった五月十一日、下野足利・佐野方面の上杉方勢力に対処するため、弟の定尊を足利に向けて出陣させていた(『正木文書』)。

そして、小栗制圧の翌五月二十一日、成氏は那須資持に所領や公事免除などの恩賞を与え（『那須文書』）、結城氏重臣の比楽《ひらか》氏らには戦功を賞する感状を与える（『中島大住氏所蔵文書』）など、戦功のあった者たちに論功行賞を実施すると、小栗を発って五月晦日に下野の小山持政館に着陣した（『正木文書』『武家事紀』三四）。享徳四年五月、成氏二五歳の夏のことであった。

成氏の日光山落人対策

こうして小栗城の攻防戦は成氏方の勝利に終わった。そのため成潤は、もはや関東に在留することが難しくなり、身の安全を確保するために幕府を頼って京都へ向かうことになった。これに伴って、成潤に与《くみ》した日光山衆徒が山中から没落して各地を徘徊する事態が現出し、その対策が新たな課題となっていた。

その最中の享徳五年（康正二、一四五六）に比定される二月五日付けの文書を見ると、成氏は那須資持に対し、「日光浄月坊以下落人等」が那須氏知行地周辺を徘徊し、良からぬ計略を廻らしているとの聞こえがあるので、速やかにこれに対処するよう伝えている（『那須文書』）。それまで成氏は、日光山という関東の代表的聖地に対し、慎重な姿勢で臨んでいたが、この時は、成潤の逃亡に伴い、山中から没落したその与党衆徒らの不穏な動きへの対処であったため、「日光浄月坊以下落人等」の取り締まりに積極的な姿勢を示したのである。

さらにそれから三ヶ月を経た五月、成氏は白河の結城直朝に、「日光の落人等の事に就いて」御書を発したところ、その件については両那須氏へ伝えるのが良策と回答したことに謝し、「（日光）山《さん》中雑説《ちゅうぞうせつ》、今に相止まず候間、堅く追放致すべき旨、両人方（両那須氏）へ重ねて意見候ば然るべく候」

と申し送っていた（『国学院大学白河結城文書』）。日光山の落人狩りの活動は下野那須郡などで続行されていたが、この頃になると、日光山中衆徒らの成氏に対する敵対行動の風聞がふたたび拡がり、成氏も両那須氏の支配圏内で活動する落人追討を大きな課題とせざるを得なかったのである。

しかし、それから二〜三年を経過すると、成氏による日光山統制と落人狩りが功を奏したようで、山中でも成潤や上杉氏に連なる勢力が確実に後退し、成氏を支持する勢力が多数派を占めるようになり、彼らを中心とする山中の運営が進展した。長禄《ちょうろく》三年（享徳八、一四五九）十二月九日、日光山本宮に掛けられた新たな梵鐘には、当時の日光山を束ねる権別当座禅院昌継《ざぜんいんしょうけい》と次代の権別当昌宣《しょうせん》の名とともに、「当将軍《とうしょうぐん》源《みなもとの》朝臣《あそん》成氏公《しげうじこう》」として公方成氏の名が明確に刻まれていた（坪井良平『日本古鐘銘集成』）。すでに日光山運営の主導権は、成氏派勢力によってしっかりと掌握されていたのである。

5　成氏追討軍の関東着陣

幕府軍の出陣　小栗城の攻防は、成氏と上杉方との抗争であった。その点からみれば、このときまでの戦いは、江ノ島合戦の延長線上にあったといってよかろう。しかし、小栗城の攻防戦が本格化した三月下旬を分水嶺として、戦いの性格は大きく変化する。

上杉憲忠殺害の報は、享徳四年（一四五五）正月五日に京都に伝わっていた（『康富記』）。成氏による幕府公認の関東管領の殺害は、幕府への公然たる敵対と見なされ、鎌倉公方に親和的ではない管領細川勝元《ほそかわかつもと》の心証を害し、成氏の立場を悪化させることになった。さらに成人した将軍義政が、自分の意志で政治を動かし始めたことも、成氏の戦略に影響を与え始めた。義政は父義教《よしのり》が行った専制政治に憧れ、強い将軍を目指して政策を打ち出し始め、幕府の意向に逆らって憲忠を討った成氏は、ただちに打倒すべき対象と見なされたのである。すでに畠山氏は、家督継承をめぐる内紛で影響力を低下させ、そのライバルの細川勝元が岳父の山名《やまな》持豊《もちとよ》（宗全《そうぜん》）と結んで影響力を増しており、義政は管領勝元と妥協する形で連携し、成氏の討伐戦を開始したのである（『神奈川県史 通史編1 原始・古代・中世』、家永遵嗣『室町幕府将軍権力の研究』）。

幕府は関東管領の山内上杉氏を支持する方針で、早くも正月半ばに信濃《しなの》守護小笠原光康《おがさわらみつやす》に上杉氏への協力を命じており（『小笠原文書』）、三月半ば過ぎには後花園《ごはなぞの》天皇から成氏討伐の「天子御旗《てんしのみはた》」（錦御旗）を得て、上杉房顕《ふさあき》（憲実の子で憲忠の弟、当時在京）を大将とする成氏追討軍を進発させていた（『康富記』、森田真一『上杉顕定』）。

さらに四月初め、越後《えちご》守護上杉房定《ふささだ》・駿河守護今川範忠《いまがわのりただ》らの大名にも「関東御退治御旗《かんとうごたいじのみはた》」（成氏追討の御旗）を与え、関東へ進軍させた（『康富記』『斎藤基恒日記』）。成氏は、兄成潤の関与もあって小栗城攻略に手間取っている間に、幕府から反乱軍として追討される立場に追い込まれたのである。

公式元号を無視する成氏　成氏は、幕府軍との交戦を極力回避すべく、一貫して幕府に従順な姿勢を見せていた。翌康正二年（一四五六）四月四日、成氏が将軍義政近臣の公家正親町三条実雅と管領細川勝元に宛て、上杉憲忠殺害を釈明する書状を発した。そしてその中で、憲忠を誅殺したのは、彼が寺社領や「官仕功労所帯」を奪って腹心に与えるなど、恣意的行為が許容の範囲を超えたからであり、扇谷上杉氏の家臣を討つのは、彼らが巷間《こうかん》で略奪を働き、人々に理不尽な振る舞いをつづけ、長尾昌賢に至っては「謀乱」まで企てたからであるとして、自分の行動に非はないと主張した。その上で「京都に対し野心を挿《さしはさ》ま」ないと強調し、幕府軍派遣に心を痛めていると将軍に披露してもらいたいとも記していた（『武家事紀』三四）。成氏は、この時点でも幕府との対立を避けようとしており、戦う相手はあくまでも上杉方であるとしたのである。

幕府は将軍義政や管領細川勝元らの方針で、その釈明の書状が届く前に成氏討伐を決定し、成氏の文書が到着しても方針を変えることはなかった。義政・勝元は、成氏を朝廷・幕府に対する反乱軍と見なし、享徳四年（一四五五）七月二十五日、享徳から康正への改元の際にも成氏に改元詔書《しょうしょ》を伝達しなかった。そのため成氏は改元の手続きも、管轄下の分国へ伝達することもできず、「享徳」元号を使い続けることになった（峰岸純夫「災異と元号と天皇」）。

本来、元号は呪術的な役割と性格を持っており、元号の使用拒否を政治的な面のみから捉えるのは問題がある（千々和到「中世東国の『私年号』」、同『板碑とその時代』）が、成氏の「享徳」元号使用に関しては、手続き上の問題ばかりでなく、成氏には改元詔書を伝達させない決定をした義政・勝元らに対する反発があり、改元を無視することになったと考えられる。

これより成氏は、文明《ぶんめい》十四年（一四八二）正月の都鄙和睦《とひわぼく》（幕府と成氏の和睦）成立に至るまでの二十数年間、康正・長禄・寛正《かんしょう》・文正《ぶんしょう》・応仁《おうにん》・文明の元号を表向きには使用せず、「享徳」元号を使いつづけた。憲忠殺害を起点とする成氏と上杉方との武力抗争を、「享徳の乱」と呼んでいるのはこのためである（峰岸純夫「東国における十五世紀後半の内乱の意義」）。

下野天命・只木山の攻防　幕府軍が参戦した頃、成氏は下野祇園《ぎおん》城（栃木県小山市）に陣取り、小栗城から逃走した長尾昌賢らの足利方面での活動や、関東管領山内上杉房顕・越後上杉房定らの侵攻に備える体制を整えていた。そして、六月十一日、小山を発って西進し、十三日に佐野荘の天命《てんみょう》（栃木県佐野市）に着陣すると、岩松持国に対し迅速な出陣を求めた（『正木文書』）。成氏がまず目指したのは、昌賢らが立て籠もる天命・只木山《ただきやま》（同足利市）の城々の攻略であり、戦いが本格化する前の六月二十六日、足利荘内の伊勢宮・熊野宮・蔵王権現《ざおうごんげん》などに願文を捧げ、「凶徒退治」の成就を祈願していた（『鑁阿寺文書』）。

　しかし、成氏は昌賢らの激しい抵抗を受け、その間に上杉房顕・房定らの軍勢も上野に着陣したため、大いに苦戦を強いられることになった。すでに六月五日には、上野の三宮原《さんのみやはら》（群馬県吉岡町）の合戦で成氏方（おそらく成氏の指示で上野に進軍していた定尊の軍勢であろう）が敗北しており（『松陰私語』、『豊島宮城文書』）、戦況はしだいに悪化していた。そのため成氏は、いったん後退し、体勢を立て直すことに決し、七月九日ふたたび下野小山に在陣した（『赤堀文書』）。このとき、定尊も上野から後退し、小山に在陣しており、招集に応じた鶴岡八幡宮の供僧《ぐそう》の一部が馳せ参じていた（『鶴岡社家次第』）。

　一方、今川氏を中心とする幕府軍は、六月半ばに相模へ入って鎌倉へ進攻し、留守居役の木戸・大森・印東《いんとう》・里見氏らを撃破し、一挙に制圧を実現した（『鎌倉大草紙』）。成氏は天命・只木山で昌賢らと激戦を展開中のため、幕府軍に対抗する余裕もないまま、鎌倉占領を許すことになった。

小山で態勢を立て直した成氏と定尊は、再度、下野西南部から上野に出陣し、十二月十三日以前に天命・只木山を攻略し、昌賢らの上杉軍を武蔵に後退させる戦果をもって、ひとまず下総古河へ陣を移した（『正木文書』）。定尊もいったん古河に在陣したらしく、鎌倉から鶴岡八幡宮の供僧の一部が馳せ参じていた（『鶴岡社家次第』）。

成氏の古河着陣の意味　一般的な理解では、成氏が昌賢らを追って古河に入った享徳四年（一四五五）三月、あるいは幕府軍に鎌倉を占領され、各地を転戦した後に古河へ着陣した同年十二月をもって、成氏が古河公方に転身したとみなされることが多い。確かに享徳四年が成氏の岐路となったことは間違いないが、改めて考えてみると、このときすでに成氏が鎌倉奪還を断念し、古河を新たな本拠地として決めていたわけでもなかろう。

享徳四年正月早々、成氏が鎌倉を出陣して武蔵・上野・下野などを転戦したのは、敵対する上杉方と戦うためであり、十二月半ばに下総古河へ帰陣したのも、本拠であったからではなく、幕府軍による鎌倉占拠に伴う暫定的な対応であった。まして成氏が幕府・上杉方に鎌倉を追われて、下総古河に移ったとする巷説《こうせつ》は、この時期の成氏の行動からみても明らかな誤解といわざるを得ない。成氏が下総古河を本拠とする鎌倉公方（「鎌倉殿」）としての自己認識を持ち、内外からそのように認識されるのは、もう少し先のことであった。

千葉氏の内紛　京徳の乱の新段階の到来と期を同じくして、関東の大名・国人らの一族間抗争も激しさを増していた。成氏が鎌倉復帰を果たした頃、下総では千葉氏の分裂が始まり、宗家の胤直（常瑞《じょうずい》）・宣胤《のぶたね》父子、胤直弟の胤賢《たねかた》（了心《りょうしん》）らが上杉方に味方し、胤直の叔父千葉馬加康胤《まくわりやすたね》（常輝《じょうき》）・胤《たね》持《もち》父子らは成氏に属し、千葉氏の主導権争いを激化させていた。享徳四年（一四五五）三月、幕府が上杉方を支持し、成氏討伐を開始すると、康胤・胤持父子と千葉馬加家執事の原高房《はらたかふさ》らは、これに対抗して千葉宗家の亥鼻《いのはな》城（千葉市中央区）を襲撃し、胤直・宣胤らを放逐する。胤直・宣胤父子は多《た》古《こ》城（千葉県多古町）に逃れ、胤賢は島《しま》城（同多古町）に拠って抵抗するが、八月には多古城・島城ともに落城し、宣胤や宿老の円城寺妙城《えんじようじみようじよう》らが戦死し、胤直や胤賢も退避先で自害した。やがて胤賢の子実胤《さねたね》・自胤《しれたね》が上杉氏の支援を受けて武蔵に逃れ、千葉宗家の血筋を伝えるが、この時点で康胤が千葉氏の総帥的な存在となっていた。

結城・山川・小山氏の内状　北下総の結城氏は、成朝による結城氏再興以来、成氏支持の立場に立ち、長尾昌賢の籠もる常陸小栗城攻めにも参戦した。当時の結城氏は、一族の長老である山川景貞が上杉方に回り、成潤を擁立する昌賢らが小栗城に籠城すると、これに応じて山川城（茨城県結城市）に籠城し、成氏に叛旗を翻した。成氏が差し向けた軍勢に屈するが、引き続き結城一門中で隠然たる勢力を持ちつづけた。

下野の小山持政も勢力を回復し、若い結城成朝に替わって結城・小山一門の長老となり、成氏の信頼を集めた。長禄二年（一四五八）閏正月、成氏は持政の江ノ島合戦以来の働きを抜群と賞賛し、持政に対する書札礼《しょさつれい》を厚礼に改め、「兄弟の契盟《けいめい》」を結ぼうと書き送った（『小山文書』）。成氏が持政を評価したのは確かであるが、当時の成氏が幕府軍の参戦で窮地に立っていたことを想起すると、持政を味方に繋ぎ止めるための処置とみるのが妥当であろう。実際、これ以降、成氏が小山氏に宛てた書状は、すべて通常の大名宛ての書札礼に戻っている。

一方、結城成朝は上杉憲忠誅殺以降、その活動はいたって低調であり、寛正三年（一四六二）十二月に家臣に暗殺されている。犯人は多賀谷祥英（朝経）とも山川景貞ともいう（『結城家之記』『結城系図』）が、山川景貞の子基景《もとかげ》が一時、成朝の跡を継承した形跡がある（『山川系図』）ので、景貞の関与があったことは間違いない。成朝が一時、幕府方に転じたのも、情勢の不安定な長禄四年十二月、同じく持政が幕府方に属したのもこの頃であり（『御内書案関東』）、ともに成朝と景貞との確執が高揚した時期に当たっている。しかし基景が夭折し、成朝の甥氏広《うじひろ》が結城氏を継承すると、結城・小山両氏は成氏方に帰参する。

宇都宮氏の内紛　一族の内紛は下野の宇都宮氏でも顕在化していた。幕府軍の鎌倉攻略からまもない康正元年（一四五五）七月、成氏は下野の那須資持に対し、宇都宮等綱に野心ありとの情報がある、白河の結城直朝と協力し忠節に励めと命じている（『那須文書』）ように、幕府による成氏討伐が始まると、等綱は幕府・上杉方に属している。等綱は将軍義政側近の大館《おおだち》氏や公家の西園寺《さいおんじ》家と婚姻関係にあり、それが彼の動きを縛っていた可能性がある（『蔭涼軒日録』）。しかし、康正元年十一月、等綱の子明綱《あきつな》を擁立する芳賀伊賀守《はがいがのかみ》（宇都宮氏宿老）が成氏方に帰参したため、立場を失った等綱は失脚した（『白河証古文書』『国学院大学白河結城文書』）。宇都宮氏の実権は、事実上、芳賀氏が握っていたのである。

常陸・上野の情勢　常陸の佐竹氏も、成氏方の義人《よしひと》（義憲）・義俊《よしとし》父子と義俊の弟実定《さねさだ》（上杉氏の養子になったが実家に戻る）の主導権争いが激化していた。常陸中南部では、小田氏が成氏方に属し、上杉氏配下の土岐原《ときのはら》氏と信太荘《しだのしょう》（茨城県稲敷市）の支配をめぐる熾烈な抗争を続けていた。東上野では岩松持国が新田荘の実質的な支配を行っていたが、幕府の成氏討伐軍とともに岩松家純《いえずみ》（禅秀の乱で没落し幕府に仕えた満純の子）が関東に帰還したため、持国と家純とが新田荘の支配をめぐって競合するようになった。

このように幕府の参戦は、東国各地の大名・国人らの一族間の分裂・抗争を刺激し、戦乱を激化させることになった。そしてその抗争の中で、彼らは独自な地域支配を指向するようになり、しだいに将軍の一方的な出陣命令に背を向けるようになっていく。

6　足利政知の伊豆入部と成氏

武蔵五十子陣の形成と成潤　こうして享徳四年（一四五五）の後半より、関東の東部・北部地域で大名・国人らの分裂・抗争が同時多発的に展開する。一方、成氏と幕府・上杉氏との戦闘は、鎌倉府御料所が集中する武蔵国太田荘・騎西《きさい》郡・足立《あだち》郡や下総国下河辺荘など、武蔵・下総・上野の国境地域を主戦場とするようになった。これは、上杉方が幕府軍の参戦によって力を得て、分国の伊豆・相模・武蔵（東部を除く）・上野の確保に目処を付けた結果、成氏との戦場が関東中央部の旧利根川水系周辺地域に収斂《しゅうれん》したことを示す。幕府・上杉方は、成氏が本陣とする下総古河に対し、旧利根川水系を挟んで西方に位置する武蔵国五十子（埼玉県本庄市）に本陣を築いて対峙することになった。

五十子陣の形成は、康正二年（一四五六）から翌年にかけてであり（森田真一『上杉顕定』）、それ以降、成氏に対峙する幕府・上杉方の本陣として拡充されていった（峰岸純夫『享徳の乱』）。五十子陣は軍の宿営地の集合体であるとはいえ、大将の関東管領山内上杉氏の陣を中心に、扇谷上杉氏、庁鼻和（深谷）上杉氏、越後上杉氏や幕府軍の一員として参戦した八条《はちじょう》上杉氏、犬懸《いぬがけ》上杉氏ら上杉一族と岩松・桃井氏らが陣を構え、上杉分国の上野・武蔵・相模の軍勢も在陣していた（『松陰私語』）ので、駐留する武士や陣夫の数が膨れ上がっていた。

戦乱の長期化による陣の固定化は、そこで消費される軍事物資や兵糧を調達する商人や、宿営施設の建設・補修を行う各種職人、土木従事者らを吸引し、軍事・経済の中心へと発展させる。五十子陣は下総古河に続いて、城下町へのあゆみを開始したのである。

成潤の死　五十子陣の形成が始まる康正二年（一四五六）四月二十七日、京都にいた「鎌倉殿舎兄《かまくらどのしやけい》」が幕府の許可を得て関東に向けて出発した（『師郷記』、久保賢司「享徳の乱における足利成氏の誤算」）。この「鎌倉殿舎兄」とは、小栗落城後に関東を脱出し、幕府を頼った成潤その人であった。

彼は成氏に対抗する上杉方の旗頭の役割を担って関東へ戻り、五十子陣に迎え入れられたのである。おそらく義氏の名を名乗って、公方となることを前提に帰還したのであり、勝長寿院門主に復帰することなど考えていなかったであろう。しかし、ほどなくして病を得たらしく、この地で陣没することになった（『源家御所御系図』）。成潤は、弟の成氏に代わって公方に就任することを夢見ながらついに叶わず、弟との対立・屈服と逃避行を繰り返す中で、いつしか身体を病魔に蝕まれていたのであろう。おそらく享年は三〇歳余りであろう。

堀越公方の成立　康正三年（一四五七）七月半ば、幕府は古河の成氏に対し、新たな対抗策を打ち出した。天龍寺《てんりゅうじ》塔頭《たっちゅう》香厳院《きょうごんいん》の院主で将軍義政異母兄に当たる清久《せいきゅう》を、成氏に替わる新たな公方として関東に送り込むことを決めたのである（『遠藤白川文書』『角田石川文書』）。義政は父義教が構想した政策を、人を変えて実行したといってよかろう。清久は長禄元年（九月に改元、享徳六年、一四五七）十二月に還俗して政知《まさとも》と名乗り、左馬頭《さまのかみ》に任じられると、足利「御一家」渋川義鏡《しぶかわよしかね》を伴って京都を出発し、近江の園城寺《おんじょうじ》（三井寺、滋賀県大津市）で越年して、長禄二年六月初めに伊豆に入った（『山科家《やましなけ》礼記《れいき》』『大乗院寺社雑事記《だいじょういんじしゃぞうじき》』）。

政知の公方選出から伊豆到着までに一年近く日時を要したのは、義政が政知の伊豆入りに先立って、奥羽・甲信越・東海の大名らによる成氏包囲網の形成に努めていたこと、大将に任じられた斯波義敏《しばよしとし》が重臣の甲斐氏と対立し、義政の命を無視して甲斐氏討伐を開始したことなどに理由があった（家永遵嗣『室町幕府将軍権力の研究』、末柄豊「応仁・文明の乱」）。この斯波義敏の関東不出陣は、やがて幕府軍の弱点となって顕在化する。

伊豆に着陣した政知は、まもなく奈古谷《なごや》の国清寺《こくせいじ》（静岡県伊豆の国市）に入り、そこを当面の本拠とし、「関東主君」「伊豆主君」などと呼ばれた。政知の補佐役は、一足先に関東に入った渋川義鏡である。義鏡は斯波義敏の実父でもあり、『鎌倉大草紙』は彼の役職を「関東探題《かんとうたんだい》」（そのように呼ばれたことは確認できない）とし、大きな権限を持っていたように記す。義鏡が足利「御一家」として高い格式を持っていたことは確かであるが、関東管領を凌ぐほどの権限を与えられていた確証はない。

将軍義政が政知に期待したのは、成氏に対抗しうる「関東主君」の地位により、上杉氏では対処できない諸勢力に対応し、成氏方勢力を切り崩して幕府の優位を確保することにあった。義政が自ら関東統治に介入する方針であった以上、それは当然のことであったといえよう。そして、政知の伊豆下向の際、幕府奉公衆の中から布施《ふせ》為基《ためもと》・斎藤朝日《あさひ》教貞《のりさだ》らが抜擢され、政知専属の奉行人となったように、伊豆や相模・武蔵を視野に入れた組織づくりが行われていた（『黄梅院文書《おうばいいんもんじょ》』）。

長禄四年四月、鎌倉に在留していた今川軍が駿河へ帰国し、幕府軍が手薄になったとき、すかさず成氏方が伊豆に侵攻する。このときの戦いで国清寺が焼亡したため、政知は伊豆北条《ほうじょう》の堀《ほり》越《ごえ》（静岡県伊豆の国市）に御所を移すことになった。のちに政知が「堀越公方」と呼ばれるようになるのはこのためである。堀越や奈古谷を含む伊豆北条は、古くから伊豆国の中心であり、

堀越御所跡（静岡県伊豆の国市）

政知が周縁部から関東を睨むには最適の地であった。以下、政知を首班とする堀越の行政庁を「堀越府」と呼ぶ。

将軍義政の戦略と成氏

前述のように、将軍義政は政知の伊豆下向に先立ち、成氏包囲網の形成に努めていた。その内容と戦略は、奥羽・甲信越・東海の大名らを動員する一方、関東管領山内上杉房顕を大将とする上杉方本隊と京都から下向する幕府軍とが合流し、武蔵側から下総古河に攻め入ろうとするものであった（家永遵嗣『室町幕府将軍権力の研究』、森田真一『上杉顕定』）。

それに関わる調略は、長禄元年（一四五七）から開始され、翌二年になると本格的に進められた。その一つが長禄二年五月頃から始まる岩松持国の成氏離反工作であった。義政は上野制圧の鍵を握る持国を味方に引き入れようとしたのであり（『正木文書』）、幕府軍の一員として関東に戻った岩松家純がその中心的な役割を担った。家純は、この年の秋頃までに持国を成氏から離反させると、持国の成氏方帰参の動きを捉えて殺害し、念願の当主の座の奪還に成功する（峰岸純夫『新田岩松氏』）。

長禄二年四月には、将軍義政が南奥白河の結城直朝に対し、一族の内紛に敗れて京都に逃れた宇都宮等綱の帰国に協力を命じ、六月には直朝の同意に基づいて、等綱の下向を決定していた（『遠藤白河文書』）。さらに岩松家純には小笠原氏ら信濃の軍勢を指揮して関東に攻め入らせること、幕府軍は東海の大名らとともに武蔵に入り、五十子陣から出撃する上杉軍と合流し、武蔵側から一斉に古河城を攻撃するなどの計画が立てられていた。

長禄二年七月、堀越公方政知の重臣渋川義鏡ら諸大名の軍勢が出陣し、五十子陣に向かった。しかし、義政が動員を掛けた陸奥・信濃などの大名らが動かなかったことや、斯波義敏の軍勢を欠いていたことなどが影響し、同年十月頃、義鏡らの幕府軍が古河の対岸から利根川を渡ったところで成氏方に敗北し（『大乗院寺社雑事記』）、五十子陣から出陣した上杉軍と共同作戦を実行する前に後退を余儀なくされた（家永遵嗣『室町幕府将軍権力の研究』、森田真一『上杉顕定』）。幕府軍と上杉軍との共同作戦は決行前に頓挫したのである。

敗北が続く幕府・上杉軍　翌長禄三年（一四五九）になると、幕府・上杉軍はさらに厳しい現実を突きつけられた。この年十月、関東の現状を知る山内・越後の両上杉軍を中心として、ふたたび古河城への攻撃を試みた。十月十四日の武蔵国太田荘会下《えげ》（埼玉県鴻巣市）での合戦を皮切りに、十五日の朝には上野国佐貫荘《さぬきのしょう》海老瀬《えびせ》口（群馬県板倉町）で、同日の夕方には佐貫荘羽継原《はねつぐばら》（群馬県館林市）で成氏方と激戦を展開している（『碧山日録』『御内書案関東』二）。

しかし、義政が出陣を命じた南奥の伊達《だて》持宗《もちむね》や塩松《しおのまつ》（福島県二本松市）の石橋氏（足利一門）、二本松《にほんまつ》（同二本松市）の畠山氏（足利一門）らが出陣せず、白河の結城直朝と会津《あいづ》黒川《くろかわ》（同会津若松市）の蘆名《あしな》盛詮《もりあき》も紛争処理のため動くことができず、須賀川《すかがわ》（同須賀川市）の二階堂氏、菊田荘《きくたのしょう》（同いわき市）の小山氏（下野小山氏の一族）ら、一部の国人らが参陣したのみであった。そのため上杉・幕府軍は、上杉教房《のりふさ》（犬懸上杉氏、禅秀の乱後京都に逃れ、成氏追討軍の一員として関東に戻った）が戦死したばかりか、山内上杉氏の一族・家臣からも多くの戦死・負傷者を出し、五十子陣へ後退を余儀なくされた。

十一月には常陸国信太荘（茨城県稲敷市）でも戦いが展開された。ここでは、佐竹実定を中心に、その父義人（義憲）・佐竹氏宿老の江戸氏、小田持家、真壁朝幹、常陸大掾《だいじょう》・結城氏庶流らが幕府・上杉方に味方したが、持家の子息二人と重臣芳賀氏、真壁氏父子三人、結城氏庶流の父子らが戦死する（『御内書案関東』二）など幕府・上杉方が敗北した。小田氏が土岐原氏と信太荘をめぐる争いを中断し、幕府方に属したのは一族間の対立が始まっていたためで、進んで将軍の命に従ったのではない。

翌長禄四年四月、将軍義政は、前年の太田荘・佐貫荘・信太荘での戦いに出陣を命じた武将たちを賞し、改めて成氏「対治」「追罰」のため出陣せよと命じた（『御内書案関東』二）。しかし、彼らにはそれぞれ家内部の複雑な事情があり、近隣の大名・国人との間にもさまざまな問題を抱えており、義政が「成氏治罰綸旨《しげうじじばつのりんじ》」（成氏を誅罰せよとの天皇文書）を示し、忠節を尽くせば恩賞を与えると誘引しても、たやすく応じることができなかった。義政に応じて下野那須郡に出陣した白河結城・小峰氏も、成氏打倒より下那須氏と対立する縁者の上那須氏を支援することに主たる目的があった。

堀越公方と上杉氏の軋轢　それればかりではない。堀越公方政知・堀越府は、将軍義政による関東統治に一定の役割を果たす一方、両上杉氏との間にさまざまな矛盾を生み出し、幕府が介入する関東統治の難しさも露呈することになった。

最初に露呈したのは、寛正二（一四六一）〜三年の相模支配をめぐる堀越府と扇谷上杉氏の対立であった。本来、相模は扇谷上杉氏の守護国であったが、それに見合う権限を幕府が堀越府に認めたので、堀越府奉行人布施為基らによる相模支配への介入が始まり（『香蔵院珍祐記録』）、扇谷上杉持朝がこれに強く反発し、持朝をめぐるさまざまな「雑説」が拡がった。寛正三年三月、将軍義政が政知と持朝に御内書を発して鎮静化に努め、どうにか事なきを得た（『御内書案』）ものの、しこりを残したことは間違いない。

同じ頃、武蔵でも堀越府の渋川義鏡の権限行使に対し、両上杉氏の現地支配を担う長尾・大田氏らの反発があった。このときは義鏡が更迭され、政知と両上杉との対立には至らなかった。しかし、幕府が成氏打倒のためとはいえ、山内上杉氏の守護分国である武蔵に扇谷上杉氏の進駐を容認したことから、太田道真・道灌《どうかん》父子らの動きに対する長尾景信《かげのぶ》ら山内上杉氏側の反発がしだいに高まっていくことになった（『古簡雑纂』、湯山学『関東上杉氏の研究』）。

義政は、堀越府と両上杉氏の二本立てによる関東統治を構想したが、相互の役割分担の曖昧さに加え、政知らの伊豆入部による支配関係の変化や、在地で発生する矛盾についての認識に甘さがあった。下総古河で関東を俯瞰する成氏は、こうした現実を見据えながら幕府・両上杉氏に向かい合った。

戦時における論功行賞　成氏は幕府軍との戦いの中で、関東の大名・国人との関係を再構築すべく、①所領の宛行・安堵、②戦功を称讃する感状《かんじょう》の発行、③陪臣《ばいしん》層の掌握、④家格秩序の再編、などの諸政策を実施した。①と②は主として戦時に実施されたもの、③と④は礼式の改定を行うものであった。

①は関東の大名・国人らの支持獲得の最も効果的な政策であり、鎌倉復帰まもなく寺社領の安堵などを開始し、幕府軍の関東入り以降は、宛行・安堵文書の発行頻度が増加する。その対象は、上野の岩松氏（『正木文書』）や二階堂・宍戸・高・簗田氏らの奉公衆（『喜連川家御書案留書』『高文書』ほか）、小山・那須氏ら外様大名、真壁・茂木《もてぎ》・安保《あぼ》・赤堀氏（『小山文書』『真壁文書』ほか）ら外様国人にま

で及んでいた。

②は①と関連する政策で、成氏が戦死・負傷した足利一門・奉公衆や外様の大名・国人らの戦功を賞し、恩賞宛行を約束して味方に引き付けるものであった。注目されるのは、享徳の乱が後半期に入る頃から、大名・国人らの一族・重臣にも、積極的に感状を発するようになったことであり、③がこの時代の成氏の政策を特徴づける。具体的にみると、島津・梅沢（小山氏配下）・小塙《こばな》・比楽（結城氏配下）・河原屋《かわらや》・福田（宇都宮氏配下）・川尻《かわじり》氏（岩松氏配下）など、それまで表に現れなかった大名・国人の重臣（成氏には陪臣）や小規模国人にも、積極的に文書を発するようになった（『下野島津文書』『小塙文書』ほか）。これは、成氏が関東武士を広く深く掌握する政策であり、新たな権力編成の動きとして注目される。

家格秩序の改定　しかし、③は成氏が大名・国人の重臣を直接に掌握することでもあったので、地域権力としての胎動を始めた彼らの反発を受け、かえって支持を失う可能性も内包していた。そのため成氏は、彼らの重臣を直接掌握する一方で、結城氏重臣小塙氏宛ての文書で、「無二に氏広（結城）を相守り、忠節致すべく候」（『賜盧文庫文書小塙文書』）というように、彼らの主君に対する忠勤を命じることも忘れなかった（後述）。

とはいえ③は、公方成氏自らが陪臣層と直接繫がりを持つことにより、それまでの慣例と家格の秩序に改変を加えたことを意味する。それは陪臣らにとって紛れもない家格の上昇に他ならなかった。④は大名・国人らの上昇志向を満足させる政策で、成氏と彼らの身分・家格を文書形式によって可視化したものであった。これは、成氏の出す文書に宛名人の身分が反映されるため、大名・国人らは関東の身分秩序の中で自分の地位を確認できることから大いに関心をもっていた。こうした身分関係を反映する書式を書札礼という。次の⑴〜⑷は、成氏が関東と南奥の大名・国人らに発した文書に現れる書札礼を示したものである。

⑴
〇〇〇〇〇〇〇〇〇〇〇〇〇〇
〇〇〇〇〇〇〇候也、恐々謹言
月　日　　成氏（花押）
〇〇〇〇殿

⑵
〇〇〇〇〇〇〇〇〇〇〇〇〇〇
〇〇〇〇〇〇〇候也、謹言
月　日　　成氏（花押）
〇〇〇〇殿

⑶
〇〇〇〇〇〇〇〇〇〇〇〇〇〇
〇〇〇〇〇〇〇候也、謹言
月　日　　（花押）
〇〇〇〇殿

⑷
〇〇〇〇〇〇〇〇〇〇〇〇〇〇
〇〇〇〇〇〇〇候也、
月　日　　（花押）
〇〇〇〇とのへ

⑴は足利氏の「御一家」・一門と関東管領山内上杉氏らに対する書式、⑵は扇谷・越後上杉氏ら上杉氏一族に対する書式、⑶は小山・宇都宮・真壁氏ら大名・国人や奉公衆に対する書式、⑷は上杉氏一族や大名・国人らの重臣・新興国人らに対する書式であり、⑴―⑵―⑶―⑷の順に厚礼から薄礼になり、彼らの身分の有り様が具体的に表現される。⑴と⑵の違いは、文書の書き留めが恐々謹言か謹言か、⑵と⑶の違いは、日付けの下に成氏の署名＋花押が書かれているか花押のみか、宛て名の位置

が日付よりも低いかどうか、(3)と(4)の違いは書き留めに謹言があるかどうか、宛て名の敬称が漢字の「殿」か仮名書きの「とのへ」か、などである。

この書札礼が、享徳の乱の中で改められ、大名への書札礼が(3)から(2)に格上げされる。その時期は文書の残り方に偏りがあって確定しにくいが、享徳五年（康正二、一四五六）頃に小山氏が格上げされ、つづいて結城・那須氏も(2)形式の文書に変わるので、千葉・宇都宮・佐竹・小田氏らも同じ頃に格上げされていた可能性が高い。

国人宛ての文書に大きな変化はなく、これまで通り(3)の書札礼になっているが、よく見ると、宛て名の書き位置が上がっていたり、「殿」の字が丁寧に書かれるようになるなど、微妙な変化がうかがえる。大名・国人らの重臣にも(4)の書札礼の文書が発せられるようになった。公方と直に接することがなかった彼らにとって、成氏から直接文書を与えられるのは名誉なことであり、彼らの上昇志向を十分に満足させたのである。

こうして成氏は古河に本陣を置き、下総・下野・常陸と房総・東上野の大名・国人の内状と心情を把握し、①②③④などの政策を組み合わせ、彼らの支持を獲得していった。

7　応仁・文明の乱と都鄙和睦への途

将軍義政親政の挫折　長禄～寛正期（一四五七～六八）の関東・南奥は、享徳の乱の激化とともに各地で一族間抗争が展開した。そして、成氏と幕府・上杉方の抗争の長期化は、自然災害による飢饉や疫病の拡大とも重なって、地域を消耗させ、戦闘そのものにも影響を与え始めていた。

こうした状況下、幕府は国元の騒乱のため関東から撤退した今川軍に代わる戦力の確保や、敗北の続いた幕府・上杉方の態勢立て直しが大きな課題になっていた。渋川義鏡は、それに対処すべく堀越府の支配拡大を目指し、相模の直接支配に乗り出す一方、今川氏の分国駿河や斯波氏の分国遠江《とおとうみ》をも堀越府の影響下に置こうと画策した。寛正二年（一四六一）九月、斯波義敏の後継になっていた松王丸（のちの義寛）が、義鏡の要請を受けた将軍義政の命で廃されて、義鏡の子義廉《よしかど》が斯波義健《よしたけ》（斯波管領家義郷《よしさと》の子）の養嗣子になったはその一環をなし、これ機に義鏡による相模や駿河・遠江への介入が本格化する。しかし、相模ではただちに扇谷上杉氏や三浦氏らの強い反発を受ける結果となり、義政も方向を転換させざるを得ず、義鏡を更迭して彼らの立場を尊重することになった。これにより、義鏡は関東に対する影響力を低下させ、斯波義敏の復権にも道を開くことになった。

畠山氏でも後継争いが始まっていた。持国には文安五年（一四四八）生まれの子義就《よしひろ》がいたが、その生母の出自が低い身分で、持国の子とする点も疑問視されていたため、義就の後継に反対する家臣たちが持国弟持富《もちとみ》の子弥三郎（義富《よしとみ》）を擁立し、義富の死後にはその弟政長《まさなが》を擁立する事態となった。その間、義富・政長を擁立した家臣らを後援し、畠山氏の分裂を誘ったのが細川勝元・山名持豊（宗全）であり、畠山氏はこの後継争いを通じて幕府内での影響力を大きく低下させた。

家督争いは将軍家でも起こっていた。義政は寛正五年に弟の義視《よしみ》を後継に決めていたが、妻の日野《ひの》

上御霊社（京都市）

富子《とみこ》が男子を産んだ（のちの義尚《よしひさ》）ため、義政側近の伊勢貞親《いせさだちか》（義尚の乳父《めのと》）と相国寺《しょうこくじ》の季瓊真蘂《きけいしんずい》が義尚を将軍に立てようと画策する。貞親は斯波氏の家督問題にも関与し、義政の弟義視の謀叛の噂まで流して山名・細川氏らの反発を受け、文正元年（一四六六）七月に近江へ出奔し、貞親派の真蘂や斯波義敏・赤松政則《あかまつまさのり》らも京都を脱出する大騒動となり（文正の政変）、義政の親政が挫折した（家永遵嗣『室町幕府将軍権力の研究』、桜井英治『日本の歴史12　室町人の精神』、末柄豊「応仁・文明の乱」）。

幕府政治の転換点となった文正元年、下総古河では成氏の継嗣政氏《まさうじ》が誕生した（『尊卑分脈』、伝祥啓「富嶽図」）。成氏三六歳の遅い継嗣誕生であるが、前述のように、成氏には早世した第一子の成経《しげつね》がいた可能性が高いことを想起すると、とくに不自然なことではない。新たな継嗣誕生と幕府政治の転換は、成氏に明るい前途を予感させていた。

応仁・文明の乱　関東で一族間抗争が激化していた頃、京都の幕府は二つに分裂し、しだいにその溝を深めていた。一般に細川勝元と山名宗全は対立関係にあったとみられるが、勝元が宗全の娘婿であったことが示すように、当初から対立していたのではない。しかし、赤松氏の再興問題や分裂・抗争する斯波・畠山氏への対応の違い、とりわけ大内氏の対応の相違などから大きく溝を深め（末柄豊

「応仁・文明の乱」）、文正元年（一四六六）十二月、宗全の支援を得た畠山義就が、勝元と結ぶ畠山政長の機先を制して千本地蔵堂に陣取ったことから、二人の関係は決裂した。翌文正二年正月（三月に応仁と改元）、政長が義就に対抗して上御霊社《かみごりょうしゃ》に陣取り、両畠山軍の戦端が開かれたのを機に、宗全や斯波義廉・土岐成頼らの西軍が義就を支援し、勝元や細川氏一族・京極持清《きょうごくもちきよ》・赤松政則らの東軍が政長を支援して激しい市街戦が展開され、政長が没落することになった（御霊合戦）。

将軍義政は、勝元らの東軍と宗全らの西軍の開戦を望まなかったが、弟義視が西軍に迎えられたことを機に東軍支持の立場をとる。こうして義政・勝元らの幕府（東幕府）と、義視を擁立する宗全らの西幕府が対抗する図式ができあがると、それぞれに味方を招集し、応仁元年（一四六七）五月二十六日、京都上京でふたたび東西両軍の戦闘が開始されたのを機に、応仁・文明の乱が本格的に始まった（百瀬今朝雄「応仁・文明の乱」）。大きな合戦では本戦の前に戦闘があり、一時的な休止のあとに戦いが本格化するのがふつうであり、御霊合戦は応仁・文明の乱の前哨戦であったといってよかろう。

山名宗全屋敷跡の碑（京都市）

応仁二年の「都鄙御合体」　成氏は幕府の東西分裂の情報を得ると、文正二年（一四六七）初め頃から斯波義廉や畠山義就・山名宗全らに「都鄙御和睦」の要望を出しており、応仁二年（一四六八）四月初め、義廉らから「申沙汰《もうしざた》」をしたとの返書を受けとった。さっそく成氏は、上野の岩松左京亮（持国の子成兼）に西幕府との連携が成立する、この機に上杉方へ攻撃を始めるので、出陣の準備をせよと申し送った（『正木文書』）。閏十月朔日には、下野の那須資持にも、「都鄙御合体《ごがったい》」が実現したので忠節を尽くせという御教書（管領義廉奉書とみられる）が来た、合戦に勝利できるよう味方と相談せよ、と伝えている（『那須文書』）。そして、義視が西幕府の旗頭に擁立された十二月半ば、足利荘代官長尾景人《かげひと》（山内上杉氏宿老）に対する攻撃を開始し、足利荘奪回を目指したのである（『鑁阿寺文書』『那須文書』、家永遵嗣「応仁二年の『都鄙御合体』について」）。

この間、成氏は西幕府側の動きを中心とする情報を集めていた。その主要な役割は主に成氏の弟定尊が担っていた。定尊は結城合戦後、九年にわたって美濃守護土岐持益《もちます》の京都屋敷で養育され（『草根集』）、その間に土岐氏一族や守護代斎藤利明らと親しい関係を形成した。文明五年（一四七三）、奈良興福寺《こうふくじ》の大乗院尋尊《じんそん》は、そうした関係を踏まえて「鎌倉御兄弟方」（成氏と定尊）が「持是院方《じぜいんかた》（斎藤妙椿《みょうちん》、利国の子）」を頼みにしていると記していた（『大乗院寺社雑事記』）。応仁二年の「都鄙御合体」当時、定尊は西幕府の土岐持益・成頼・斎藤妙椿らと太いパイプで繋がっていたのである。その点からすれば、成氏の動きが西幕府に活力を与えていたともいえよう。

実際、成氏は斎藤妙椿と書面でやり取りしていた形跡がある。それを示すのが、成氏の子政氏の時代に書き留められた書札礼集である。この史料の「京都へ之御書礼共」の部分に「畠山右衛門佐　恐々謹言」「細川聡明丸《ほそかわそうめいまる》　恐々謹言」と並んで「持是院　謹言」という記載がある（『喜連川文書』)。政氏時代にまとめられたものとはいえ、細川政元が聡明丸の幼名で登場するので、文明五年五月〜十年七月の事例であることは確実で、成氏が東幕府・上杉方と対立していた頃、持是院(斎藤妙椿)と直接やり取りをしていたことを証明する。これまで「持是院」は、『戦国遺文　古河公方編』をはじめ、関東の自治体史や当該地域を対象とする史料集のほとんどで「持足院」「持定院」などと誤って解読されていたので、成氏と持是院との交流の証拠として使用されることはほとんどなかった。一例とはいえ、成氏と持是院斎藤妙椿との直接交渉を示す重要な史料である。

さらに成氏の兄成潤も結城合戦後、一時、美濃に潜んでおり(『周易抄』)、成氏の復帰と同じ頃、鎌倉に帰還した。彼が美濃のどこに潜伏していたかは定かでないが、土岐・斎藤氏らとの関係に加え、土岐氏が建立した定林寺《じょうりんじ》・正法寺《しょうぼうじ》・瑞巌寺《ずいがんじ》など鎌倉円覚寺系臨済宗寺院との関係(玉村竹二「中世前期の美濃に於ける禅宗の展開」)も視野に入れる必要がある。美濃と成氏兄弟との繋がりは、想像以上に強かったのである。成氏が西幕府の情報を入手する回路は多様に存在したといってよい。

応仁二年八月末、成氏は岩松成兼から東上野の敵(岩松家純・明純《あきずみ》父子ら)が動き出したと注進を受け、近隣の味方と相談して対処せよと指示を出し(『正木文書』)、十月八日の上野綱取原《つなとりはら》・毛呂島《もろじま》(群馬県伊勢崎市)の戦いに臨んだ(『別府文書』『高文書』『松陰私語』ほか)。上杉方は、岩松家純と結んで足利荘奪還を図る成氏方の動きを阻止すべく攻撃を開始する。そして、成氏方の攻撃が始まると、上杉方は多くの犠牲を出して五十子陣に後退した(『御内書符案』)。成氏は足利荘を奪還できなかったとはいえ、その存在感を示したのである。応仁二年十月、成氏三八歳の冬であった。

古河城没落と復帰　戦局が大きく動いたのは文明三年（一四七一）である。将軍義政は、応仁・文明の乱の長期化が成氏討伐をいっそう困難にすると考え、最後の大勝負に出た。四月十三日、越後の上杉房定に出陣を命じ、五月には関東管領山内上杉顕定《あきさだ》（房定の子、山内上杉顕房養嗣子）や扇谷上杉定真《さだざね》、長尾景信・景春《かげはる》、さらには成氏方の大名・国人にまで御内書を発し、味方に付くよう求めていた（『御内書符案』）。

四月上旬、上杉方は成氏方の八椚《やくぬぎ》城（栃木県佐野市）、四月十五日には赤見《あかみ》城（同佐野市）・樺崎《かばさき》城（同足利市）を攻め落とし（『豊島宮城文書』『御内書符案』）、余勢を駆って館林（群馬県館林市）・舞木《まいぎ》（同千代田町）に攻め寄せる（峰岸純夫『享徳の乱』、森田真一『上杉顕定』）。五月七日、義政は小山・小田氏に参陣を命ずる御内書を発し、彼らを味方に付けることに成功する（『御内書符案』）。当時の小山・小田氏は、内部に競合する一族の存在や後継争いを抱えており、その不安定な状況を捉えた上杉方が、義政に御内書の発行を要請した可能性もある。

上杉方の館林城攻めが始まると、結城氏広や佐野氏らが救援に向かうが、長尾景信・太田道灌らの攻撃により五月二十三日に落城する（『松陰私語』）。五月三十日、義政は宇都宮明綱・結城氏広、築田・常陸大掾・佐竹・鹿島・小高・宍戸・真壁・両那須・白川・小峰氏らに出陣を命じる御内書を発し（『御内書符案』）、これに合わせて長尾景信・景春父子が下野児玉塚《こだまづか》（栃木県栃木市）に進軍し、五十子陣から出陣した桃井氏や上杉氏一族らと古河城を遠巻きにした（『松陰私語』、峰岸純夫『享徳の乱』、森田真一『上杉顕定』）。危機を感じた成氏は、六月二十四日に古河城を脱出し（『松陰私語』）、下総千葉氏の分国を目指して退去する。

没落先と古河復帰　その頃の千葉氏は、岩橋輔胤《いわはしすけたね》・孝胤《のりたね》父子が千葉宗家を武蔵に追い、孝胤が千葉氏を継ぐべく一族・重臣との関係調整、一族祭祀権の掌握に力を注いでいた。彼らの本領は「常総の内海」南岸の馬場郷（千葉県酒々井町・成田市）とその周辺であるが、後に本拠となる本佐倉城（江戸初期まで佐倉城）はまだ築造されておらず、亥鼻城に近い平山城（千葉市中央区）を暫定的な拠点としていた（市村高男「室町・戦国期の千葉氏と本佐倉城跡」）。それゆえ成氏の陣所がどこに置かれたのか定かでない。とはいえ孝胤の本拠を含む「常総の内海」南岸部か千葉宗家の本領の一角に属する平山城周辺であった可能性は高い。

孝胤は成氏が頼ってきたことを好機と捉えた。彼は成氏の古河復帰を実現させて、自分が千葉宗家の継承者であることを、一族・重臣たちに承認させようとしたのである。七月二十一日、成氏は茂木持知《もちとも》の忠節を賞し、当方は千葉介が補佐しており安心であると伝えている（『茂木文書』）ように、孝胤は当時の成氏の最も頼れる支援者であった。

孝胤が成氏の古河復帰に向けて、いつから行動を開始したのか明らかではない。しかし、八月十九日に結城氏の重臣小塙河内守《かわちのかみ》に、敵方が氏広に調略を仕掛けても変わらず忠節を尽くせと申し送っている（『小塙文書』）ので、晩秋か冬であろう。孝胤は成氏の復帰戦に臨んで千葉一族・重臣と連携し、結城・那須・茂木・佐野氏らとともに、文明四年（一四七二）春には成氏の古河復帰を実現させる（『松陰私語』）。そして、その功によって千葉氏の名跡継承を認められ、千葉一族・重臣らに当主として臨めるようになった。

成氏の迅速な古河復帰は、もとより千葉氏のみの力で実現したわけではない。文明三年五月以降、将軍義政の御内書を受けて、幕府（東幕府）・上杉方に転じた関東の大名・国人らが、翌年の成氏古河城復帰とともに相次いで帰参している。その点からいえば、千葉氏や結城・那須氏らの連携した力が、成氏を古河に呼び戻したのである。

改めて義政の御内書群をみると、義政に従った大名の中で、上杉軍とともに成氏への攻撃を実行したのは少数派であり、その多くは将軍の命に応じはしたが、本気で成氏の打倒を考えていた者は限られていた。これ以降、上杉方が成氏に古河退去をせまるような勝利を得ることは二度となかった。文明四年八月、成氏四二歳の夏のことであった。

長尾景春と結ぶ成氏　成氏が古河に復帰した文明四年（一四七二）は、享徳の乱を終息に導く節目の年になった。この年五月、成氏は帰参した大名・国人らを従えて上野新田荘へ出陣し、大館河原《おおだてがわら》（群馬県太田市）から佐貫荘岡山原（同大泉町）に拡がる利根川北岸に布陣し、山内上杉顕定を総大将とする東幕府・上杉方と二ヶ月余りに及ぶ攻防戦を展開した（『松陰私語』、峰岸純夫『享徳の乱』）。成氏は健在ぶりを示したが、上杉方は岩松明純の執事横瀬《よこせ》氏が成氏方に通じたとの噂が流れ、横瀬氏から人質を提出させる（『松陰私語』）など足並みが乱れた。

翌五年二月、京都では西幕府の中心である山名宗全が死去し、五月には東幕府の中心であった細川勝元も死去し、応仁・文明の乱は新たな局面を迎えようとしていた。その矢先の六月下旬、関東でも上杉方の要であった山内上杉氏家務職の長尾景信が死去し、成氏方の動きを恐れた越後の上杉房定（顕定の実父）は、配下の武士たちに関東出陣の準備を命じていた（『江口文書』『発知氏文書』）。

景信の後継家務職選びは難航し、若い顕定を補佐する寺尾礼春《てらおらいしゅん》も加わって協議を続け、一年半余り後にようやく景信の弟景忠《かげただ》（惣社長尾氏を嗣ぐ）が選出された（『松陰私語』）。景信の嫡子景春は、この決定に不満を示し、やがて反乱を起こす（長尾景春の乱）ことになるが、蜂起までさらに一年余りが経過しているので、その背景には別の要因があったことを察知させる。

同五年十一月、成氏は五十子陣攻撃を決行する。山内上杉氏の家務職空位の時期を狙った行動であった。このとき景春は成氏方と戦っており、上杉方に対する叛意はまったくみられない。しかし、その一年半後に景忠が家務職に選出されると、上杉氏に対する叛意を表し（『松陰私語』）、文明七年、五十子陣を退去して武蔵鉢形《はちがた》城（埼玉県寄居町）に入ると、上杉方との関係を一段と悪化させた。景春が五十子陣に攻撃を開始するのは、その一年半余り後の文明九年正月のことであった。

上杉方は文明五年の成氏方の攻撃で、扇谷上杉政真《まさざね》が戦死するなど大きな打撃を受けており、景春の攻撃に堪えきれず、顕定は阿内《あない》（群馬県前橋市）に、越後の定昌《さだまさ》は白井（同渋川市）に、扇谷上杉定正《さだまさ》（政真の弟で養子）は細井《ほそい》（前橋市）に、それぞれ撤退していった（『松陰私語』）。ここに二〇年余り続いた五十子陣は音を立てて崩れ去ったのである。

五十子陣の崩壊からまもない文明九年五月、顕定らは武蔵江戸（東京都千代田区）の城番衆太田道灌ら扇谷上杉勢の加勢を受け、武蔵用土原《ようどはら》（埼玉県深谷市）・針谷原《はりがやはら》（同寄居町）で景春軍を撃破する。しかし、七月には景春を支援する成氏軍が武蔵に出陣し、上杉方を破って一挙に形勢を逆転させた。この絶妙の連携が成氏と景春の密約によっていた可能性はかなり高い。確かに景春は、五十子陣攻撃で成果を上げているが、単独で両上杉氏相手に勝てる見通しがあったとは考えがたく、彼が勝算ありと判断する何らかの条件を得ていたことを推測させる。おそらくそれが、成氏から示された山内上杉氏家務職就任などを交換条件とする連携であったのではなかろうか。

その点で注目されるのが、文明十二年頃から本格化する都鄙和睦交渉の際、成氏が細川政元に対し、景春を上杉憲実の名代を務めて成氏を補佐する者と伝えている事実である（『蜷川家文書』）。おそらく成氏は、このように表現される役職を景春に示し、景春がそれを受諾して両者の連携が成立していたと考えられる。しかも景春がその後も成氏に従っていることから、単なる一過性の連携ではなかったことが分かる。

上杉方との和睦

成氏が景春と結んでまもなく、岩松家純が嫡子明純と袂を分かって成氏方に帰参した。家純は上杉方に残る明純を義絶し、新田荘の支配権の安堵と引き換えに成氏方に転じたのである（峰岸純夫『享徳の乱』）。文明九年（一四七七）七月、滝・島名（群馬県高崎市）に在陣する成氏は、家純が派遣した横瀬成繁《なりしげ》の軍勢を合わせ、観音寺原《かんのんじばら》（同高崎市）から広馬場原《ひろばばがはら》（同榛東町）に進み、十二月二十三日には上杉方の上野府中や白井を脅かす陣容を構えたが、折しも降り始めた大雪が降り止まず、戦闘を続けることが不可能な状態となった。そこで上杉方から成氏に対し、関宿《せきやど》の簗田氏を介して「都鄙御一和の儀」の申し入れがなされたので、翌十年正月元日、成氏もこれに同意して上杉氏との和睦が成立することになった（『松陰私語』、峰岸純夫『享徳の乱』、森田真一『上杉顕定』）。

難航する都鄙和睦交渉　成氏と上杉方との和睦は、全面的な都鄙和睦に向けての第一歩であるが、上杉方の内部事情に加え、前将軍義政（文明五年〈一四七三〉義尚に将軍職を譲る）が成氏打倒の方針を容易に変えなかったこともあり、幕府との交渉は難航することになった。

文明十一年七月十一日、成氏は越後の上杉房定に「八幡大菩薩鑑覧有るべし」という起請文言付きの書状を送り、幕府との和睦交渉を依頼をした。房定は、同年十二月に成氏の書状について細川京《けい》兆家《ちょうけ》に連絡し、翌十二年七月、使僧の岳英東林《がくえいとうりん》（越後府中円通寺の住持）に成氏書状の正文を託し、若い細川政元とその後見人である細川典厩家《てんきゅうけ》の細川政国《まさくに》に事情を説明させた（『蜷川家文書』）。

しかし、迅速な回答を待つ成氏は、上杉氏の交渉経過を必ずしも把握していなかったようで、文明十二年（推定）二月二十五日付けの政元宛ての書状で、上杉顕定・定正が「御和融」の仲介を申し入れたから二人に任せたのに、「一両年」経過してもまだ実行しておらず、「虚言の至」であるとして、「長棟名代」（上杉憲実の名代）を務めた長尾景春からも注進させるので、前将軍義政（東山殿）への取り次ぎをよろしくお願いする、と伝えていた（『蜷川家文書』）。

こうして成氏は、上杉房定を通じた交渉回路のほか、新たに長尾景春を通じた交渉も開始した。景春は成氏が政元に宛てた書状と同日、細川氏家臣とみられる小笠原備後守宛てに書状を発し、大徳寺以浩妙然《いこうみょうぜん》を使僧にすると記している（『蜷川家文書』）。以浩妙然は鎌倉円覚寺の一四一世住持を務めた仏光派の高僧で（文明十四年九月二日示寂）、大徳寺長老でもあったため、関東と京都の両方に影響力を持つことから抜擢されたのである。

しかし、景春は上杉氏重臣とはいえ、家格の面では細川政元に直接に交渉できる存在になりえず、文明十三年三月になると、大名身分の結城氏広が新たに交渉役として立ち現れる（『蜷川家文書』、杉山一弥「応仁・文明期『都鄙和睦』の交渉と締結」）。ところが氏広は交渉開始からまもない文明十三年四月二十七日に死去したため、結城氏の重臣で奉公衆でもある多賀谷入道祥賀が代役を務めた（『古簡雑纂六』）。

このほか成氏の弟尊敒や堀越公方政知配下の犬懸上杉政憲らも交渉に加わったが、交渉の進展に寄与したのは越後の房定であった。彼は関東管領顕定の実父であり、義政の信頼もあったことに加え、実質的に幕政の中心となっているのが政元の後見人の政国であると認識し、効果的な交渉を進めた（杉山一弥「応仁・文明期『都鄙和睦』の交渉と締結」、森田真一『上杉顕定』）。しかし、将軍義政や幕閣が、交渉の回路をお眼鏡にかなう人物にしぼっていたことも、房定の役割を大きくした面があり、彼以外の交渉の回路がまったく機能しなかったとまでいうのはいいすぎであろう。

実際、文明十三年三月頃、結城七郎（氏広）宛てに、「古河様の御書」を拝見したことを伝え、成氏配下の方々から申し出があったが、「上杉民部大輔をもって御申し肝要に候」として、和睦の申し出は緩怠なく義政に披露すると伝えており、結城氏の交渉回路がそれなりに機能していたことを示す（『蜷川家文書』）。幕府側は、房定が都鄙和睦交渉の中心となることで、結城氏広を介した成氏側の申し出に応じたのである。

文明十四年の都鄙和睦成立　翌文明十四年（一四八二）十一月二十七日、義政は成氏と房定に対し、堀越公方政知の知行地の保証を条件に和睦に同意すると伝え、幕府政所伊勢貞宗《さだむね》も房定に対し、成氏が政知に御料所の一部を割譲して、顕定は分国の伊豆を政知へ進上するよう伝えた（『喜連川文書来翰写』『諸状案文』）。ここに都鄙和睦が成立したのである。

義政が示した条件についてみると、伊豆は永享の乱以降、鎌倉府の管轄から離れており、成氏御料所も古河周辺とは指定されておらず、伊豆との関係からみれば、長尾・太田・大石氏らが横領した相模・武蔵の御料所であった可能性が高い。その意味で、成氏が失うものは少なかったといってよい。成氏は和睦交渉で一貫して京都に野心なしと主張し、古河府の支配領域と味方の大名・国人らに対する統制権を黙認させ、しかも幕府に敗北しなかったばかりか、自らの存在感を改めて内外に示すことにもなったのである。

これに対し、幕府側は永享の乱・結城合戦での成功体験に拘りすぎて、関東の底力や成氏の能力を過小評価していたように思われる。和睦後、成氏は長年にわたって使い続けた享徳年号を捨て、文明年号を使い始めるようになった。文明十四年十一月、成氏五二歳の冬であった。

第五章　古河府体制の形成

1　下総古河に定着する成氏

古河公方への転身

鎌倉公方《くぼう》成氏《しげうじ》は、下総《しもうさ》古河《こが》に移って古河公方と呼ばれるようになった。その転機は、享徳四年（一四五五）正月に鎌倉を発って下総古河に着陣したときからとするのが通説である。この年が成氏の大きな転機であったことは間違いないが、彼が最初から古河への移転を前提に鎌倉を出陣したわけではない。あくまでも上杉方と戦うことが目的であり、この年の六月、幕府軍が鎌倉を占領した後も戦い続けたのは、鎌倉奪還の強い意思があったからである。

下総国下河辺荘《しもこうべのしょう》の要衝古河は、足利尊氏や代々の鎌倉公方が、南北朝の動乱、一四世紀後半の小山《おやま》義政《よしまさ》の乱、一五世紀前半の小栗《おぐり》満重《みつしげ》の乱などでも在陣したところである（『豊島宮城文書』『下野島津文書』『烟田《かまた》文書』ほか）。成氏が古河に着陣したのは、下野《しもつけ》・上野《こうずけ》方面への出陣に際し、道筋からみても、代々の公方が陣地とした慣例からみても、ここが最適の地であったからである。一部には、成氏が幕府軍に鎌倉を追われ、古河に逃げたとする説もあるが、彼が各地を転戦した後、古河に着陣したのは、留守中に幕府軍が鎌倉を占領していたからで、鎌倉を追い出されて古河に逃げたわけではない。

成氏が幕府・上杉方に対峙し、下野・上野・常陸《ひたち》などでの戦いが続いた結果、古河での在陣が長期化し、その間に奉公衆《ほうこうしゅう》や寺社なども古河に移り始め、「古河御陣」は単なる宿営地に留まらない内実を持ち始め、鎌倉帰還の機会があっても、一般的な陣地の引き払いのように簡単に古河を離れにくい状況が現れ始めた。長禄四年（一四六〇、寛正元）正月、幕府軍の主力をなす今川軍が駿河《するが》へ帰国した際、成氏が鎌倉奪還に動かなかった背景には、そうした事情もあったと考えられる。確かに今川軍撤退後も上杉氏勢力が留まり、簡単に奪還できる状況ではなかったことも理由の一つであろうが、在陣の長期化とともに、成氏の心中に古河を本拠とする意識が芽ばえ始め、鎌倉奪還の思いを少しずつ風化させていったことも否定できない。

前述のように、文明三年（一四七一、享徳二十）六月、成氏は幕府・上杉方の大攻勢によって、下総の千葉孝胤《ちばのりたね》の本拠近くに退避した（『茂木文書』『御内書符案』）。そして翌年四月、孝胤らの支援で帰還したのは鎌倉ではなく古河であった（『鎌倉大草紙』）。この一連の攻防戦に際し、将軍義政は成氏の本陣を「古河城」と呼んでおり（『御内書符案』）、「古河御陣」は内外から成氏の本拠と認識され、「古河城」の名で呼ばれるようになっていた。さらに文明後半期には、成氏を「古河様」と呼んでいたことも確認できる（『蜷川家文書』『喜連川文書』）。こうしたことから、成氏は寛正〜文明初頭（一四六〇〜七〇年代初頭）に下総古河に定着し、内外から「古河様」と呼ばれ、名実ともに古河公方に転身したと考えるのが妥当であろう。

鴻巣館跡（茨城県古河市）

鴻巣館から古河城へ　それでは成氏が最初に在陣したのは下総古河のどこであろうか。一般には最初からのちの古河城に入ったとされているが、『鎌倉大草紙』は、享徳四年（一四五五）正月に鎌倉を出陣し、「総州葛飾郡古河県こうのすと云う所に屋形を立て」、「同年（長禄元）の十月、相州（総）下河辺古河の城ふしむ出来して古河へ御うつりありける」と記している。これによれば、成氏はまず古河の「こうのす」（鴻巣）に入り、長禄元年（一四五七）十月、普請が完了した古河城に移転したことになる。

今のところ、『鎌倉大草紙』の記載を直接に裏付ける史料はみあたらないが、享徳四年三月に成氏が古河に着陣する以前、奉公衆の野田《のだ》氏が本拠としていた事実があるので、成氏は最初に鴻巣館《こうのすやかた》に入り、野田氏から譲られた古河城に大改修を加えて入城したと考えてよいであろう。

なお、鴻巣館は約一三〇年後の天正十八年（一五九〇）九月、最後の公方義氏《よしうじ》の娘（「古河姫君」、実名不詳）が、豊臣秀吉から三三〇石の知行（堪忍領）を与えられ、古河城から移り住んだ城で（『喜連川文書』）、「鴻巣御所」の名で呼ばれている。彼女が「鴻巣御所」に移ったのは、古河公方家にとって由緒の城であったからである。

現在、鴻巣館跡は、古河城の南東に位置する古河総合運動公園の一角にある。その遺構は御所沼に突きだした舌状台地の先端にあり、二本の堀切と土塁で区画された二つの曲輪《くるわ》から構成され、その外側に集落が展開する。これは「古河姫君」時代以降の状況を伝えるものであるが、成氏がこの城に本陣を置き、周囲に近習《きんじゅう》を配置し、御所沼巡りの台地上に奉公衆や成氏方の大名・国人が陣地を構えていた可能性は高いといえよう。

野田氏と古河城　古河城を譲った野田氏は、尾張熱田《おわりあつた》神宮《じんぐう》（愛知県名古屋市）の大宮司《だいぐうじ》一族の子孫される（『野田系図』）が、下野国簗田御厨《やなだのみくりや》野田郷（栃木県足利市）を本領とする足利氏の譜代家臣である可能性もある。一四世紀後半までに下河辺荘古河に定着し、至徳《しとく》四年（嘉慶《かけい》元年、一三八七）の小山義政の乱では、「野田入道等忠《とうちゅう》、古河ヨリ召人一人搦《から》め進す」（『頼印大僧正行状絵詞』）という功績を挙げている。『鎌倉大草紙』は、「古河住人野田右馬助、囚人一人搦め進す」と記し、等忠＝右馬助《うまのすけ》（満範《みつのり》か）を「古河住人」と位置づける。

永享十二～嘉吉元年（一四四〇～四一）の結城《ゆうき》合戦では、野田持忠《もちただ》が春王丸・安王丸らに従って結城に籠城し、重臣の矢部大炊介《おおいのすけ》らが古河に籠城し、加藤伊豆守らが「高橋郷野田の要害」（栃木県足利市）で挙兵したとされる（『結城戦場記』『永享記』）。これらの記述は一貫して古河を野田氏の拠点として位置づけ、簗田御厨野田が野田氏の本領であったことを示す。野田氏は結城落城により、野田遠江《とおとうみ》守《のかみ》の家人《けにん》加藤尾張守・鳩井隼人《はとがいはやと》らが戦死し、古河城や野田要害に籠もった一族・家臣等も討ち死する打撃を受けた（『結城戦場記』『永享記』『鎌倉大草紙』）が、持忠と一部の家臣は結城落城の際に脱出して行方をくらまし（『鎌倉大草紙』）、成氏の帰還とともに古河城を回復したと伝えている。

野田持忠が古河城に復帰して五年、成氏の古河入りと長期在陣が始まる。当初、成氏も古河での長期在陣は予想していなかったであろうが、幕府軍の鎌倉占領という事態に直面し、鎌倉回復まで古河での在陣を強いられた。それに対応可能な施設を整える必要に迫られ、鴻巣館に代わる仮御所の候補として古河城に白羽の矢を立て、野田氏から譲り受けることになった。野田氏はその見返りとして、古河城南方の栗橋郷《くりはしごう》（茨城県五霞町）を与えられて新城を築き、改修なった古河城に成氏が入った。

成氏の古河入城、野田氏の栗橋城移転に重なる時期に、成氏が関東各地の大名・国人・寺社等に発した文書をみると、野田持忠が取り次ぎ（奏者《そうしゃ》）として頻出する。持忠のほかに簗田持助《もちすけ》・佐野盛綱《さのもりつな》や二階堂・佐々木・町野《まちの》・印東《いんとう》氏らもみえる（『正木文書』『那須文書』『喜連川文書案』ほか）が、成氏が古河入りする享徳四年（一四五五）三月から康正二年（一四五六）九月に至る約一年半は、成氏文書に添えられた持忠副状《そえじょう》が急増し（『正木文書』）、成氏の文書にも「委細《いさい》野田右馬助申すべく候」（『正木文書』）という文言が増加する。これは、鴻巣館が古河城から約一キロメートルの地点にあるため、持忠が鴻巣館に仮本陣を置く成氏に近侍し、特別の役割を果たしていたことを暗示する。野田氏の栗橋城移転とともに、その頻度は減少し、この時期に現れた野田氏の特別の役割であったことが分かる。

公方時代の古河城の再評価　古河藩時代の古河城跡は多数の絵図があり、その規模や構造がかなり分かる。遺構そのものは大正初年に始まる渡良瀬川《わたらせがわ》の改修工事で、古河歴史博物館が建つ諏訪曲輪《すわぐるわ》跡の一部を除いてほとんど姿を消している。ところが昭和五十八年の渡良瀬川河川敷の赤外線航空写真に、古河城中心部分の堀・曲輪が映っていることが判明した。それをもとに絵図に描かれた江戸期の古河城と比較したところ、本丸・二の丸・馬出《うまだし》などの堀跡が河川敷の土中に埋もれたまま残っていることが分かった。

古河歴史博物館は、これらの遺構や遺構の痕跡を調査し、寛永十〜正保元年（一六三三〜四四）の古河藩時代の古河城・城下町と比較・検討し、その成果を現在の古河市街地図の上に表示した古河城跡・城下の範囲推定図を作成した（古河歴史博物館『古河城　水底に沈んだ名城』）。その中で、下河辺氏時代から古河公方時代までの古河城の変遷図が提示された。それによれば、一二世紀〜一四世紀の下河辺氏時代の古河城は、江戸期の古河城本丸に相当し、康正元〜天正十八年（一四五五〜一五九〇）の古河公方時代の城は、江戸期の古河城三の丸からその南側に拡がる範囲であろう、と推定している。

現在、中世の古河城に関する史料はほとんど残っておらず、その詳細は不明であるが、江戸期の古河城に比べて中世の古河城の評価はいささか低すぎるように思われる。古河公方は古河に移った鎌倉公方であり、「鎌倉殿」「古河様」と呼ばれ、少なくとも成氏・政氏《まさうじ》・高基《たかもと》の時代まで、関東・奥羽に少なからぬ影響力を持つ存在であり、その本拠が古河城であった。古河公方は古河城を御所とし、古河藩を凌ぐ領地を支配しており（市村高男「古河公方の権力基盤と領域支配」）、最後の公方義氏の時代になっても、関東の大名・国人らから一目置かれる存在であった。この点を踏まえ、これまで不明なままに過小評価されていた古河公方時代の古河城の見直しは、古河公方の基礎を築いた成氏の評価と絡んで、避けて通ることができない重要な課題である。

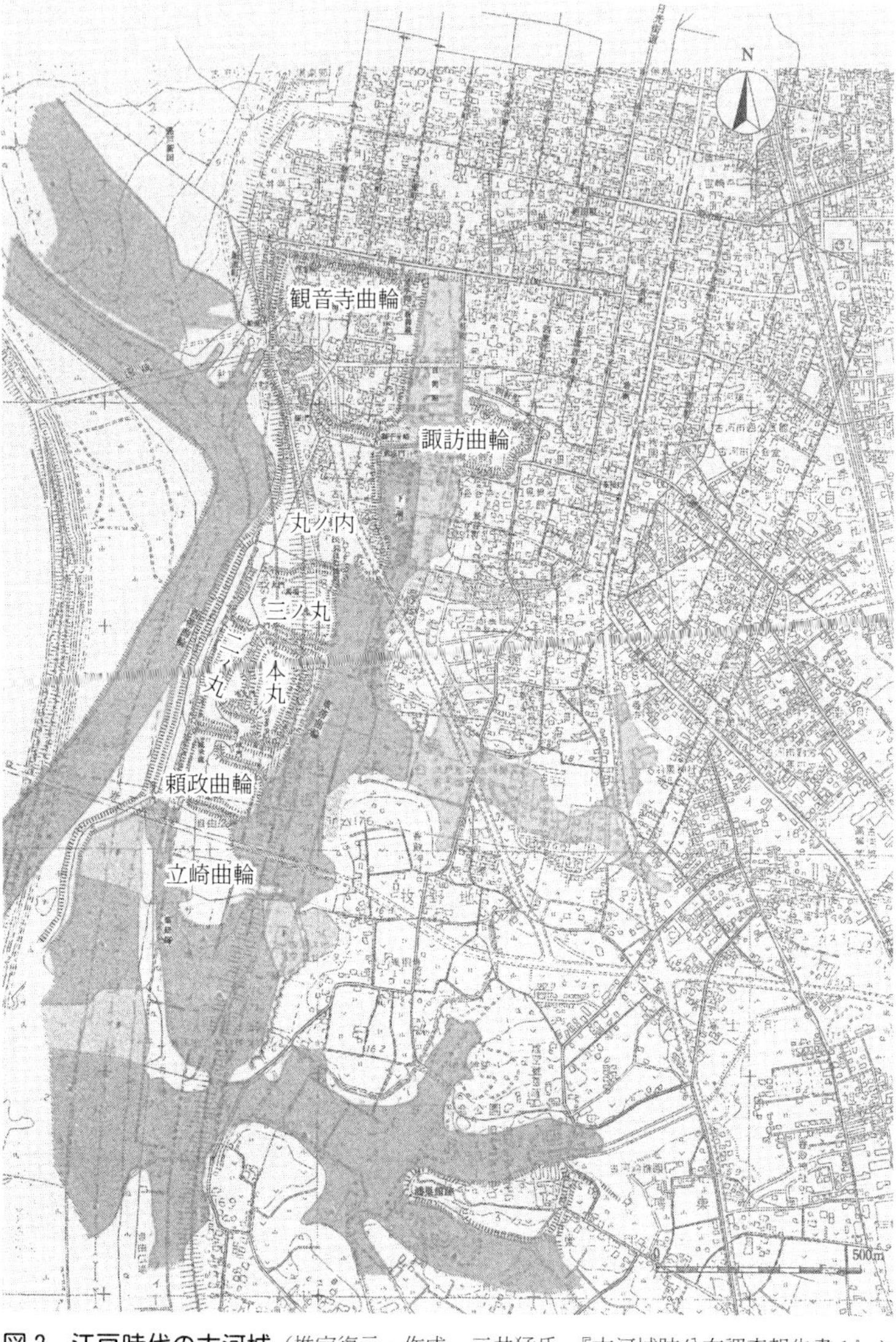

図2　江戸時代の古河城（推定復元・作成＝三井猛氏、『古河城跡分布調査報告書1』より）

公方時代の古河城関連資料　中世の古河城について考えようとするとき、断片的ながらも手がかりとなるのが次に掲げる史料である。

①　文明十年（一四七八）七月、成氏が上野・武蔵の転戦後、古河へ帰還するため利根川《とねがわ》を渡り、「公方御帰座、向古河観音堂御休息」とある（『松陰私語』）。

②　明応三年（一四九四）四月、岩松尚純《いわまつひさずみ》が長楽寺（群馬県太田市）の松陰《しょういん》らと古河へ出仕したとき、船で利根川を下り、古河城付近で下船して城の近くに止宿し、翌日の出仕のとき「四足御門際《よつあしごもんぎわ》」まで乗物を使い、門内の奏者所を通って殿中に参上した（『松陰私語』）。

③　尚純が殿中から宿に戻ると、座頭《ざとう》・舞々《まいまい》・猿楽《さるがく》・当道《とうどう》らが、そのあとには御中間《おちゆうげん》・御《お》雑色《ざつしき》・御《お》力者《りきしや》・御輿舁《みこしかき》・御厩方《みまやかた》らが押しかけてきた（『松陰私語』）。

④　松陰らが長楽寺へ帰還するため、近くの「舟渡《ふなど》」（船戸）に向かったとき、「舟渡の上」に野田氏の宿所が見えた（『松陰私語』）。

⑤　天正九年（一五八一）十二月、足利義氏（成氏の夜叉孫《やしやご》）が発した文書に「敵方へ半手《はんて》諸郷の者ども、佐野《さの》門南木戸《もんみなみきど》より内へ入るべからず」とみえる（『喜連川文書』）。

⑥　天正十二年頃、古河奉行人が発した書状に、佐竹氏の襲来に備える部分があり、そこに「蔵廻《くらくる》輪《わ》」や「御本丸・中城《なかじろ》」など古河城の曲輪の名がみえる（『喜連川家文書案』）

①〜④は岩松尚純の護持僧松陰の認識や目撃情報である。①によれば、成氏が武蔵から帰還したとき、古河城対岸の向古河《むかいこが》（埼玉県加須市）に着いて観音堂《かんのんどう》で休息したことを、古河へ「御帰座」した

と記し、松陰が向古河を城下の一部と認識していたことを示す。別の史料には「こがの内いかふくろ（伊賀袋）」という記載があり、向古河の南にある伊賀袋《いがふくろ》（埼玉県加須市）も古河城下の一部とされていた（『喜連川文書』）。これは、古河城下が現在の渡良瀬川西岸にまで及んでいたとする認識があったことを示す。

②③④は松陰が尚純の古河出仕に同行した際の体験で、②は古河城に隣接して船着き場があり、宿も城下にあったことを暗示する。翌日、城の入り口の四つ足門まで輿に乗り、そこから徒歩で奏者所（奏者は公方への取り次ぎ）を通り殿中に参上する。船着き場は松陰が帰還の際に使った④の「船渡」と同じであり、そこから野田氏の宿所が上手に見えたという。④の船着き場＝船渡は、古河城西側を流れる渡良瀬川が東に蛇行し城に最も接近したところにある。江戸期の古河城絵図は、「観音寺曲輪《かんのんじくるわ》」西側の船渡と「丸の内」西側の茂《も》平河岸《へいがしがん》を描く。尚純が着岸したのは船渡に当たり、そこから上の方に野田氏の宿所が見え、船渡で下船すると、近くに古河城の四つ足門があった。この四つ足門が城の北側の門であり、野田氏の宿所はその内側にあったと考えられる。

この四つ足門に関連するのが⑤の「佐野門南木戸」である。⑤は成氏時代から一世紀余り後の史料であるが、「半手」の郷（隣り合う両方の領主に年貢を納める郷）の住人が「佐野門南木戸」内に入ることを禁じており、ここが城の内外を区切っていたことを示す。佐野門の佐野は、江戸期の観音寺曲輪の北西から渡良瀬川を渡って下野佐野（栃木県佐野市）に通じる道路に因むもので、②の古河城北側の四つ足門（厳密にはその後身の城門）を指すと考えられる。これが成氏時代の大手門であり、江戸期の「丸の内」北西部にあった楼門が佐野門に該当し、公方時代の古河城がここまで拡がっていたことを示す。南側の頼政曲輪《よりまさくるわ》には下河辺氏が主君の源《みなもとの》頼政《よりまさ》を祀ったという頼政神社があり、立崎曲輪《たつざきくるわ》とともに古河城の出発点になったと伝えられ（『古河志』『永享記』）、野田氏時代ばかりか古河藩時代にも、撤去されずに祀られ続けていた。

頼政曲輪に相当する曲輪の名は⑥にもみえる。「蔵廻輪」がそれに当たり、その脇に「頼政口《よりまさぐち》」と加筆され、「蔵廻輪」が頼政曲輪を指し、すでに戦国期には倉庫が並んで蔵曲輪と呼ばれていた。さらに⑥は、古河城の本体部分の曲輪の名称として「御本城・中城」がみえる。「御本城」が本丸・主郭に相当することは確実であり、関東では二の丸を「中城」と呼んでいるので、「中城」が本丸に隣接する曲輪であったことが分かる。

成氏時代の古河城推定　図3は明治十七年の地図に、古河藩が城下町整備の際に移したとされる寺社の旧位置を示したものである。この地図をもとに、一五世紀後半〜一六世紀の史料にみえる情報と合わせて、古河公方時代の古河城とその城下町を復元してみよう。

前述のように、戦国期の史料から読み取れる古河城のあり方は、本城・中城や蔵曲輪などから成っていた。これに対し、江戸期の古河城は、本丸・二の丸・三の丸を中心に、その北側に観音寺曲輪・丸の内を造り、南側に頼政曲輪・立崎曲輪を配している。とくに観音寺曲輪・諏訪曲輪など北側に大きな違いがあったことが判明する。しかし、義氏時代に佐野門の内側が城内とされていることから、江戸期の丸の内まで城域が拡がっており、観音寺曲輪を除けば、大きな違いは中心部分にあったこと

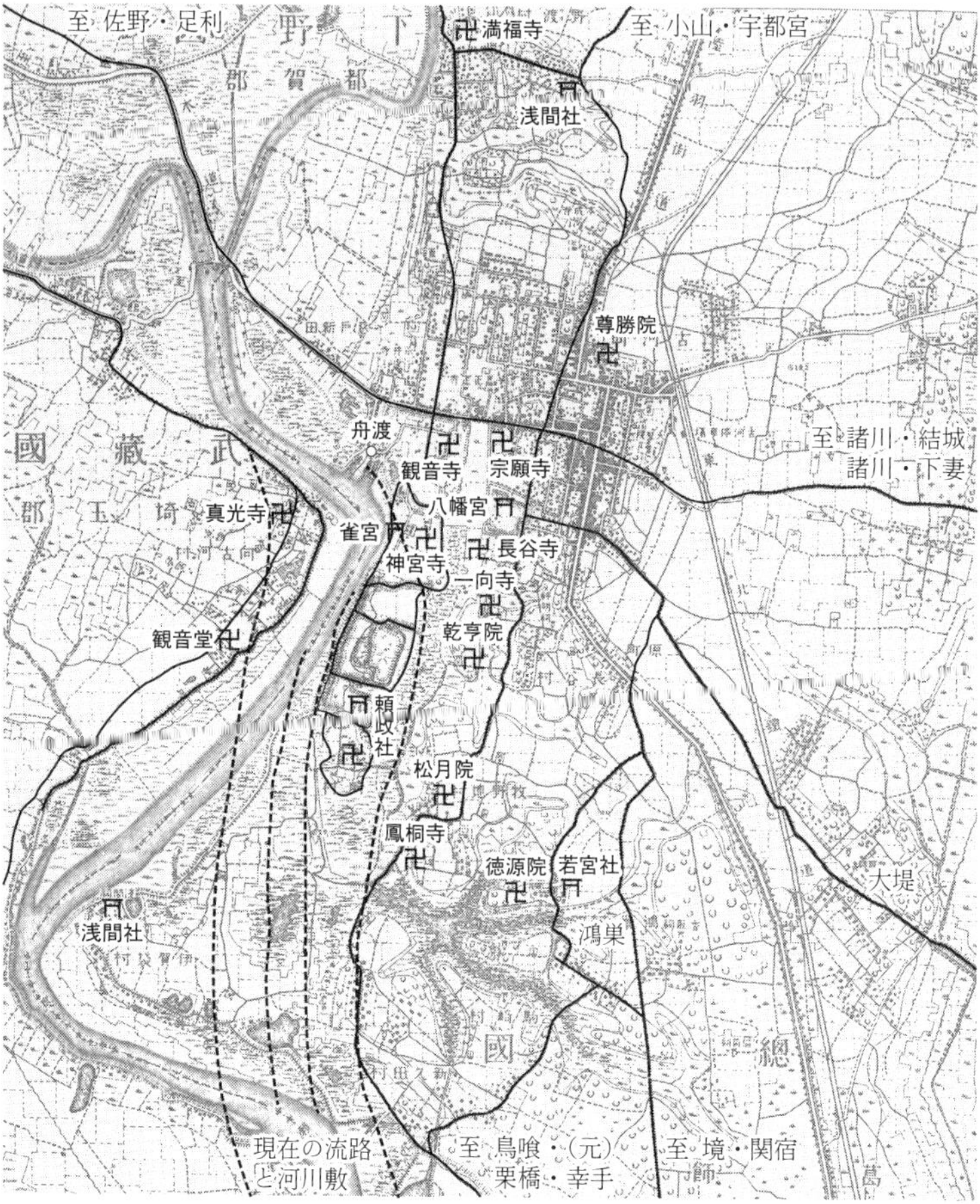
至 佐野・足利
至 小山・宇都宮
満福寺
浅間社
尊勝院
至 諸川・結城
諸川・下妻
舟渡
観音寺
宗願寺
八幡宮
真光寺
雀宮
神宮寺
長谷寺
一向寺
乾亨院
観音堂
頼政社
松月院
鳳桐寺
徳源院
若宮社
大堤
浅間社
鴻巣
現在の流路
と河川敷
至 鳥喰・(元)
栗橋・幸手
至 境・関宿

図３　戦国期の古河城

が分かる。

改めて中心部をみると、江戸期の古河城本丸は、周囲を囲繞《いにょう》する堀で二の丸と分割され、その北側に独立的な三の丸を配置するが、本丸と二の丸も比較的まとまりのある曲輪であるので、義氏時代に本丸・二の丸を分割する堀はなく、一つの大きな曲輪であった可能性が高い。おそらく江戸期の本丸・二の丸を合わせた区画が戦国後期の本城に該当し、その北側にある江戸期の三の丸が戦国期の中城に当たると考えられる。その北側には、「丸の内」の前身となる曲輪があり、本丸・二の丸の南側に頼政曲輪・立崎曲輪があった。南側の二つの曲輪は、戦国期から「蔵廻輪」＝蔵曲輪と呼ばれ、倉庫が建ち並んでおり、中世以来の使い分けが古河藩時代にも継承されていた様子がうかがえる。

戦国後期の古河城のあり方が、どこまで遡るものか問題となるが、古河公方が最も力を持っていた成氏・政氏の時代に、こうした城の形がある程度まで整備されていた蓋然性は高いといえよう。当時の古河城は城と呼ばれていても、その本質は古河に移った鎌倉公方＝「鎌倉殿」の御所であり、その中心部は年中行事や各種儀礼が頻繁に実施される儀礼空間でもあった。主郭に当たる本城がゆったりとした曲輪取りをしているのはそのためで、主殿を中心とした多様な施設が並んでいたと推測される。古河公方が「関東の将軍」として振る舞うためにも古河城は特別の規模と構造を持つ必要があった。

古河城下の町の様相　岩松尚純らが殿中から退出し、城下にあった宿所に入って一息ついたとき、座頭・舞々・猿楽・当道らが雑芸の押し売りにやってきた。松陰は後日また来るようにと押し返したが、彼らが退散すると、今度は「公方者《くぼうじゃ》」（公方に仕える下級雑役人）の御中間・御雑色・御力者・御輿舁・御厩方らがやってきて、小遣い稼ぎ目的の御用使いを申し出てきた。このときも松陰が退散させている。彼らは古河城下に住む人々で、御中間ら「公方者」は御所にある公方施設に勤務し、尚純たちが城の近くに投宿することを知り、小遣い稼ぎの好機として出仕したのである。天正四年（一五七六）最後の公方義氏から官途を与えられた御雑色の吉野雅楽助《よしのうたのすけ》や御厩舎人《とねり》（公方御厩の管理に当たる下級役人）の小池《こいけ》弥右衛門《やえもん》らは、おそらく彼らの子孫であろう（『川辺氏旧記』『喜連川家文書案』）。

成氏時代の古河城下の様相は不明な点が多いが、明応年間にこうした雑芸民や雑役人らが居住し、したたかに活動していた事実は注目に値する。野田氏が城主の時代、こうした人々が住んでいたとは考えがたく、成氏の古河移転に伴って、奉公衆や禅僧らと鎌倉から移り住んできたのであろう。成氏の古河移転と定着が古河を政権都市へと押し上げ、こうした多様な人々や商人・職人らを吸引していく原動力となったのである。

戦国後期の史料ではあるが、古河城下の町場は「古河宿」「古河之御宿」（『池澤文書』）と呼ばれており、それと別に「新宿」と呼ばれる地域の中に「大宿」「天宿」などの新しい宿が成立していた（『天正十八年下総古河検地帳』）。現在、「新宿」の一部は渡良瀬川の河川敷になっているが、明治前期までは古河城下町の西側の悪土新田《あくとしんでん》一帯を含む地域を指していた。悪土＝「あくと」は、肥土・飽土を意味する肥沃な土地のことで、現在の悪土新田のイメージで地味の悪い土地とみるのは適切ではない。検地帳にみえる「大宿」「天宿」は発展途上にあり、その周囲や内部には畠が拡がっていた。

周囲から「御宿」と敬称される古河宿は、古河本郷の中に成立した町場であり、図3のように現在の中心市街よりも城寄りにあった。宿と呼ばれるのは、江戸期の奥州街道・日光街道の前身となる、鎌倉街道中道沿いに成立したからである。実際、この古河宿とその周辺から城内にかけて、成氏以前から存在した雀神社《すずめじんじゃ》・徳星寺《とくしょうじ》（真言宗、成氏祈願所）・宗願寺《そうがんじ》（浄土真宗）・一向寺《いっこうじ》（時宗）・満福寺《まんぷくじ》（臨済宗）や、成氏が鎌倉から移転または創建したとされる諏訪八幡宮・若宮八幡宮・神宮寺《じんぐうじ》（真言宗、雀神社別当寺）・長谷寺《はせでら》（真言宗）・尊勝院《そんしょういん》（真言宗）・鳳桐寺《ほうとうじ》（日蓮宗）・乾亨院《けんこういん》（臨済宗）・竜樹院《りゅうじゅいん》（真言宗）などが建ち並んでいた。

もう一つの新宿は、検地帳の記載に「あくと（肥土）」の地名があり、名請人に観音寺が頻出することから、江戸期の観音寺曲輪周辺から渡良瀬川東岸地域を指していることが分かる。そこには畠に囲まれた大宿・天宿などがあり、一向寺や観音寺などの寺院や地侍とみられる者も名請人として登録されている。この辺には江戸初期まで十一面観音を本尊とする寺院があり、古河公方の客分となった小山氏一族の子孫の屋敷もあり、佐野街道が渡良瀬川を渡って悪土に上がった重要な場所である。佐野街道は、東側の鎌倉街道中道（のちの奥州街道）に繋がっていた可能性が高く、大宿や天宿はその道沿いにあったとみられる。この二つの宿は新宿と呼ばれる地域内にあるので、その成立が成氏の時代まで遡るかどうか微妙であるが、城の大手に面する一等地にあり、古くから佐野街道の陸運や渡良瀬川・思川《おもいがわ》・利根川の水運に関わり、町場的な集落となっていた蓋然性は高い。

古河城下への西側の入り口は、この佐野街道をたどって渡良瀬川を渡り、北西部から入るか、武蔵方面から向古河で渡河し、対岸の船渡で着岸したあと、悪土を経て北西部から入るのが基本であった。

城の東側を走る鎌倉街道中道は、小山の天王宿《てんのうしゅく》から南下し、野木神社の前を通って野渡《のわた》（栃木県野木町）から城下に入り、江戸期の諏訪曲輪一帯を通過し、長谷・牧野地《まきのじ》・鴻巣から栗橋に通じていたようで、牧野地辺りが城下の南側の出入り口に当たる。その東側には東北から結城・山川街道、東から下妻街道（この二つの街道は諸川で一つになる）、南東から関宿《せきやど》街道が古河城下で鎌倉街道中道に接続していたようで、城の東側にも一、二ヶ所の城門があった可能性が高い。

このように古河は下総・下野・上野・武蔵の結節点にあり、公方成氏の本拠地にふさわしい条件を備えていた。

2　古河府の実像

関東を代表する政治都市へ　こうして成氏は、古河城を鎌倉西御門《にしみかど》の御所に代わる新たな本拠とした。それに伴い、成氏に従って在陣した奉公衆らも古河に定着し、彼らの従者に加えて妻子らも移住し始め、公方人ら多彩な人々も住み着くようになった。その結果、野田氏時代の小規模な城下集落は、鴻巣の「古河御陣」廻りの集落化した陣地群を含み込みながら膨張していった。それに連動して、鎌倉から公方ゆかりの寺院・僧侶らも相次いで移り住み、古河城とその城下に鎌倉由来の荘厳さを付加しながら、関東を代表する政治都市古河が出現する。古河は鎌倉から移転した「鎌倉殿」の本拠であり、幕府の本拠京都に対し、「関東の首都」としての位置を占めることになった。

鎌倉奉公衆の古河定着　成氏が古河在陣後に発した文書を通観すると、成氏の文書に添付する書状を発したり、大名・国人への取り次ぎや使者を務める奉公衆が多数その名をみせる。そうした職務を果たした人々に、簗田持助・野田持忠・同氏範《うじのり》・二階堂成行《しげゆき》・同盛秀・同信濃《しなの》三郎《さぶろう》ら梁田・野田・二階堂氏のほか、町野成康《しげやす》・設楽成兼《しだらしげかね》・本間直季《なおすえ》・梶原能登守《かじわらのとのかみ》・印東下野守《しもつけのかみ》・印東氏常《うじつね》・佐々木温久《おんきゅう》入道《にゅうどう》・同政清《まさきよ》・小笠原治部大輔《おがさはらじぶのだいふ》・安西実胤《あんざいさねたね》・佐野盛綱らがいた（『正木文書』『喜連川家御書案留書』『那須文書』『真壁文書』『鑁阿寺文書』『松陰私語』ほか）。

二階堂・梶原・佐々木・本間氏は、鎌倉府の御所奉行を務めた本人かその子弟・一族であり、成氏曽孫晴氏《はるうじ》の代まで視野を拡げると、御所奉行の子孫の海老名氏らも古河在住であったことが分かる。海上《うなかみ》信濃守・寺岡但馬守《てらおかたじまのかみ》・宍戸《ししど》氏らは古河に在住した様子はなく、海上氏は下総東北部に住み、宍戸氏一族三家も常陸の所領に居住する（『安得虎子』『常陸志料』）在国奉公衆であった。鎌倉府奉行人の町野・設楽氏らも公方側近で重視されるようになり、下野足利に所領を持つ足利氏譜代家臣の高《こう》（南・早《さ》河田《かわだ》）氏や簗田氏庶流、下野佐野の領主で奉公衆の佐野盛綱・同宮内少輔、同じく下野茂木郡の茂木氏、上野佐貫荘《さぬきのしょう》（群馬県館林市）の舞木《まいぎ》氏らも成氏近臣として活動した。

前述のように、明応三年（一四九四）に岩松尚純が古河に出仕したとき、一緒に参上した長楽寺の松陰は、「殿中御前、簗田・一色《いっしき》・佐々木・梶原・印東以下祗候の面々」がいたと記し、その次に参上したときにも「御前祗候の面々、簗田・一色・野田・佐々木・梶原以下」がいたと書き留めており（『松陰私語』）、簗田・一色・野田・佐々木・梶原氏らが、当時の成氏に近侍する重臣の代表的存在であったことが分かる。このうち一色氏は幕府と鎌倉府に分かれて仕えた足利氏の一門で、当時の当主の宮内大輔《くないのだいふ》（直清）や左馬助《さまのすけ》らの名も登場する（『一色系図』『喜連川家文書案』）。

最後の公方義氏の時代まで目配りすると、江戸・安西・龍崎《りゅうざき》・木戸・清《せい》・豊前・大草《おおくさ》・村上・田代・相馬氏ら鎌倉府以来の奉公衆・奉行人の子孫が現れる（市村高男「古河公方の権力基盤と領域支配」）。このメンバーの中には、成氏の時代以降に奉公衆に列した者もいるが、鎌倉府右筆（奉行人）の子孫清氏のように、多くは古くからの奉行人や奉公衆の子孫であった。成氏の代に古河に移住した奉公衆は、おそらく数十人を超えており、彼らの家族や家臣・従者を加えると、古河の武家人口は想像以上に多かったと考えられる。

奉公衆への御料所配分　成氏に従った奉公衆は、古河周辺の御料所群の中から郷・村単位で所領を宛行《あてが》われる者もあれば、公方代官として御料所の中の公方直轄知行分を管理する者もあった。こうした御料所を原資とする古河公方の知行宛行は、一六世紀に入って本格化する（市村高男「古河公方の権力基盤と領域支配」）が、その出発点は成氏の古河定着に伴う奉公衆への御料所配分にあった。

さらに成氏は関東各地に点在する御料所も奉公衆たちに宛行い、あるいは安堵することによって、御料所と奉公衆を着実に束ねながら権力基盤を固めていった。二階堂盛秀の近親二階堂信濃三郎に武蔵の岩淵郷《いわぶちごう》（東京都北区）・池野辺郷《いけのべごう》（埼玉県川越市）を安堵し（『喜連川御書案留書』）、南（高）民部少輔に足利荘生川河郷《うぶかわごう》（栃木県足利市）を宛行った（『高文書』）のはそのよい事例である。さらに小田出羽《おだでわ》太郎《たろう》を常陸那珂湊《なかみなと》（茨城県ひたちなか市）に配置し、港湾都市那珂湊の掌握を図った（『宍戸文書』『常陸志料』）ように、鎌倉府以来の直轄都市の再掌握にも積極的であった。

鶴岡八幡宮供僧の古河移住　鎌倉から下総古河へ移転したのは奉公衆ばかりではない。この点は、鎌倉復帰後の成氏の寺社政策について触れた際に、鶴岡八幡宮《つるがおかはちまんぐう》の供僧《ぐそう》や公方家菩提寺瑞泉寺《ずいせんじ》の禅僧が古河に移ったことに言及したが、改めてどのような寺社が古河に移ったのか、確かな史料によって明らかにしていこう。

まず挙げられるのは、鶴岡八幡宮の供僧たちである。彼らは成氏との関係もさることながら、彼らの上司に当たる八幡宮若宮別当《べっとう》（社家）定尊《じょうそん》（成氏の弟）との関係によるもので、それぞれの内部事情に合わせながら古河へ移っていった。その顔ぶれは、正覚院賢仲《しょうかくいんけんちゅう》・最勝院弘運《さいしょういんこううん》・等覚院《とうかくいん》弘怡《こうい》・慈薗院範季《じえんいんはんき》・蓮華院弘珍《れんげいんこうちん》・宝光院運海《ほうこういんうんかい》・金勝院玄淳《きんしょういんげんじゅん》などである（『鶴岡八幡宮寺諸職次第』『鶴岡八幡宮寺供僧次第』）。彼らの大半は別当の進士下にある内方供僧であった（別当から相対的に自立しているのが外方供僧という）。

鶴岡二十五坊跡（神奈川県鎌倉市）

このうち最も早く鎌倉を出発したのは、金勝院の玄淳であり、享徳の乱が始まった享徳四年（一四五五）、おそらくは定尊の招集によって古河に在陣したのであろう。康正二年（一四五六）正月には、宝光院の運海が「御殿司《ごてんす》」の役職を放棄して参陣したが、それから二年後の長禄二年（一四五八）正月に死去している。正覚院賢仲は、定尊が享徳の乱で成氏と一緒に下野小山に在陣していた康正二年、小山・古河へ在陣した。賢仲の後継とみられる弘《こう》尊《そん》は、定尊とその弟で後継者の尊儆《そんじょう》の側近に仕えたようで、彼らの文書（御書）にしばしば副状を添付するなど若宮別当の奏者を務めていた（『鑁阿寺文書』）。

最勝院弘運・等覚院弘怡・慈薗院範季・蓮華院弘珍らは、別の僧に職務の代役を頼んで「古河江御供」したとするのみで、鎌倉を出発した年次を記していないが、他の供僧らの動きからみれば康正二年であった可能性が高い。金勝院玄淳や宝光院運海の事例から察せられるように、彼らが古河へ出陣したのは、当時、定尊が小山に在陣していたからで、供僧たちにも出陣を通達したことによるものであろう。内方供僧が中心とはいえ、二十五供僧の中から七ヶ院がこれに応じた事実は注目に値しよう。

もとより彼らは鶴岡八幡宮の供僧であり、紛れもない僧侶であった。そして、一定の軍事力を持っていたことも間違いない。しかし、成氏が彼らに期待したのは、武力による軍忠よりも、鶴岡八幡宮で日々行っていた天下太平・武運長久や公方護持の祈禱であり、成氏の戦勝祈願と上杉方調伏を祈禱の力で実現することにあった。当時は祈禱の力が夲公衆や大名らの軍事力に匹敵する、との認識が社会を広く覆っていたのである。

今のところ、これらの供僧が鎌倉に帰還した形跡はほとんど認められない。おそらく成氏や定尊に従って、古河かその近辺に定着することになったのであろう。とりわけ社務の定尊が古河近辺に定着したので、彼らもそれに従わなければならないと考えたのである。しかし、それが鶴岡八幡宮の供僧を減少させ、一部は将軍らが非公方派を中心に補充したとはいえ、八幡宮の衰退をもたらす要因の一つになったことは否定できない。

禅僧たちの古河移住　成氏は古河定着以降、鶴岡八幡宮を古河城の内外に勧請《かんじょう》し、尊勝院・長谷寺などの諸寺院やその関連寺院を城下に建設した。それとともに、古河の惣鎮守雀神社や真言宗の古刹徳星寺などを庇護することも怠らなかった。彼の死後、鎌倉円覚寺塔頭黄梅院《たっちゅうおうばいいん》（夢窓疎石の墓所）の春《しゅん》貞周乾《ていしゅうかん》を開山とする乾亨院（成氏墓所）が建立され、同じく黄梅院に繋がる満福寺が野渡（栃木県野木町）に中興されている。一五世紀後期以降、古河城下とその周辺には、夢窓派の曇芳周応《どんぽうしゅうおう》・古天周誓《こてんしゅうせい》らに連なる臨済宗寺院が相次いで建立されていた。

雀神社（茨城県古河市）

　具体的にみると、二代公方政氏の墓所甘棠院《かんとういん》が武蔵久喜《くき》（埼玉県久喜市）に、三代公方高基の菩提寺千光院《せんこういん》が牧野地（茨城県古河市）に、高基夫人宇都宮氏の墓所瑞雲院《ずいうんいん》が鴻巣（同古河市）に、それぞれ建立されている。甘棠院は現在でも存続しているが、成氏の墓所乾亨院は、のちに四代公方晴氏の墓所となり永《よう》仙院《ぜんいん》と改称、高基夫人の墓所瑞雲院は芳春院《ほうしゅんいん》（晴氏夫人の院号）、さらに徳源院《とくげんいん》（義氏嫡女の院名）と改称されたといい、高基の墓所千光院も五代公方義氏の孫義親《よしちか》夫人の墓所となり、松月院《しょうげついん》と改称されたと伝えられる。永仙院・徳源院・松月院が古河公方ゆかりの寺院として臨済宗古河三ヶ寺と呼ばれる（山口美男「古河公方『三ヶ院』変遷の考察」）。しかし、後述するように、乾亨院が永仙院になったとする点はなお検討の余地があり、他の公方墓所の改称も公方義氏娘が死去した後の江戸前期のことであった可能性が高い。

成氏ら代々の古河公方は、鎌倉禅林に連なる寺院を新設するとともに、それらが育んだ文芸などを古河へ移植することに努めた。それによって、古河公方時代の鎌倉と古河は、都市形態の違いを超えて共通した文化や精神を持つことになったのである。

このようにみると、古河に移った臨済宗寺院は限定的であるように思えるが、実際にはこのほかにも複数の寺院・禅僧が古河に移っていた形跡がある。確かな史料からうかがえるものに、夢窓派の有力寺院である瑞泉寺とその塔頭の祥雲院《しょううんいん》・長春院《ちょうしゅんいん》、興聖寺《こうしょうじ》、建長寺の塔頭の広徳庵《こうとくあん》・長寿寺《ちょうじゅじ》などがある。もちろん同名の寺院の可能性もあるが、成氏が各地の大名に発した書状で、取り次ぎ・仲介役を務める彼らの行為を、瑞泉寺より「仰せられる」、興聖寺より「申される」などと敬語で表現し、古河の一般寺院の僧と扱い方が異なっており、地元の僧より格上の特別な存在としていた。

彼らの動きを具体的にみると、享徳四年（一四五五）、瑞泉寺が成氏の使僧として那須資持《なすすけもち》のもとへ行き、康正年間（一四五五〜五七）には興聖寺（興正寺）がやはりの那須資持への使僧を務めている（『那須文書』）。また、寛正四年（一四六三）には、建長寺塔頭広徳庵が成氏の使僧として上野の岩松成兼《しげかね》のところへ行き（『正木文書』）、同じ頃、建長寺塔頭長寿寺長老が宇都宮氏の執事芳賀氏のもとへ行く（『遍照寺文書』）など、建長寺派・円覚寺派の禅僧らが古河に滞在し、成氏の外交を支えていた様子がうかがえる。成氏の父持氏《もちうじ》墓所の瑞泉寺塔頭長春院（成氏の弟が住持となっていた）も古河に移り（将軍義政は古河に移った僧たちの代わりに新たな瑞泉寺住持を任じた）、長期の古河在陣の辛労によるものか、進退に迷いを見せていた様子もうかがえる（『小山文書』）。

さらに十刹《じっさつ》に列する禅興寺《ぜんこうじ》も、主要な僧が古河に移った可能性があり、使僧を務めた照書記《しょうしょき》・芳久首座《ほうきゅうしゅそ》・宏哲首座《こうてつしゅそ》・天叟和尚《てんそうおしょう》（仏光派続燈門派に天叟法策がいるが時代が合わない）らは瑞泉寺・興聖寺などの関係者と推測される。先にみた成氏の奏者や使僧を務めた多門院証尊《たもんいんしょうそん》も、鎌倉かその周辺から成氏に随伴し古河に来た僧であろう。

移住僧たちのその後　このように、円覚寺を中心に一部に建長寺も加え、西堂《せいどう》（他の寺の住持を務めて引退した僧）・長老クラスの有力僧が古河に在住し、そのまま古河周辺に定着していたとみられる。古河とその周辺地域に質の高い禅林文化をもたらしたのは彼らであり、二代公方政氏やそれ以降の公方たちに大きな影響を与えることになった。もちろん高僧たちのすべてが古河に定着したのではないが、公方家と関係の深い夢窓派の古天門派などの僧たちの中には、古河やその周辺に定着した者が少なからずいた形跡がある。持氏の牌所《はいしょ》である武蔵上崎《かみさき》（埼玉県加須市）の龍興寺《りゅうこうじ》が、成氏の時代に夢窓派古天門派の僧によって中興されているのは、その具体的な事例となろう。

享徳の乱中・乱後、成氏の奏者や使者を務めた首座・蔵主《ぞうす》・書記と呼ばれる僧たちの少なからぬ部分が、古河やその周辺地域に移り住み、新たに建立された寺院や再興寺院に入り、地域の宗教・文化を牽引していったのである。

その点で注目されるのが、古河市大堤《おおづつみ》にある本田耕地《はんでんこうち》遺跡である。この遺跡は奈良・平安〜江戸期の重複遺跡であるが、稼働時期の中心は一五世紀半ばから一六世紀前半で、ちょうど成氏・政氏・高基らの時代に重なっている。しかも、大堤は成氏の最初の陣地であった鴻巣館に近く、この地の八幡宮は鎌倉から勧請されたと伝えられている。さらに溝で分けられた複数の区画内の底部や覆土から、土鍋・大甕・土師質土器皿《はじしつどきざら》とともに軒丸瓦《のきまるがわら》・軒平瓦《のきひらがわら》や香炉・茶臼などの寺院跡を想定させる遺物も出土しており、そのうちの軒平瓦は鎌倉市名越山王堂《なこえさんのうどう》遺跡や東京都府中市高安寺《こうあんじ》出土瓦とかなり似たものである（『茨城県古河市本田耕地遺跡』、比毛君男氏のご教示）。

これを瑞泉寺・興聖寺などの関係者が定着した寺院跡と性急に結びつけることはできないが、高安寺は鎌倉公方が武蔵方面への出陣に際し、しばしば滞在していたところであり、交通上、鎌倉と密接な繫がりを持っていた。前述の禅僧や密教僧たちが古河のどこかにいたとすれば、彼らが在留した寺院跡と考える余地は十分にあろう。古河市街やその周辺では、成氏期の遺物の出土例が少ないだけに、この遺跡からの出土遺物の情報はもっと注目されてよいのではなかろうか。

移転の伝承を持つ古河の寺社　古河に現存または存在した寺社の中にも、鎌倉からの移転を伝えるものがある。八幡神社・諏訪八幡神社、尊勝院、神宮寺、長谷寺、永仙院、鳳桐寺などは、成氏時代に鎌倉から移転したという伝承を持つ（『古河志』、『古河市史　通史編』、鷲尾政市「古河公方の史跡を歩く」）。

八幡神社は、成氏が文安三年（一四四六）に鶴岡八幡宮を古河城内（江戸期の三の丸、中世の中城）に勧請し、寛永十九年（一六四二）に古河藩が江戸期古河城の鬼門に当たる現在地に移したという。諏訪八幡神社は、成氏が康正元年（一四五五）に鶴岡八幡宮を古河城の鬼門の諏訪（江戸期古河城の諏訪曲輪）に勧請し、寛永十三年に古河藩の諏訪曲輪建設に伴い、現在地に移設されたと伝える。この二社は、伝承に微妙な違いがあるが、ともに成氏が鶴岡八幡宮を古河城の鬼門に勧請したとする点で一致しており、当初は一つの八幡宮であった可能性もある。

真言宗の尊勝院は、足利貞氏《さだうじ》（尊氏の父）が信仰した不動明王を安置する鎌倉不動堂が起点であり、成氏が享徳年間（一五世紀後半）に古河へ移して祈願所にしたとする。本尊の不動明王は慶応四年（一八六八）に造り直されたものらしいが、不動明王を重視し、山号寺号が明王山安楽寺である点に着目すると、同じ真言宗で五大明王像を本尊とする鎌倉十二所《じゅうにそ》の明王院《みょうおういん》との関係が想起される。鎌倉の明王院は「公方屋敷」のすぐ東側にあり、公方と密接な関係を持っていた（『鎌倉市史寺社編』）ので、明王院の僧が尊勝院の移転に関わっていた可能性は高い。

長谷寺（茨城県古河市）

真言宗の神宮寺は、成氏ゆかりの僧良宥《りょうゆう》が鎌倉に創建した寺院で、文安三年に古河へ移転し、雀神社の別当寺になったと伝える。当初は江戸期古河城の観音寺曲輪相当域にあり、本尊は雀神社（江戸期古河城三の丸に所在）の本地仏《ほんちぶつ》と同じ十一面観音であった。長谷寺も十一面観音を本尊とする真言宗寺院で、成氏が明応年間（一四九二〜一五〇一）に鎌倉長谷から古河城の鬼門に移したと伝える。長谷寺ゆかりの僧が成氏とともに古河へ移って建てた寺院であろう。長谷寺は神宮寺に近接し、ともに十一面観音を本尊としているので、その本尊が江戸期古河城の観音寺曲輪の名称の起源になったと考えられる。

永仙院は、成氏墓所の乾亨院を改め、四代公方晴氏の墓所にしたとされるが、当初は武蔵久喜の甘棠院の一角か隣接地に建てられているので、江戸初期の廃寺の際に古河城下長谷の乾亨院跡に石塔が搬入され、そこが寺地跡とされたと推測される。鳳桐寺は古河城下の南の入り口にある日蓮宗寺院で、成氏が鎌倉で創建、古河移転の際に鎌倉から移ったと伝えられる。

古河周辺からの移転寺院　このほか満福寺・宗願寺・真光寺《しんこうじ》が、成氏の時代に周辺から古河に移ったという。満福寺は六国山東昌寺《ろっこくさんとうしょうじ》（茨城県五霞町）二世の能山聚藝《のうざんしゅうげい》を、成氏が開山に迎えて古河城下外れの野渡（栃木県野木町）に建立した臨済宗寺院である。東昌寺は簗田持助が父満助の菩提寺として、関宿城近くの内山王《うちさんのう》（茨城県五霞町）に再興した臨済宗寺院であり、焼亡を機に成氏が能山聚藝を招いて山王山（同）へ移建し、本尊は円覚寺から移されたという。永正元年（一五〇四）に曹洞宗に変わっている。

宗願寺は親鸞の弟子西念《さいねん》が武蔵国野田（さいたま市）に創建し、上野国邑楽《おうら》郡に避難中の康正元年（一四五五）、成氏が古河城下へ移転したと伝える。真光寺は渡良瀬川西岸の向古河（埼玉県加須市）にある真言宗寺院で、文明年間（一四六九〜八七）に成氏が再興したと伝える。文明十年（一四七八）七月、成氏が武蔵から古河に帰陣する際、休憩した向古河の観音堂は真光寺が管理する仏堂であった（『新編武蔵風土記稿』）。真光寺は向古河の北端にある渡し場に近く、渡良瀬川対岸の渡し場の船渡と対になっていた。慶長五年（一六〇〇）、真光寺は鴻巣御所の公方義氏娘から伊賀袋富士山別当に任じられた（『武州文書』）が、近代の渡良瀬川河川改修で堤防の下に埋没し、現在は観音堂の敷地の堂舎が真光寺と呼ばれ、その境内墓地には江戸期の馬頭観音碑《ばとうかんのんひ》が立ち並び、かつては馬借《ばしゃく》・車借《しゃしゃく》などの運送業者の信仰を集める街道の要衝であったことが分かる。

このように、移転年代が成氏の古河定着時期にそぐわないものもあるが、一五世紀半ば過ぎの成氏の古河在陣から定着期に、鎌倉や古河周辺から移ったとの伝承を持つ寺社が多数存在し、その移転が成氏の古河城改修・城下町整備の一環であったことを暗示する。この点からも、成氏が進める古河の建設が、鎌倉を引き継ぎつつ、それに替わる新たな政権都市古河づくりであったことがわかる。成氏は、社会の変動に対処した都市づくりを進め、自らも新たな公方に転身しようとしていたのである。

3　古河府の領域支配体制

重臣たちの配置　成氏は古河城の御所に居住し、武蔵五十子陣《いかっこ》（埼玉県本庄市）の幕府・上杉方に対峙し、支持勢力の多い関東東北部の大名・国人を束ねながら、鎌倉の回復と西上野・武蔵・相模《さがみ》等

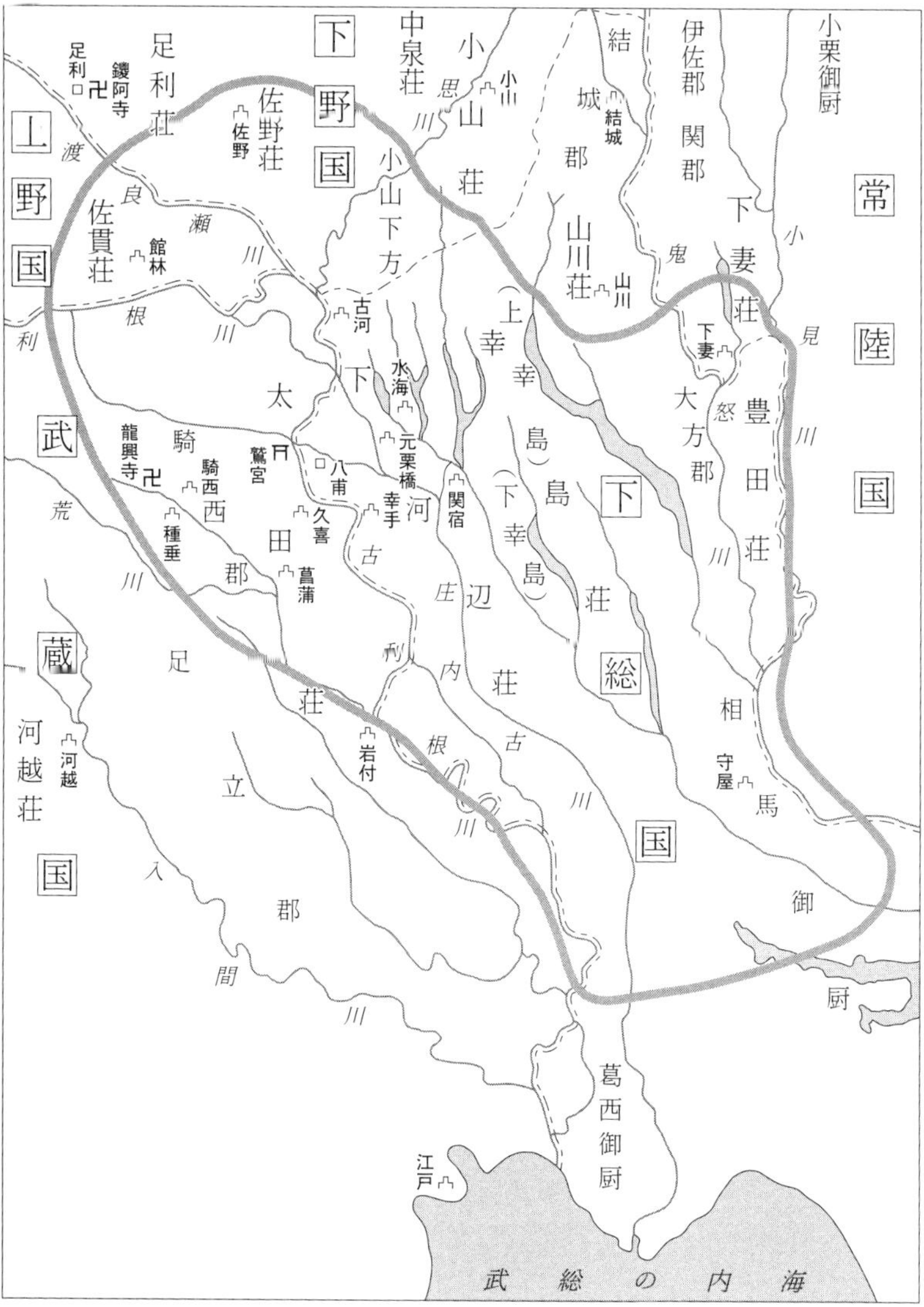

図4　古河公方の支配領域

の平定を目指していた。そのため利根川中下流域の御料所群のうち、古河周辺を公方直轄知行分として確保し、その外側に拡がる御料所群は、古河に参集した奉公衆の知行地として配分する一方、要衝となる地域の城には有力な近臣を配置し、城廻りとその周辺の地域の支配を委ねている。こうして成氏は、地域的な分担支配を導入し、御料所群の着実な支配とその強化を進めた。

古河周辺に配置された有力な奉公衆には、下総関宿城（千葉県野田市）・水海《みずみ》城（茨城県総和町）の簗田氏、下総栗橋城（茨城県五霞町）の野田氏と下総幸手《さって》城（埼玉県幸手市）の一色氏、武蔵騎西《きさい》城（埼玉県加須市）の佐々木・小田氏と菖蒲《しょうぶ》城（同）の佐々木（金田《かねだ》）氏らがいた（市村高男「古河公方の権力基盤と領域支配」）。関東各地に点在する御料所には、下野の小薬《こぐすり》城（栃木県小山市）に梶原氏（市村高男「室町・戦国期における関東奉公衆の動向」）、常陸那珂湊（茨城県ひたちなか市）に小田湊《おだみなと》氏を配置していた（市村高男「中世港湾都市那珂湊と権力の動向」）。

このほか上野の在国奉公衆の舞木氏、同じく下野南部の在国奉公衆の佐野・高氏や常陸の宍戸・筑波氏一族がおり、小山・結城・小田・千葉氏ら外様大名とともに成氏の周囲を固めていた。

下総関宿・水海の簗田氏　その中で最大の勢力を誇っていたのが簗田氏である。前述のように、簗田氏は成氏の鎌倉帰還に伴って復帰し、享徳の乱が始まると、その一族の多くが古河に在陣し、成氏の外祖父であった一族が関宿城を築いて本拠とする（『鎌倉大草紙』『簗田家譜』）。これは古河との関係から関宿の重要性が増し、一族の主導権を握った水海簗田氏が関宿に進出したことを意味しており、享徳の乱の中で成氏が実施した戦略の一環をなす。しかも持助の関宿入城は、成氏の鴻巣陣所から古河城への移転、野田氏の古河城から栗橋城への移転と一連の動きをなし、成氏が関東を俯瞰しながら行った政策であることを示している。

持助の関宿移転はさらに重要な意味を持っていた。それは関東の二大水系の結節点を占拠し、水運による人と物の流れを掌握することであった。当時の利根川は武蔵北東部で複数に分流し、武蔵・下総国境を南流して武総《ぶそう》の内海《うちうみ》（現東京湾）に注いでいた。もう一つは古河・関宿の東側にある開析谷の細流を集めた河川（常陸川と呼ぶことが多いが常陸国を流れていないので不適切な名称である）が、下総相馬郡で鬼怒《きぬ》・小貝《こかい》水系に合流し、常総《じょうそう》の内海（霞ヶ浦《かすみがうら》・北浦《きたうら》・印旛沼《いんばぬま》など）に流れ込み、銚子沖に注ぐものであった。

関宿城はこの二つの水系が最も接近し、東西を河川・沼沢地に囲まれた台地を選んで築かれており、関東中央部の二大水系の結節点を掌握する城であった。関宿城の北側を流れる逆川《さかがわ》は、小型船の通交が可能であったが、大型船による物資輸送には適さず、陸路で二つの水流を繋ぐほうが効率的であったといい（村上慈朗「河川流路の変遷から見た古河地域」）、関宿簗田氏が水運の活性化を図るため新たな流路を開削し、権現堂川《ごんげんどうがわ》が逆川・庄内古川《しょうないふるかわ》と連結した結果、関宿城の交通と流通上の位置が飛躍的に高まった。それは短期に完成したのではなく、持助の関宿入城を契機に開始され、おそらく一〇年前後の歳月を要した大仕事であったと推測される。

こうして、向上した関宿の位置と役割は、周辺から流通・運輸に関わる人々を引き寄せ、一五世紀末までに関宿を古河に次ぐ政治都市へと押し上げた。簗田氏は、関宿城と水海城を両拠点とし、公方

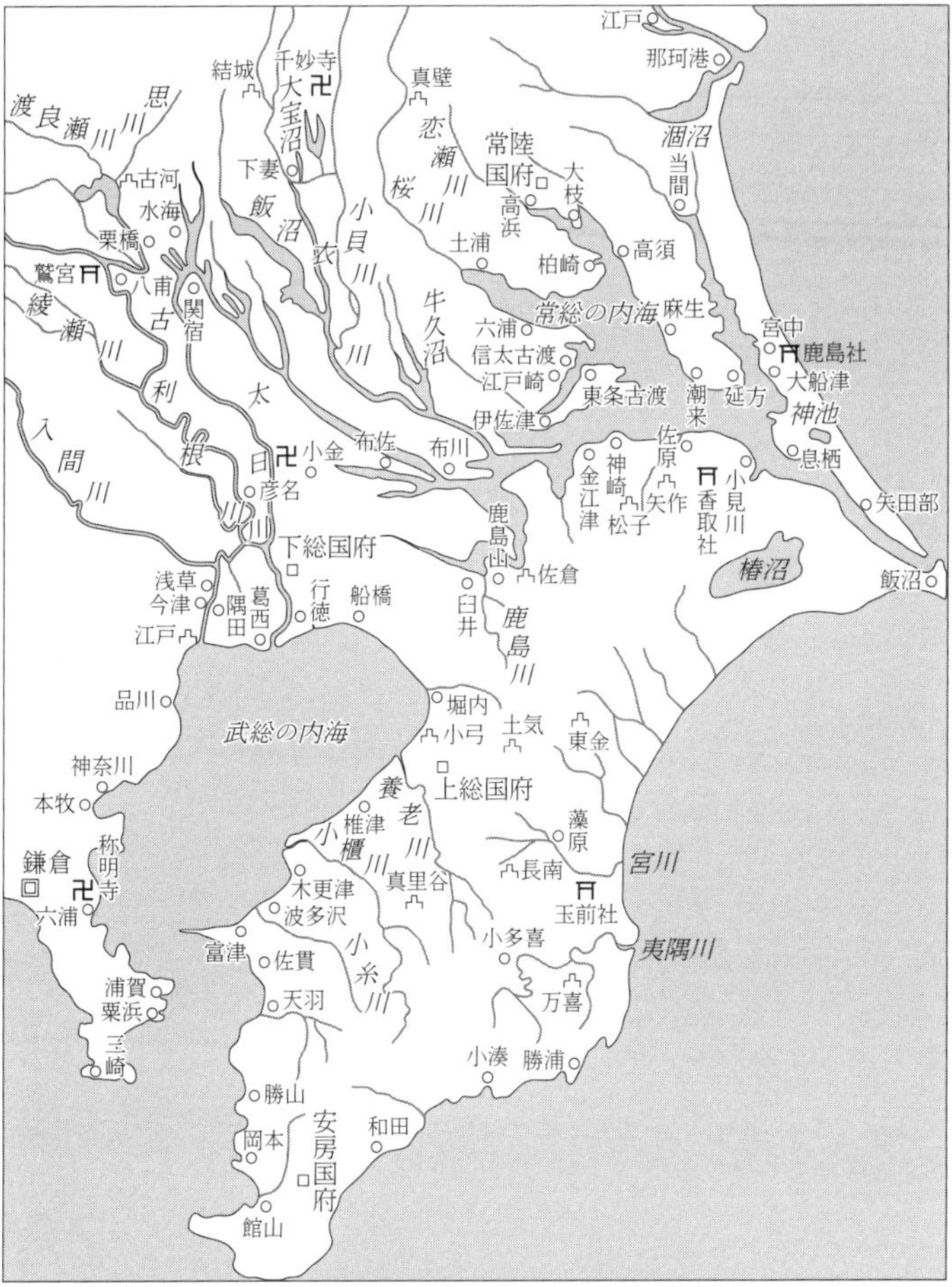

図５　室町期東国の水脈・内海と港津

御料所の下河辺荘域とその周辺地域を支配下に収め、成氏治下の足利一門・奉公衆の中で一番の実力者にのし上がり、関東管領《かんれい》山内《やまのうち》上杉氏が抜けた穴を埋め、成氏政権の新たな補佐役となった。

下総栗橋の野田氏と幸手の一色氏　前述のように、野田氏はもと古河城の城主であった。成氏の古河在陣とその長期化により、古河城を成氏に譲り、その南方約一〇キロメートルの利根川東岸に栗橋城を築いて移り住んだ。栗橋城は、武蔵・下総国境を流れる利根川支流の東側に築城され、古河城の南を固め、下総北西部から武蔵東部の陸路や分流する利根川水系を掌握する役割を担った。

栗橋城の南南西、直線にして三キロメートルの地点に幸手城がある。城主は足利一門の一色氏であり、室町幕府の形成に際して関東に残留し、鎌倉公方に従った一色氏の末裔である。永享の乱・結城合戦では宮内大輔頼明《よりあき》や一色伊予《いよ》六郎《ろくろう》・一色家人泉大炊介《いずみおおいのすけ》らが戦死する打撃を受けた（『鎌倉持氏記』『結城戦場記』）が、成氏の復帰とともに頼明の子直頼《なおより》が出仕し、以前のように重用された。享徳の乱が始まると、上杉方に対峙する拠点の一つとして幸手に配置され、城を築いた（『幸手一色氏』）。

幸手城は栗橋城と同じ下河辺荘内でも、当時の利根川本流である古利根川の東岸に築城されている。城の東側には古河・栗橋から武蔵に通じる主要路があり（鎌倉街道中道に相当）、その南方には古くからの渡し場である高野渡《たかののわたし》（埼玉県杉戸町）があった（『金沢文庫文書』）。幸手城は、蛇行した利根川と陸路が最も接近した地点に築城され、水陸の交通路を扼《やく》する役割を担っていたことが分かる。

武蔵騎西の小田氏　武蔵国騎西郡にある騎西城（埼玉県加須市）は、享徳の乱に際し、扇谷上杉氏の家務職太田《おおた》道灌《どうかん》が築城したとの伝承がある（『新編武蔵風土記稿』）。康正元年（一四五五）、成氏がこれを攻略し（『梁田家譜』『鎌倉大草紙』）、鎌倉府以来の奉公衆佐々木氏を配置したといい、文明三年（一四七一）には「関宿の簗田、私市《きさい》（騎西）の佐々木」と併記されるようになっていた（『鎌倉大草紙』）。成氏が古河に定着した頃、下野の那須資持の奏者を務めた佐々木近江守（『那須文書』）、文明半ば過ぎに奏者を務めた佐々木恩久入道《おんきゆうにゆうどう》（『松陰私語』）らは、いずれも騎西佐々木氏の一族であり、公方に抜擢された一族の惣領が騎西に配置されていた（『騎西町史 通史編』）。

その後、佐々木氏は古河に移り、代わって武蔵種垂城《たなだれ》（埼玉県加須市）から小田顕家《あきいえ》が入城し、幕府・上杉方に対峙する。顕家は常陸の小田氏一族で、鎌倉後期からしばらく在京し、建武政権・室町幕府に仕えたあと、一四世紀後半に関東へ帰還し、鎌倉府に仕えた奉公衆小田氏の末裔である（市村高男「鎌倉府奉公衆の系譜」）。成氏はその経歴や武将としての能力を評価し、簗田氏庶家の跡地である種垂城（『簗田家譜』）に配置し、さらに佐々木氏に替えて最前線の騎西城へ送り込んだのである。

騎西城は分流する利根川の西側にあり、幕府・上杉方に対峙する重要拠点の一つであった。城そのものは平坦地にあるが、周囲を沼地に囲まれた天然の要害で、古河城の強力な防波堤となっていた。騎西城のすぐ西側には、武蔵東南部の要衝岩付《いわつき》（埼玉県さいたま市岩槻区）から東上野に繋がる街道が走り、その中間地点を扼して騎西宿に集散する人や物資の流れを掌握する役割を担った。戦国期の騎西の城下にはすでに城下町が存在しており、その基礎を築いたのが成氏時代の小田氏であった（『騎西町史 通史編』）。

武蔵菖蒲の佐々木氏　菖蒲城は騎西城の南西にあり、康正二年（一四五六）に佐々木氏一族の金田則綱《のりつな》が築いたとされる（『佐々木系図』）。享徳の乱に際し、騎西城とともに幕府・上杉方に対峙する最前線の城となった。城主の金田（佐々木）氏については不明な点が多いが、成氏の孫高基に近侍した佐々木左衛門尉・隠岐守ら（『茂木文書』『那須文書』ほか）はその子孫と推測される。

菖蒲佐々木氏は、一五世紀後半から史料に現れ始め、享徳の乱を通じて成氏の信頼を得て、重要な任務を与えられるようになった。この城は低地帯のど真ん中にある台地上に立地し、すでに遺構は消滅しているが、騎西から岩付に通じる陸路と菖蒲宿を扼し、上杉方に対峙する城として機能していたとみられる。

新たな支配の胎動

これらの城々に配置された有力な奉公衆は、成氏から付与された権限を行使し、確実に御料所を支配し、さらには戦いの中で切り取った領地の支配も容認され、それぞれの居城を中心に一定の支配領域を形成していった。それに伴い、御料所群を原資とする成氏の支配領域は、本拠の古河と各要地に置かれた城々によって分割支配されるようになった。これは戦国期に繋がる新たな領域支配形成の動きであった。

この領域支配の全体を鳥瞰すると、成氏がどのような関東の支配構想を持っていたかがわかるので、改めて古河城と要衝の城々の全体像をみてみよう。

成氏が確保した御料所群を中心とした支配領域は、上野・下野・常陸・下総・武蔵の境界地帯に拡がっており、そのほとんどの領域をまたぐように、利根川水系と渡良瀬川水系、小貝川・鬼怒川水系の河川が流れており、古河・関宿周辺で複雑に分流した河川群が古河城の北西南を二重、三重に取り囲んでいた。こうした河川群が天然の防衛ラインとして機能したことは確かであるが、それにも増して注目されるのは、これらの河川群に沿って多数の津（川湊）・関があり、それぞれの川筋と鎌倉街道中道・東山道などの主要街道が交差する地点には宿と呼ばれる町場や関、船渡・渡戸などという渡し場があったことである。

成氏の重臣らは、こうした宿や湊津・関・渡しなどに近接して城を築き、それを確実に掌握し、移動する人や物に課税するなどの方法で管理・掌握したのである。一六世紀半ば過ぎ、成氏の祈願所鷲宮《わしのみや》社に隣接する川湊の八甫《はっぽう》（埼玉県久喜市）には、一日に三〇艘もの商船が遡上し（『武州文書』）、関宿も下総佐倉・佐原（千葉県酒々井町・同佐原市）や下総葛西《かさい》（東京都葛飾区）から商船が頻繁に遡っていた（『原文書』）。成氏の城と重臣の配置は、軍事上の目的だけに留まらず、関東中央部の人の動きや物流を掌握し、古河府の権力基盤に組み込もうとする指向性が明確に認められる。

物流の担い手たちの掌握　成氏は鎌倉公方に就任して早々、有徳人《うとくにん》の鈴木《すずき》道胤《どういん》・榎本《えのもと》道琳《どうりん》らを介して御料所の港湾都市品川（東京都品川区）の掌握を進めた。しかし、古河城を鎌倉に代わる政権都市とすると、品川の掌握もさることながら、古河を中心とした支配領域内に点在する川港・関や宿などの掌握にも力を注ぐようになった。

一五世紀末の成氏晩年近くになると、こうした経済的拠点には、有徳人らの下から新たな経済界の担い手たちが台頭し、流通・運輸・商業・金融業の複合的経営によって地域経済の担い手となっていく。古河城下の板橋氏とそれにつづく福田氏（『福田文書』、佐藤博信『古河公方足利氏の研究』）、古河城下入り口の下宮《しものみや》（栃木県藤岡市）の茂呂氏（『古沢家文書』、内山俊身「戦国期古河公方周辺の流通に関わる人々」）、河原宿《かわらじゆく》（戦国期以降は向古河と呼ばれる）の渡辺氏や、栗橋城管轄の小手指宿《こてさし》（茨城県五霞町）の渡辺氏（佐藤博信『江戸湾をめぐる中世』）、関宿城下の会田《あいだ》・大屋《おおや》両氏（新井浩文『関東の戦国期領主と流通』、『総和町史 通史編 原始・古代・中世』）、水海の小池氏（内山俊身「戦国期簗田氏城下水海の歴史的位置」）らは、その代表的な事例である。

その中でも、古河城下の経済の担い手となった板橋氏や福田氏、関宿城下の会田氏や大屋氏らは、商人宿《しょうにんやど》や船宿《ふなやど》の経営を基本にして、水運・陸運業から金融業に及ぶ多角的な経営を展開し、御料所管理の代官にも任命される特別の存在であった。

成氏は、こうした新たな地域経済の担い手に着目し、前代の有徳人と同じように特権を与えて積極的に取り込んでいった。成氏の孫高基の時代までの公方は、こうした政策を自らの意思によって実行することができた。

成氏の功績　しかし、最後の公方である義氏の時代になると、小田原北条氏のもとで権威と権力を衰弱させ、豊臣政権の成立とともにその役割を終えることになる。とはいえ、それまで幕府・上杉方との長い抗争や小田原北条氏の圧力に耐え、一五〇年にわたって存続することができたのは、成氏が基礎を固めた支配体制、すなわち古河府体制が縮小しながらも、公方権力を支える基盤として機能していたからである。その意味で、成氏の最大の功績は、古河公方一五〇年の基礎を築き上げたことにあったといってよかろう。

4　古河府の運営体制

古河府の権力機構　鎌倉府には、侍所・小侍所・政所・問注所や評定衆・引付衆、評定奉行・御所奉行、御厩別当《みまやべっとう》・小別当などがあり（『鎌倉年中行事』）、公方と管領、評定奉行や侍所・政所・問注所の執事、御所奉行らが評定所で会議を行い、紛争や訴訟に関わる問題などを処理しながら鎌倉府を運営していた。成氏は鎌倉復帰後、鎌倉府の組織再建を目指したが、四年足らずで江ノ島合戦が起こり、その二年半後に享徳の乱が始まり、古河での長期在陣を強いられたため、鎌倉での再建事業は十分に進められなかった。そして鎌倉が幕府軍に占拠され、ほどなくして古河への定着を決断すると、新たな支配体制の形成と政権都市の建設に一段と力を注ぐようになった。

古河府の権力機構の全容は不明な点が多いが、鎌倉府と大きく異なる点は関東管領なしの執行部であったことである。山内上杉氏が成氏と対立中である以上、当然の結果であった。公方に次ぐ身分の御連枝《ごれんし》は史料に現れないが、成氏の兄の成潤《せいじゅん》、弟の定尊・尊倣がそれに該当し、彼らの弟の守実《しゅじつ》はそこから外れていた形跡がある（『喜連川文書』）。

御連枝に次ぐ御一家《ごいっか》には、鎌倉府と同じく吉良《きら》・渋川《しぶかわ》氏が列した（『喜連川文書』）。岩松氏の護持僧松陰は、岩松氏も御一家になったという（『松陰私語』）が、彼の一方的な解釈によるところがあり、少なくとも成氏の時代は吉良・渋川氏のみであった（ただし、吉良氏は享徳の乱を機に上杉氏に近い関係になった）。吉良氏は武蔵国世田谷郷（東京都世田谷区）を、渋川氏は下野国小俣《おまた》郷（栃木県足利市）を知行地として、周囲から一目を置かれる存在であった。しかし、古河府の新執行部が整備されても、彼らが政務に関わることはなく、主たる活躍の場は恒例・臨時の儀礼などに限られていた。

評定衆・引付衆についても不明な点が多い。成氏の子政氏が、延徳三年（一四九一）に茂木氏を引付衆、ついで評定衆に任じている（『茂木文書』）が、これらを除けば評定衆・引付衆に関する史料はほとんどなく、そのため形式的な役職と見なされることが多い。しかし、茂木氏を評定衆に任じるとき、政氏が参勤せよと命じており、一族が古河にいた形跡もあるので、評定始《ひょうじょうはじめ》などの儀礼に参加することを主たる任務としつつ、政務にも一定の関わりを持っていた可能性がある。

古河府では侍所・政所・問注所も確認できない。一五世紀前半まで千葉氏が侍所であった（『鎌倉年中行事』）が、享徳の乱で千葉氏嫡流が没落し、本佐倉の千葉氏の時代になると侍所という役職も、政所・問注所の名も、ほとんど史料に現れなくなる。

刷新された執行部　こうした変化は、成氏が衰退の一途をたどったとする一般的な見方に符合するが、すでに明らかにしたように、成氏は鎌倉府御料所群と奉公衆を再編することによって、新たな支配領域と家臣団を形成し、変化する時代に即した領域権力として再出発している。その点からいえば、古河府は単純な鎌倉府の縮小再生版ではなく、当然ながら政権運営のための新たな執行部が形成されていたと考えるべきであろう。

鎌倉復帰後、成氏が再建した鎌倉府では、御所奉行・奉行人が重要な役割を果たした。とりわけ御所奉行は、公方御所に近侍する重臣から構成され、戦時の軍事的役割ばかりでなく、訴訟問題の審議、公方と外様衆・寺社との取り次ぎに加え、公方の寺社参詣や年中行事など殿中のさまざまな行事でも中心的役割を果たしていた。同じく公方に近侍する奉行人は、公方文書の作成・発行などを担当する実務派の官僚であり、彼らの多くは家職として受け継いだ文筆能力によって成氏を支えていた。

成氏が古河に定着すると、彼らを含む近臣の多くも定着するようになった。古河府の成立過程で各地から移り住んだ在国奉公衆も少なくなかった。成氏はこうして古河に結集した鎌倉府以来の家臣たちを再編し、鎌倉府御所奉行の流れを汲む二階堂・佐々木・梶原・印東・本間氏や、足利一門で持氏の外戚でもある一色氏、奉公衆の有力者である野田・簗田氏らを加え、古河府の執行部を形成した。さらに鎌倉府奉行人の系譜を引く清・雑賀《さいか》・町野氏らを中心に古河府奉行人を再編した。こうして成氏は、古河府権力の新たな執行部を形成したのである。

明応三年（一四九四）、岩松尚純が古河へ出仕し、殿中で成氏に対面したとき、公方の側近に一色・簗田・野田・佐々木・梶原・印東氏らが控えていたと記していた（『松陰私語』）が、古河府の運営は、成氏とこうした重臣たちによる評定会議によって進められたと考えられる。その会議に参加する資格を持ったメンバーが、おそらく評定衆と呼ばれていたのではなかろうか。

この重臣たちの多くは、古河府管内の主要な城に配置され、領域支配を分担する一方、公方側近として外様の大名・国人や各地の寺社などとの取り次ぎ役も務めていた。当時の取り次ぎ役は奏者の名で呼ばれ、担当地域や担当相手がある程度定まっていた傾向が認められる。

執行部のもう一つの特徴は、関宿の簗田氏が勢力を伸ばし、公方家との婚姻を重ねながら古河府随一の実力者となり、さまざまな面で公方を補佐し、古河府の執事とも呼び得る地位に就いていたことである。関東管領山内上杉氏が脱落したあと、その穴を埋めたのは、紛れもなく関宿簗田氏であった。

公方人の役割　鎌倉府には公方人・公方者という公方の下級従者がおり、その多くが古河に移住した。公方人は「御中居殿原《おなかいとのばら》」が中心であり、「御挌勤人躰《おかくごのじんてい》」「御覚悟面々《おかくごのめんめん》」とも呼ばれ、公方の正月行事の準備、外出・出陣の際の身辺の世話や護衛に当たった（『鎌倉年中行事』）。彼らは侍身分の最下層に属し、奉公衆とは一線を画され、通常は女房衆が詰める「御中居」の一角に待機していたらしい。女房衆は出自によって、上﨟《じょうろう》（御一家の娘）・中﨟《ちゅうろう》（奉公衆の娘）・下﨟《げろう》（殿原の娘）というランクがあり、上﨟は「上﨟様」とも呼ばれて公方の母・夫人の奏者を務め、中﨟・下﨟は公方の母・夫人らの身の回りの世話や食事・配膳などの雑事をこなした（『鎌倉年中行事』）。公方人が「御中居殿原」と呼ばれたのは、彼らの娘が下﨟として勤める施設近くに詰め所があったからであろう。

古河府では「御中居」はいるが、「御中居殿原」はみられない。鎌倉府では公方身近の雑事をこなし、戦場では「御馬廻」にお供し（『鎌倉年中行事』）、公方に不可欠の存在であったので、成氏の古河移転に従わなかったとは考えにくい。成氏が古河周辺の下級武士・土豪層や有力商職人らを積極的に掌握していることからすると、彼らの軍事力が評価されて、奉公衆を再編した公方家臣団の末端に組み込まれていた可能性がある。

『鎌倉年中行事』の中に「御恪勤之岩堀《おかくごのいわぼり》」の名があり、それから一五〇年後の古河本郷でも今堀氏が現れる。この今堀氏は、古河近辺の伝馬宿問屋か問丸とみられる小池氏の知行書き出しに、古河宿代官の石川氏とともに署名し（『下総旧事』）、古河府の下級官僚として活動していた。今堀氏が「御恪勤之岩堀」の末流であった可能性は高い。

多様な公方者の任務　公方人と似た下級従者に公方者がいた。公方者は中間・雑色・力者・輿舁・厩方《うまやかた》や朝夕《あさゆう》（雑色）・小舎人《こどねり》（舎人）・小雑士《こぞうし》（小雑子）・手長《てなが》・餌取《えとり》（餌指《えさし》）などの総称であり（『鎌倉年中行事』『松陰私語』ほか）、公方身辺の雑事や年中行事での雑事をこなす公方家最下級の従者であった。岩松尚純が成氏に出仕して宿に戻ったとき、中間・雑色・力者・輿舁・厩方（厩者）らが連れだってやって来たように、彼らは成氏の古河移転に伴って古河に移住していた。

彼らの源流は、天皇・院、摂関家、鎌倉幕府諸機関の下級職員や職能民であり、本来は職務内容にも違いがあった。中間・雑色・力者や朝夕雑色は侍所に属し、法体《ほったい》ないし童子姿でときには罪囚《ざいしゅう》や獄《ごく》舎《しゃ》の実務も担当した。しかし、鎌倉府では公方身辺の日常の雑用、年中行事の際の御剣・長刀などの持ち手となり、力者は輿舁に代わって公方の輿を担ぐなど職務内容の区分が曖昧になっていた（『鎌倉年中行事』）。

雑色と似通った名の小雑士（小雑子・小雑仕）は女性の公方者である。手長は女性とは限らないが、殿中での酒宴などで膳部を次の間に運んだり、取り次いだりする人々のことで、お手長（手永）とも呼ばれた。

これに対し、厩方と餌取（餌指）は専門職能を持つ人々であった。厩方は厩者とも呼ばれ、御厩別当・小別当に属し、公方の御厩に繋がれた馬の管理・飼育を行っており、公方の出陣や寺社参詣などの外出の際、馬の装備を調え、轡《くつわ》を取るなどの役割を果たした。馬の扱いに慣れていなければ務まらない職務である。公方の御厩には軍馬のほか、大名・国人たちから献上された馬、公方が大名たちに下賜する馬も飼育されており、彼らは滞りなく管理、飼育するのが一番の務めであった。

鎌倉府と同じく古河府でも古河城内に公方御厩があったことは間違いない。古河府の関連史料に御厩別当・小別当の名がみえないのは、役職名の変更を伴う組織改革が行われたからであろう。実際、最後の公方義氏は、新興の小池弥右衛門を「御厩舎人」に任じている（『喜連川家文書案』）。小池氏は古河や水海などに一族を配置し、水陸の運送業・商業や地主経営などで実績を上げていた（『下総旧事』）ので、それを評価した義氏が、古河府の御厩管理や運輸関連の職務を行う役職に就けたのである。これは成氏が進めた在地勢力の採用・組織化編成の動きを継承したもので、馬の管理能力を持つ地域の有力者に御厩の管理・運営を請け負わせ、古河府の組織運営を合理化する政策であった。

古河には餌取（餌指）もいた（『静嘉堂本集古文書』）。その主たる任務は、公方の鷹《たか》部屋（鳥屋《とや》）で飼育される鷹・隼《はやぶさ》などを鷹匠《たかじょう》の下で管理し、餌付けや餌となる小鳥の捕獲、動物の肉の取得などにあった。鷹・隼などの猛禽類《もうきんるい》は、馬や太刀と同じく公方と大名らの贈答に使用されるので、古河府御所の鷹部屋で多数飼育されており、その管理と飼育は、贈答を通じた公方の権威維持のために不可欠な仕事であった。しかし、餌となる動物の肉の取得・確保は死穢《しえ》と接することでもあり、差別される側面も併せ持っていた。

このように公方者は低い身分ではあったが、公方の日常生活から身辺の雑事までをこなし、公方権力を底辺で支える存在であったので、「御中間」「御雑色」などと呼ばれた。彼らは本来、戦闘要員ではないので戦場で戦うことはなかったが、寛正四年（一四六三）、岩松氏が上野国内嶋郷《うちしま》（群馬県太田市）に「被官人」を置いて不法占拠したとき、成氏は彼らを退去させなければ公方者を使って退けると伝えた事実が示すように、強制執行の武力となることもあった（『正木文書』）。また、明応二年（一四九三）、成氏の子政氏が御雑色河連国助《かわづれくにすけ》に対し、上杉憲忠《のりただ》の誅殺以来、各地の「御陣に供奉致し、方々御使を勤め」たことを賞賛する感状を発した（『喜連川家文書案』）ように、名字・官途を有し、戦場では公方の使者を務めることもあった。

公方者は古河城内や城下に住んでいたとみられるが、その数は数十人を超えたと推測される。成氏身辺に仕える公方者の存在は、政権都市古河に他の城下町とは異なる威厳と荘厳さを付与したが、一六世紀後半以降、公方者という名称はみられなくなる。

新たな公方文書の登場　古河府の成立は、成氏が発する文書様式も変化させることになった。古河府の意思決定や文書作成は、公方と刷新された執行部の合議によって進められた。それに伴って関東管領が公方の意を奉じて発する御教書《みぎょうしょ》が消滅し、成氏が父持氏に倣って使用した御判御教書《ごはんのみぎょうしょ》（公方が花押を書いた直書）も、古河定着を機に激減し、書状形式の文書が多用されるようになった。

(1)鎌倉公方足利成氏御判御教書写（『家蔵文書』七）

（佐竹義人）
右京大夫手に属し、不日《ふじつ》馳せ参じ、忠節に抽んずべきの状件の如し、

享徳四年正月七日　（足利成氏）（花押影）

大山因幡守殿

(2)古河公方足利成氏御内書写（『家蔵文書』七）

惣領五郎（佐竹義俊）同心に合戦致すの由聞こし召し候、神妙候、弥《いよいよ》戦功に励むべく候、謹言《きんげん》、

卯月十一日　（足利成氏）（花押影）

太（大）山因幡入道殿

(1)は、享徳の乱開始直後の享徳四年（一四五五）正月七日、成氏が佐竹氏の有力一族大山氏に対し、佐竹義人《よしひと》（義憲《よしのり》）に属して馳せ参じ、忠節を尽くすよう命じた文書であり、書き止めは「〜状如《じょうくだんの》件《ごとし》」（〜の状件の如し）、年号付きの日付け、日下《にっか》に花押のみ、という御判御教書の代表的な様式である。この文書には御所奉行の経験者かその子弟とみられる本間直季《ほんまなおすえ》の副状が添付されており、その中で(1)を「御教書」（古文書学では御判御教書）と呼んでいる。それから二二日後に、成氏はふたたび大山氏に宛てて(1)と同趣旨の文書を発した。この文書には成氏側近で取り次ぎを務める多門院証尊が副状を添付し、証尊はその中で義人に宛てた成氏の文書を「御内書《ごないしょ》」（散逸し現存せず、形式は(2)に同じ）と呼び、大山氏宛の文書を御教書と呼んでいる。つまり古河府では、大名の佐竹当主―「御内書」、国人待遇の佐竹一族―「御教書」、という社会的地位に対応した文書の使い分けがあった。

(2)は、成氏が古河公方に転身した寛正〜応仁年間（一四六〇年代）に、同じく大山氏に対し、佐竹義俊《よしとし》（義人の嫡子）に同心して戦ったことを賞した文書である。本文は候文《そうろうぶん》、書き止めが謹言、年号

なしの日付けだけの書状形式になっており、(2)にも多門院証尊の副状が添付され、その中で証尊は(2)を「御内書」と呼んでいる。(1)から一〇年足らずの間に、成氏が大山氏に対する書札の待遇を改善したのである。それに合わせて証尊も、宛名の「大山因幡入道殿」の上に謹上を書き、より厚礼の書式に改めた。

(2)の書状形式は、本来、私的な意思伝達に用いられるものであるが、将軍や公方が花押を据えることで、公的な性格を持つ文書となり（佐藤進一『古文書学入門』、今谷明「室町幕府御内書の考察」）、古河在陣から定着に至る時期の成氏も、出陣先で自らの意思を迅速・簡便に伝えるのに適した文書として多用するようになる。今日に残る成氏文書の約八割は、この書状様式の御内書であり、彼が本間直季のような御所奉行経験者かその一族、多門院証尊ら公方側近僧・右筆らと文面の調整を図り、文書を作製していたと考えられる。彼らのような公方文書の作製・発行に関与し、大名・国人らの文書の取り次ぎを務める側近家臣・僧侶は奏者と呼ばれる。古河府の奏者を務める近臣は、ある程度の担当地域・対象先（人）を持って務めを果たしていた。

将軍義政の御内書との相違　将軍義政も御内書を多用した。義政の御内書は書き止めを「恐々謹言《きょうきょうきんげん》」とする摂関家（五摂家）宛て、「状如件」で書き止める成氏や御一家の吉良氏、伊勢北畠氏宛てなどを除けば、細川・畠山氏を含め大半の武家に花押のみの「候者也《そうろうものなり》」で書き止める様式であった。

これに対し、成氏の文書は、御一家には恐々謹言、大名、国人、大名の一族・執事には謹言を付した厚礼な書式を採用しており、将軍の御内書のように「候者也」で書き止めるのは、外様（大名・国人）の家臣（成氏から見て陪臣《ばいしん》）宛てだけであり、しかも千葉・小山・宇都宮・那須・小田・佐竹・結城氏宛ての文書には花押に加え、「成氏」としっかり実名を書き、彼らが御一家に次ぐ存在であることを文書の上で可視化した。こうした違いによるためか、成氏やそれ以降の古河公方文書は、前述の証尊文書など二、三の事例（いずれも享徳の乱前半期）を除けば、副状に対して「御書」と呼ばれており、「御内書」と明確に呼ばれた例は確認することができない。

鎌倉府のもとでは、関東の大名の中で千葉氏が別格の扱いを受けていた（小山義政の乱以降）が、享徳の乱開始早々に千葉氏嫡流が庶流に取って代わられたことや、大名・国人らの強い上昇志向を受け止めながら、成氏は時代状況に合わせて関東の武家社会の礼の秩序を改変していった。

5　古河府管内の大名・国人・寺社の編成

古河府管内の大名・国人編成　享徳の乱の始まりを契機に、山内上杉氏と扇谷上杉氏、山内上杉氏家務職の長尾氏や扇谷上杉氏家務職の太田氏らは成氏の支配から離脱する。両上杉氏は、分国の上野・武蔵・相模・伊豆の支配を進めるが、一五世紀末以降、長尾・太田氏らの自立化が進むにつれて、両上杉氏の分国支配は空洞化の一途をたどる。

これに対し、成氏を中心とした関東の東北部地域の支配は、奉公衆と御料所群を再編した領域が基本であったため、空洞化はそれほど進まなかった。成氏は古河城を中心とする地域の支配を深化させ、栗橋・関宿・幸手・騎西・菖蒲などに配置した野田・簗田・一色・小田氏らの支配の成果を享受しつつ、関東中央部の五ヶ国（下総・武蔵・下野・上野・常陸）にまたがる独自な支配領域を形成していった。成氏の課題は、この支配領域の外側に存在する外様の大名・国人らをどのように束ねるかにあった。その一つの対応として、彼らの上昇志向を満足させる政策を進めたことは前述したとおりである。

現存する成氏文書をみると、軍勢催促・感状など軍事関係のもの、所領宛行・安堵、知行地の紛争処理、諸公事の免除など、所領や各種権益に関するものが多いが、それらの発給対象は、おおむね次のような大名・国人、その配下の武士たちであった。

下総では結城氏と千葉氏（享徳の乱で嫡庶が入れ替わる）、下野では小山氏とその配下の島津氏、宇都宮・那須氏（両氏とも享徳の乱で分裂、成氏方が主導権を握る）、茂木氏ら国人のほか、高《こう》（南）・簗田・佐野氏ら足利・佐野地域の在国奉公衆、佐野氏配下の小野寺氏らがみえる。常陸では佐竹氏（分裂中、成氏方の佐竹氏が主導権を握る）、笠間氏（重臣福田氏宛て文書からみて成氏派）・真壁氏や鹿島氏ら鹿島・行方《なめがた》地域の国人、小田湊・宍戸一木《いちき》氏ら在国奉公衆がいる。東上野では岩松氏（京兆家《けいちょうけ》から礼部家《れいぶけ》に主導権が移る）やその執事の横瀬氏（のち岩松氏を傀儡《かいらい》化）のほか、赤堀・桐生氏らの国人、武蔵東部の豊島・別府・安保《あぼ》・江戸氏らの国人、上総の武田氏、さらには陸奥南部の白河結城・小峰氏、石川氏らが発給対象となっていた。

このうち下野・常陸の在国奉公衆は、成氏との主従関係が維持されたが、外様の大名・国人の場合、大半が一族間抗争の最中か、その前後の不安定な状態にあり、千葉・佐竹・宇都宮氏のように公方派と上杉方に分裂状態にあることが多かった。彼らは一族間抗争を通じて、しだいに地域権力へ転身していくが、その中途の不安定な状態の中で、既存の権益の保障主体となる成氏は、拠るべき上位権力として、彼らの立場の違いによる温度差を含みながら受け入れられていた。その点からみれば、常陸の小田氏が上杉氏配下の土岐原《ときのはら》氏と信太荘《しだのしょう》の支配をめぐって対立し、土岐原氏への対抗上、公方派勢力として動いたのも、内紛を抱えた大名らの対応と共通するといえよう。

このようにみると、成氏の支持勢力は不安定な存在であったともいえるが、関東東北部に上杉氏の守護分国がなかったため、この地域の大名・国人らに対する影響力はあまり大きくなく、成氏が彼らの権益の保障主体として上杉氏以上にその存在感を示すことになった。その結果、当該地域の大名・国人らが内紛を克服し、地域権力として自立する政氏晩年から高基の時代まで、公方家の影響力は維持されていた。とりわけ成氏の時代は、公方の支配領域を越える広域にわたる影響力を持っており、下総古河を本拠とする「鎌倉殿」として、関東の半ば過ぎと南奥の大名・国人まで従える特別の権力として存在した。

時代の流れに沿った成氏の政策　しかし、成氏は座すのみで関東の大名・国人を従えていたわけはない。享徳の乱に伴う彼らの内紛の行方を捉え、軍事動員と戦功の称賛・所領宛行・安堵などを組み合わせながら配下に繋ぎ止めていた。成氏は大名・国人から恩賞の申請を受けると、その戦功内容と申請主体の身分を考慮し、所領宛行・安堵や感状を与えたが、彼らがその所領を確保できるかどうかは、本人の自力《じりき》に委ねられていた。

興味深いのは、成氏の軍勢催促や感状に「惣領五郎（佐竹義俊）同心に合戦致すの由」（『家蔵文書』七、大山氏宛）、「無二に梅犬丸（小山成長）を相守り、公儀の忠節専らに致し候」（『下野島津文書』、島津氏宛）のような文言が散見する点である。これは大名の一族・家臣に対し、一族なら嫡家に同心して出陣すること、家臣なら主家を守って出陣することを求めたもので、享徳の乱に伴って進行した権力再編の動きを捉えた政策であった。すなわち、大名・有力国人を中心に進展する新たな権力編成の動きを利用し、軍勢催促を行ったのである。

しかし、すべてが成氏の思惑通りに進んだわけではない。彼の時代には御料所・闕所《けっしょ》地を含んだ所領争いや一族・家臣の帰属をめぐる争い、さらに寺社修造料の負担をめぐる争いなど、各地でさまざまな紛争が発生していた。例えば康正二年（一四五六）、下野足利荘生河郷《うぶかわごう》（栃木県足利市）をめぐって高尾張五郎《こうのおわりごろう》と簗田越後守（ともに在国奉公衆）の間で争いが起きると、成氏は簗田氏に高氏への引き渡しを命じており（『高文書』）、寛正四年（一四六三）には上野国新田荘内嶋郷（群馬県太田市）をめぐる岩松成兼と鳥山不動丸《とりやまふどうまる》との争いに裁許を下し、それに応じない成兼には公方者を使って成兼代官を退けると毅然たる対応を伝えている（『正木文書』）。

こうした紛争は頻々と発生し、成氏はその鎮静化に力を尽くしたが、すべての紛争を無難に収束できたわけではない。それでも在国奉公衆・大名・国人らの所領を跨ぐ紛争を仲裁し、収束に導く公権力としての役割を果たしていた。成氏に託された役割はまだ十分に残されていたのである。

古河府治下の寺院再編　成氏やその子政氏は、古河や周辺地域の有力寺院を祈願所に指定し、足利氏ゆかりの寺院を再興するなどの政策を実施した。その代表的事例に下野足利の鑁阿寺《ばんなじ》（栃木県足利市）がある。鑁阿寺は足利氏の菩提寺であり、公方家ばかりでなく将軍家も重視した寺院である。成氏は古河移転を機に、この寺に多くの願文《がんもん》や巻数受取状《かんずうけとりじょう》（願主の依頼で読誦《どくしょう》した経典の目録や度数を記した文書の受領書）を発し始め、それに合わせて待遇改善も行った（『鑁阿寺文書』）。成氏が幕府軍に鎌倉を占拠され、鶴岡八幡宮社務の定尊も古河にいて、身近な「関東護持《かんとうごじ》」の祈願所として使用できなくなり、その役割を鑁阿寺に担わせたとの意見もある（阿部能久『戦国期関東公方の研究』）。

もちろん、公方家と鑁阿寺との関係は、歴代の公方が菩提寺・祈願所として重視していたであろうが、現存する鑁阿寺の文書を見ると、成氏と定尊の時代から急増しているので、成氏の古河定着によって、公方家と鑁阿寺の関係がより親密になったことは確かであろう。

鶴岡八幡宮は多くの供僧を有し、その供僧が運営の中心となる宮寺であり、真言密教寺院の内実を持つので、古河から比較的近い鑁阿寺に「関東護持」の祈願所として、これまで以上に期待したことは確かであろう。実際、鶴岡社務定尊は、鶴岡八幡宮と鑁阿寺の管理権を兼帯する立場にあり、同寺に関する寺領紛争などのさまざまな問題に必ず関わっていた（『鑁阿寺文書』）。

さらに成氏は、古河に近い武蔵太田荘（埼玉県久喜市・加須市）の鷲宮社を祈願所とし（『鷲宮神社文書』）、政氏は騎西荘上崎（埼玉県加須市）の「長春院殿（足利持氏）御牌所」龍興寺の寺領を保護している（『龍興寺文書』）。龍興寺は臨済宗夢窓派古天門派の寺院で、成氏が父持氏と兄の春王丸・安王丸の供養に立てたとされる宝篋印塔《ほうきょういんとう》三基が残る。現在は銘文が摩滅し判読不能である（現存するのは乱積の塔）が、かっては持氏塔に「長春院陽山継公《ちょうしゅんいんようざんけいこう》　永享十一年二月十日」、春王塔に「花山院春洞香公《かざんいんしゅんとうこうこう》　嘉吉元年四月日」、安王塔に「太光院天岳雲公《たいこういんてんがくうんこう》　嘉吉元年四月日」、と刻まれていたという（『新編武蔵国風土記稿』、野口達郎氏のご教示）。この寺は成氏が開基となり、曇芳周応（円覚寺五十八世、持氏の叔父とされる）と古天周誓を中興開山（ともに勧請開山）として建てられた寺院であった。

龍興寺の伝足利持氏・春王丸・安王丸供養塔
（埼玉県加須市）

　下総大方郡今里《いまさと》（茨城県八千代町、現在は下妻市に所在）の円福寺《えんぷくじ》は、成氏の父持氏が祈願所に指定した真言宗寺院であり、文亀《ぶんき》四年（一五〇四）に政氏が改めて祈願所に指定した文書や高基・義氏らの文書も残っている（『円福寺文書』）。成氏の文書は現存しないが、宝徳四年（一四五二）に奉公衆宍戸希宗（基宗）が発した安堵状があり、鎌倉復帰後の成氏が改めて祈願所に指定し直すなど、歴代公方から重視されていた（『円福寺文書』）。さらに成氏は、古河定着とともに鎌倉公方ゆかりの寺院や古河周辺の有力寺院に保護を加え、古河を中心とする祈願所の再編を進めていった。

　成氏が上杉氏に続いて幕府と和睦し、享徳の乱が終結すると、成氏と鎌倉寺院との関係も変化する。成氏は幕府との交渉により、それまでの関東十刹の住持任命権に加え、延徳四年（一四九二）六月以前に建長寺を除く関東五山住持職任命権の行使を事実上容認された（『蔭涼軒日録《いんりょうけんにちろく》』、阿部能久『戦国期関東公方の研究』）。成氏は還暦を過ぎていたこともあり、文明十五年（一四八三）と長享《ちょうきょう》四年（延徳二、一四九〇）の禅興寺の住持職任命状（公帖《こうじょう》）を残すのみである（『蔭涼軒日録』『永徳寺文書』）が、約三〇年に及ぶ幕府・上杉方との戦いを経て、鎌倉の寺社等に対する権限を以前にも増して獲得した。成氏の熟年期から次代政氏の前半期は、古河に住んだ「鎌倉殿」の権威と権限が最も輝いた時代であった。

6　朝鮮国からみた古河府と公方

朝鮮国の知識人　成氏が古河に定着し、享徳の乱を戦っていた頃、朝鮮王朝には、日本と琉球の歴史・地理・風俗・言語・交通事情などを詳細に研究した優れた知識人がいた。その名を申叔舟《シンスクチュ》という。『海東諸国紀《ヘドンチェグッキ》』の著者として、日本でもよく知られている。彼は太宗《テジョン》十七年（一四一七、応永二十四）に朝鮮国慶尚道《キョンサンド》（韓国慶尚南道）に生まれ、若くして俊才の名声をほしいままにし、世宗《セジョン》・文宗《ムンジョン》・端宗《タンジョン》・世祖《セジョ》・睿宗《イエジョン》・成宗《ソンジョン》に仕え、世祖八年（一四六二、寛正三）には最高の官職である議定府領議政（首相に相当する）に任命された。その間、世宗二十五年（一四四三、嘉吉三）に通信使の書状官として来日、上洛し、文宗二年（一四五二、享徳元）には謝恩使の書状官として明国北京（中国河北省北京市）へ行っており、世祖六年（一四六〇、寛正元）には女真族《じょしんぞく》の討伐にも功績があった。そして成宗二年（一四七一、文明三）、王命によって編纂・献上したのが『海東諸国紀』であり、そのわずか四年後、五九歳で病没した。彼の渾身の研究成果といえるこの書物は、朝鮮と日本・琉球との外交での基本書として活用された（申叔舟著・田中健夫訳注『海東諸国紀』）。

『海東諸国紀』の記述

『海東諸国紀』には、古河に移転・定着した時代の「鎌倉殿」に関する貴重な記載があり、その当時の日本地図の中に「鎌倉殿」がはっきりと書き込まれていた。当時の日本国の中で「鎌倉殿」がどのような位置を占めていたかを示す、簡にして要を得た貴重な情報である。その該当部分は次のとおりである。

上総州《かずさしゅう》
　郡十二。水田二万二千八百七十六町六段。
　鎌倉殿の居所。国人之《これ》を東都《とうと》と謂《い》う。今の鎌倉殿は、源氏《げんじ》仁山《じんざん》の後、鎌倉以東に拠りて、叛すること二十余年。国王累《しきり》に征するも克《か》たず。

最初に上総州（上総国）には一二郡と水田が二万二八七六町六段歩あると記す。上総は下総の錯誤であるが、日本国総図の中では下野・上野・武蔵に接して実線丸囲みの「鎌倉殿」の文字表記があり、当時の「鎌倉殿」成氏の居城古河の位置認識としてあまりずれてはいない。確かに武蔵の南側に書かれた下総からは外れるが、何より朝鮮国高官の著作に収録された地図であることを思えば、下総と上総の違いは誤差に等しいと考えてよかろう。

「鎌倉殿」と「東都」　内容面で注目されるのは「鎌倉殿の居所」以下の記事であり、この部分の記載はかなり正確である。申叔舟は、「鎌倉殿の居所」すなわち下総古河のことを、日本の人たちは

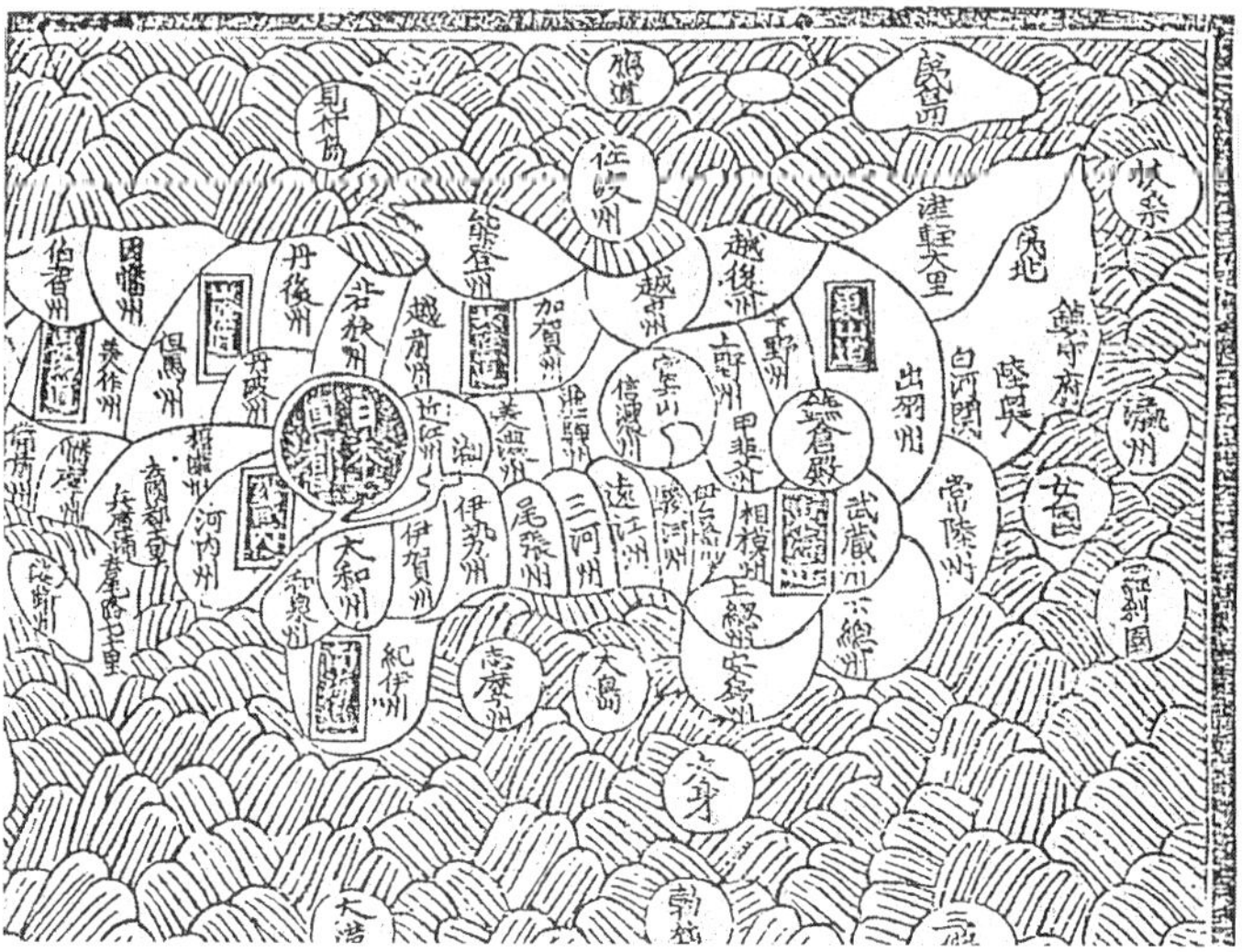

日本国絵図（『海東諸国紀』より，部分）

「東都」と呼んでおり、今の「鎌倉殿」は「源氏仁山」（仁山は足利尊氏の法名）の後裔で、鎌倉以東の地域に拠って京都の幕府に叛し、すでに二十余年になるが、「国王」すなわち将軍は何度も征討を試みながら勝利できずにいる、と記している。彼は「鎌倉殿」が足利尊氏の後裔であるだけでなく、享徳の乱の始まりからこの書物を進献した成宗二年（一四七一、文明三）までの二〇年（実際は一六、七年であるが、江ノ島合戦を含めれば二十余年）、成氏が幕府に屈服しなかったことまで知っていたのである。

さらに注目されるのは、「鎌倉殿」の居所を日本の人びとが「東都」すなわち「関東の都」と呼んでいるとした上で、日本国の地図の中で「鎌倉殿」を特別な存在として位置づけるため、二重線で丸囲みした「国王」の居所「日本国都《にほんこくと》」、すなわち京都に準じて、一重線ながらも丸囲みにして表現している点である。こうした申叔舟の記述については、彼の情報の質量などから疑問と考える向きもあろうが、これまでみてきたように、「鎌倉殿」成氏が古河城に御所を置き、御料所群や奉公衆を再編して、関東の東・北部から南奥にかけての外様の大名・国人らを従え、古河を中心とする新たな寺社の編成も推し進めていたことなどの事実を想起してみると、決して外国人の情報不足や認識不足による、「鎌倉殿」や「東都」古河の過大評価でないことは明らかであろう。

もとより、公方成氏の古河を中心とする支配地と統治範囲が、関東管領山内上杉氏一族の分離・脱落によって鎌倉府段階より縮小していたことは確かである。しかし、御所奉行・奉行人や鎌倉ゆかりの禅僧らを側近に据えて再編した権力中枢のあり方、「公方分国」とも呼びうる御料所群を原資にして形成した支配領域、その新時代に即した支配、さらにその外側に存在する在国奉公衆や外様の大名・国人らに対する一定の統治権行使を想起してみると、この古河御所を中心に形成された政治組織を古河府と呼んでもまったく問題はないであろう。

第六章　成氏をめぐる自然・社会・文化環境

1　成氏を取り巻く自然環境と東国社会

相次ぐ天災と飢饉・疫病　中世は、日本など東アジアを含む北半球全体が小氷期の中にある寒冷な時代であった。その中世六〇〇年余りの間に三～四つの寒暖の山と谷があり、その中で成氏《しげうじ》が生きた時代は、一五世紀前半の谷と一五世紀後半の最後の大きな谷を含んだ変化に富む気象環境にあった（藤木久志『飢餓と戦争の戦国を行く』、伊藤啓介・田村憲美・水野章二編『気候変動と中世社会』）。

一〇～一七世紀初めの風害・水害・旱害《かんがい》・虫害・凶作・飢饉《ききん》・疫病については、近年、資料情報のデータベース化が進み、その抄録が刊行され（藤木久志編『日本中世気象災害史年表稿』）、その間に発生した天災による飢饉、疫病の様相が分かるようになった。この成果をもとに、成氏が生きた時代の様相をみていこう。

成氏は永享三年（一四三一）に生まれ、明応六年（一四九七）に死去した。その前後数年を加えて鳥瞰すると、一四世紀末～一五世紀初頭に旱害・水害が増加し（とくに旱害が多い。旱魃《かんばつ》による凶作の増加)、一五世紀前半に応永《おうえい》の飢饉・正長《しょうちょう》の飢饉・嘉吉《かきつ》の飢饉が相次いで発生した。なかでも応永の飢饉は凄惨であり、飢餓によって衰弱した人々に容赦なく疫病（感染症）が襲いかかり、多数の死者を出し、多くの流浪人を生み出し、徳政を求める土一揆《つちいっき》の蜂起が相次いだ。一五世紀後半には水害・旱害がいっそう増加し（長雨による水害が増加、冷夏型凶作の増加）、長禄《ちょうろく》・寛正《かんしょう》の飢饉による空前の飢餓と疫病が拡がり、そこに応仁・文明の乱の戦禍も重なって、京都とその周辺地域を極限状況に追い込んだ。一五世紀末以降の約一〇〇年間は、天災・飢饉・飢餓と疫病が慢性化する状態であった（藤木久志『飢餓と戦争の戦国を行く』）。

　このように概観すると、成氏が生きた時代は旱害・水害が頻発し、飢饉・疫病が相次いだ時代であり、永享の乱・結城合戦・嘉吉の乱・享徳の乱や応仁・文明の乱など、戦乱の災禍《さいか》も加わったきわめて厳しい社会環境・生活環境にあったことが分かる。ただ、記録に残る災害は京都とその周辺の事例が圧倒的多数を占め、関東の事例は限られるので、ここではできるだけ関東とその周辺地域の情報を提示し（表1）、成氏をめぐる地域社会の状況を具体的にみていくことにする。

成氏誕生前後の状況　成氏誕生前の正長元年（一四二八）、関東・南奥は二年前からの大風・旱魃・洪水で凶作となり、飢饉と疫病で多数の死者が出た。武蔵《むさし》では農民の食物の基本である麦が枯れ（『東州雑記』）、下野《しもつけ》小《お》俣《また》の鶏足寺《けいそくじ》（栃木県足利市）では飢饉のため「老若学侶《ろうにゃくがくりょ》」が僧坊を出て、「智《ち》行高《ごうこう》徳《とく》ノ人《ひと》」は食料を得るため耕作を始め、「海辺ノ僧」は漁をして命を繋ぐありさまであった（『鶏足寺世代血脈』）。上野《こうずけ》では「温病《おんびょう》」（感染症の一つ）で多くの人が死に（『赤城山年代記』）、鎌倉では二万人の

表1　成氏が生きた時代の災害・飢饉・疫病情報

年号（西暦）	東国の災害等情報（括弧内は情報源・発信地域、数字は月）	他地域の災害情報
正長元（一四二八）	0大飢饉、天下人民多死（甲斐）。**大下飢饉、人多死、鎌倉中、二万人死（常陸・伊勢）。飢饉・洪水如去年（下野）。6洪水、温病流行、人多ク死ス（上野）。**大雨洪水、諸国悪作、大飢饉（会津）。**8西鹿沼郷仏供人々米――去年之未進事ハ雖不作分（下野）。**	・飢饉・三日病流行、餓死、諸国窮民蜂起（京畿・播磨・越中）
永享二（一四三〇）	9六～九月、雨洪水、悪作、種子物失（会津）。	・大風雨（京都・畿内）
永享三（一四三一）	**0成氏誕生。**4四、五、六、七月、大飢渇（越後）。	・飢饉餓死（京都）
永享五（一四三三）	**9大地震堂舎転倒死者多数、利根川逆流（鎌倉）。**11大雪（甲斐）。	・損免（山城・大和）
永享六（一四三四）	**0百万反流行（上野）。**	・疫癘流行（京都）
永享七（一四三五）	0会津四郡疫大行、人多死（会津）、**富士山噴火（甲斐・鎌倉）。**	・大風雨（京都）
永享八（一四三六）	0是年、大飢饉（会津）。3春より疫病逸り而人多死す（駿河）。**11山口郷年貢銭――二拾貫文之内――八貫文損毛（下総）。**	・旱魃・疫病・損免（京畿・播磨）
永享九（一四三七）	**0大飢饉（会津・関東）。8大風吹、天下両分始――（武蔵）。**	・洪水（京・山城）
永享十（一四三八）	0諸国疫病、飢饉（諸国・天下）。**8永享の乱。**	・飢饉・疫病（山城）
永享十一（一四三九）	8大風雨洪水、人家流出人死（会津）。	・洪水・旱魃（京都）
永享十二（一四四〇）	8大風、この年日本大飢饉（会津）。**3結城合戦。**	・大風雨（京・諸国）
嘉吉二（一四四二）	3大水（越後）。	・洪水・大風（京都畿）
嘉吉三（一四四三）	3大旱魃（駿河）。	・炎旱逃散（山城）
文安元（一四四四）	3大豆・小豆降（陸奥）。4霰降、大サなつめ如シ（陸奥）。**7成氏鎌倉に復帰。**	・旱損・飢渇（丹波）、大地震（越中）

文安四(一四四七)	6病事流布〈三日病及咳病云〉京畿及諸国(諸国)。7大風雨、塔寺華表倒(会津)。	・旱魃・三日病・咳病流行(京都)
文安五(一四四八)	**0水災、地震、疾疫、飢饉(武蔵・上野・陸奥・越後)**。8大洪水、大地震、天下疫病、飢饉、人多死(会津・天下)。	・天下疾病・大飢饉(紀伊・能登・京都)
宝徳二(一四五〇)	0大疫病起テ人民死(甲斐)。7越後大雨、自牛嶽鬼形雲飛、――所過十余里、山河草木損亡(越後)。9夜半大雪降(甲斐)。	・疾病流行・京都甚(京都)、大風(諸国)
宝徳三(一四五一)	8奥羽大水(奥羽)。9大雪降(甲斐)。大地震	・洪水・疫病(京都)
宝徳四(一四五二)	0是歳、諸国大雨、洪水、山崩れ、人多死(諸国・会津)。	・疱瘡流行(京・北陸)、
享徳元(一四五二)	7疱瘡改元。8会津米沢最上大洪水(奥羽)、**8大風大水(下野)**。	大風雨(丹波)
享徳三(一四五四)	11天下大半徳政行(天下)。**12上杉憲忠殺害、享徳の乱開始**	・土一揆蜂起(京都)
享徳四(一四五五)	3満水ニ而、諸作皆損(駿河)。4日蝕如闇夜、此年疫病、人多死(陸奥)。7康正改元。11夜、大津波(陸奥)。	・洪水(伊勢)、飢饉(諸国)、損免(加賀)
康正三(一四五七)	7五畿七道及洛中外道俗男女等、可読誦般若心経由宣下(旱魃、彗星、疫病追放等事也)(諸国)。	・大風・旱損(大和・摂津)。疫病(諸国)
長禄二(一四五八)	0大風、諸作吹損(駿河)、**大旱魃、人死(武蔵)**。**2大雨、雪降、此年旱魃(常陸)**。	・天下一同大損亡(摂津)、損免要求(畿内)
長禄三(一四五九)	**6鎌倉大風(鎌倉)**。	
長禄四(一四六〇)	0五穀不熟(会津)。4卯月十四日、七月十四日、三日ト不照(甲斐)。**6鎌倉大風(鎌倉)**。7そのとし五穀しゆくせす候(会津)。12飢饉により寛正と改元。0依寛正元年飢饉、諸国七道餓死病死横死等、自去年至当年――不知幾千万(諸国)。	・旱魃・不熟(讃岐)、洪水・大風・不熟・大飢饉・疫病・餓死多数(京都・諸国)
寛正二(一四六一)	**0今年諸国疫病行(諸国・上野)**、天下疫病、疱瘡流行、日本大飢饉(日本・会津)。	・飢饉・疫病・餓死、乞食多(諸国、奈良)

寛正三（一四六二）	**12大雪（下総）**	・洪水（加賀）
寛正四（一四六三）	**1夜戌時、天如太鼓音鳴物スル、又光物飛也（武蔵）。6鎌倉大雨、鶴岡八幡宮壊る（鎌倉）。**	・三日病、大風雨（京畿）。損免（備中）
寛正六（一四六五）	0旱魃ニ而、田畑共ニ皆損（駿河）、天下大飢饉（天下・会津）。	・大風雨洪水（京畿）
文正元（一四六六）	**2鎌倉大風雨、八幡宮若宮社及び相模瀬戸社倒る（鎌倉）。**	・損免（大和・備中）
応仁二（一四六八）	0夏、戦乱・大洪水・去年の年貢未納・餓死（駿河）。4陸奥大風雨、洪水（陸奥）。7大風雨、洪水（陸奥・会津）。**8寿福寺十三重塔倒、同夜大風、極楽寺十三重塔顚倒、摠所々仏寺神社、民屋以下、破損不知数（鎌倉・相模）。11応仁の都鄙合体**	・旱魃（京都・山城）、大水・大風・大風（山城・大和・伊勢）、損免要求（大和・備中）
文明元（　四六九）	**8大風吹（上野）。**	・洪水家人畜流（畿内）
文明三（　四七一）	**0今年、麻疹ハヤリ人多死（上野・天下）。6成氏古河退去**	・送疱瘡之悪神（京都）
文明四（　四七二）	0同四、五年日損水損ニ而皆損（駿河）、**旱魃、日本国中餓死者不可勝計（日本・下総）、飢饉（常陸）**、日照飢渇（甲斐）、**大旱魃（鎌倉）。春、成氏古河回復。4四月ヨリ雨少シモ不降、大旱魃、五穀括諸、大飢饉（上野）、旱魃（〜翌年）、日本国中餓死多数（日本・下総）。**6正月〜六月迄雨不降、大旱諸作毛草木迄焼枯、大飢饉（会津）、**旱魃、大雨降（武蔵）。**7大日照（陸奥）。	・大旱・祈雨（京都・大和・近江）、大飢饉・疫病流行（京都・大和）、土民・ヤセ侍ら蜂起（大和・山城）、坂本馬借蜂起（近江）
文明五（一四七三）	0大飢饉、餓死スル事無限（甲州）、**春ノ比万人餓死（武蔵）。**	・土民蜂起（大和）
文明六（一四七四）	**0大旱魃、稲不稔（上野）**、同六同七午未之両年、諸国虫付大違（諸国・伊豆）。6天下大雨、洪水・天下・会津）。	・炎旱（京都）、大水・損免（大和）
文明七（一四七五）	**0世間飢渇、人民多死（世間・上野）。**3大水出ル、甲州富貴不及申（甲斐）。6大風吹（会津）。	・洪水・疫疾（京都）、大雨・損免（大和）

文明八（一四七六）	0大雨降、小児疱瘡ニテ多死（甲斐）。**1長尾景春蜂起**。	・大雨・炎旱（京都）
文明九（一四七七）	0飢饉無限、――生ル者ハ千死一生（甲斐）、半損（駿河）。**1五十子陣崩壊**。7七月紅雪ふる（越後）。8大風、屋を発く（会津）。	**11応仁の乱終**、大洪水（京都）、飢饉（北陸）
文明十（一四七八）	5大水（越後）。**1成氏と上杉氏和睦**	・洪水（京都・大和）
文明十一（一四七九）	**8大風、別シテ関八州大風（関東）**。	・炎旱・大風（京都）
文明十二（一四八〇）	0年々不作、困窮（駿河）。1大風、雷鳴（陸奥）。	・大風雨・炎旱（京畿）
文明十三（一四八一）	0此年、疫病天下ニ流行ス、人病ミ死事無限（天下・甲斐）。	・炎旱・大雨（京畿）
文明十四（一四八二）	0此年ハ大風度々吹、サクモウ悪クシテ飢渇也、人民多ク死、大水出ル事無限（甲斐）。5廿五日より大雨降、晦日大水増、大町十日市場安国寺押流、栗林両郷作毛田畠共押流、人類牛馬家籠押流――大町水海成、人馬出入十日許絶候（信濃）。**6武州洪水（武蔵）**、四方大水間、社参郡内男女共無是（信濃）。7御射山上増大雨降、――次日も大雨、大風吹、未時迄皆々宿吹破、社参人馬カヨイモ絶（信濃）。8川々洪水（上野）。	**文明の都鄙和睦**、大雨・洪水・人民多死・損免（京都・大和・丹波・加賀）
文明十五（一四八三）	0此年、売買高シテ世間ツマル事無限、疫病多クハヤル（世間・甲斐）。	・炎旱祈雨・損免（山城・備中・北国）
文明十六（一四八四）	0秋大水、豆州堺狩野川急水ニ而指埋メ、流死ル人七人、作ハ勿論也（駿河）。**1大風、ハシカト云病ハヤリ、十五才ヨリ内童三分二死（常陸）**。7大風、大水、諸穀枯（会津）。	・疱瘡・麻疹流行・人多死（大和・山城）、損亡（加賀）
文明十七（一四八五）	0春ツマル事無限、但売買吉（甲斐）、十七～十八年両年ハ川瀬替り諸々破損ニ付、年々水除普請願諸々川除普請致候（駿河）。	・炎旱（大和・讃岐）、疫病流行（京都・大和）
文明十八（一四八六）	0此年売買吉、但シ疫病ハヤリ、千死一生（甲斐）、地震（相模）	・悪瘡・大風雨（大和）

文明十九(一四八七)	0此年ハ売買吉、疫病ニテ人多死事、大半ニ過タリ(甲斐)、三度之出水(駿河)。7改元、依火事、病、兵革。	・洪水・疫病死人多数(京都・大和)
長享元(　四八七)	11夜、神火吹出し、随而島中(八丈島)甚飢饉ス(伊豆)。	・大風雨(京都・大和)
長享二(　四八八)	0此年ハ、大雨シキリニシテ粟比損也、中年、疫病ハヤリ人民死事無限(甲斐)、牛馬多死、人亦病、三日ニシテ死ス(出羽)、大水ニ而川除普請も可致様も無之打過(駿河)。**4大風俄起、及抜樹抜屋、伊陽之商船繋、品河之浜者数艘、纜断□折破損(武蔵)。9九月旦、至晩間疾風、甚雨、遂及夜(武蔵)。**	・京都及諸国、疫疾流行、人多死(京都及び諸国)、損免(大和)、大雨・損亡(大和)
長享三(一四八九)	0此年、世間ツマル事、可及言説、大麦吉、疫病流行ル、人民死(世間・甲斐)。**3自三月至極月、干魃(常陸)**、三月廿日、泥雨降(越後)。	・疫病流行(山陽)、泥の雨(北陸)、洪水人四五十人流(大和・山城)
延徳二(一四九〇)	0此年ハ多日テリ、後ニハ大風大雨フリテ、作モウ皆実モナシ、——以ノ外ニ大飢饉シテ——牛馬カツヱ死ル事、大半ニ越タリ、人民餓死無限(甲斐)。	・損免(大和・山城)、餓死徳政興行(美濃・尾張)、大雪雨(大和)
延徳三(一四九一)	6此季ノ六月二日大雨降故、大水以外ニ出テ、当海(河口湖)以ノ外ニ満テ、作毛損スルコト不及言ハニ、西海言語道断ニヲシ流サレテ、人々家々破損ス、長浜モ同シ流ル(甲斐)。	・泥雨(北陸)、大雨洪水(大和・山城)、疫癘流行(大和)
延徳四(一四九二)	0此年モ大飢饉無申計、牛馬飢死事無限(甲斐)、明応元年迄六年之内、度々之出水ニ川ハ窪ミ(駿河)、**日本疫病流行、人多死(日本・諸国・陸奥)**。6国中疫風起回、依之山門大施餓鬼執行(甲斐・日本)、大雨フリ在所皆流ル、也(甲斐)、甲州乱国ニ成リ始テ候也(甲斐)。7疾疫改元。	・夏、天下疫癘・飢饉、死屍盈路(天下)、四～六月大雨洪水(越中)、天下大洪水・堤大切(天下・京都)

明応二（一四九三）	0世間ハ富貴ス、売買ヤソシ（世間・甲斐）。6夜半天地振動シテ大雨降、山野崩テ耕作流失テ、京都之乱以外也、雖然当国者、夏中富貴シテ豊穣（会津）。	・大風雨・京中洪水（山城・大和）、家九十流、人多流死（伊勢）
明応三（一四九四）	0此年売買吉、――耕作ハ半分モ実不入（甲斐）。4四月晦日より八月まで日照にて、当所干魃諸人迷惑（会津）。	・旱魃・炎旱（能登・京都）、餓死者満道（遠江）
明応四（一四九五）	0大旱魃、御供止（会津）、7大風吹テ作リ一本モ不入実、飢饉（甲斐）。**8大地震、鎌倉由比浜海水到千度檀、水勢入大仏殿破堂舎、溺死人二百余（鎌倉）**。	・疱瘡流行（京・諸国）
明応五（一四九六）	**8小西新左衛門息女――大雨に家被打、大谷殿息女二人、同婿壁被打死（下総）**、大水大風吹テ作毛悉損ルナリ（甲斐）。**9洪水（上野）**。	・炎旱・祈雨（京都）、大風雨洪水民間愁（京都）、損免（大和・山城）
明応六（一四九七）	0陸奥飢饉（陸奥）。此年売買吉、秋モ耕作吉、ヒエ十分ニ（甲斐）。**9大風雨（相模）、9成氏死去**	・炎旱土民悠傷（京都）
明応七（一四九八）	0午年、悉損滅成河原筆、――御塔頽落、坊中等悉流失（甲斐）、8大風雨、天下悪作（天下・会津）、大雨洪水（駿河）、大風雨、草木折本帰多（甲斐）、**天下大地震・津波（諸国）**、当寺（海長寺）為体奉見、大坊并惣坊等悉破滅、惣少家一宇無之（駿河）。	・在々所々、病死餓死刀死輩数万人（諸国）、損免（播磨）、爆風雨洪水（京都・遠江）
明応八（一四九九）	0大飢渇而、日本国迷惑候（日本・会津）、天下大飢饉、大寒、草木枯れる（天下・陸奥）。	・大飢饉・疫癘流行・人多死（諸国）、
明応九（一五〇〇）	0諸国、疾疫流行（諸国）。**6六月ノ始ニ大水入ル、武州入間川羽根倉ノ橋此時絶（武蔵）**。	・天下疫癘、人多死（諸国）、炎旱祈雨（京都）

＊表中の数字0はその年にあったことを示す。1〜12の月数は史料表記（太陰暦）による。

死者が出た（『東州雑記』）。死者二万人は誇張の可能性もあるが、下野西鹿沼郷《にしかぬまごう》（栃木県鹿沼市）では、農民がわずかな未進分も納入できない状況にあり（『輪王寺文書』）、上野でも前年に続く洪水による凶作で、飢饉と温病による多数の死者を出した（『赤城山年代記』）。

成氏誕生直後の永享五年（一四三三）には、相模《さがみ》湾を中心とする大地震が発生し、鶴岡八幡宮《つるがおかはちまんぐう》・極《ごく》楽寺《らくじ》などで多くの被害と死者を出し、津波が利根川を遡っている（『鎌倉大日記』『神明鏡』）ので、武蔵南東部・下総《しもうさ》西部地域が津波の被害を受けた可能性がある。永享六年には上野の大洪水で「百万反」の耕地が流れたとされ（『赤城山年代記』）、永享七年の富士山噴火では鎌倉も大きな被害を受けた（『王代記』『看聞日記』）。永享七〜八年には陸奥《むつ》会津《あいづ》・駿河《するが》の疫病・飢饉で多くの死者を出した（『会津《あいづ》四家合考《しけごうこう》』『大平年代記』）。このように成氏は誕生からまもなく、鎌倉の大地震や富士山噴火などの災害被害の洗礼を受けていたのである。

成氏が物心ついた永享九年、陸奥・関東で大飢饉が発生し（『異本塔寺八幡宮長帳《いほんとうでらはちまんぐうながちょう》』）、翌十年には疫病が諸国に拡がる中で（『看聞日記《かんもんにっき》』『立川寺年代記』）永享の乱が始まり、翌十一年には父持氏《もちうじ》の自害によって信濃《しなの》に逃避している。

成氏鎌倉復帰後の状況　成氏が公方として職務を始めた頃、ふたたび関東甲信越・伊豆・南奥の災害の記載が現れる。文安五年（一四四八）に武蔵で小災・地震・飢饉・疫病、上野で飢渇《きかつ》、陸奥で水災・地震・疫病・飢饉が発生した（『龍淵寺年代記《りゅうえんじねんだいき》』『赤城山年代記』ほか）。宝徳二年（一四五〇）には甲《か》斐《い》で疫病による多数の死者を出し、季節外れの大雪も降った。翌三年には奥羽で大水が発生、甲斐では前年に続いて季節外れの大雪が降った。享徳元年（一四五二）には南奥羽で大洪水が発生、下野でも大風・大水が発生した（『塔寺八幡宮長帳』『今宮祭祀《いまみやさいし》録《ろく》』ほか）。享徳の乱はこうした状況下で開始されたのである。

享徳の乱中の状況　長禄二年（一四五八）～寛正四年（一四六三）は災害に関する情報が増大する。長禄二年には武蔵の旱魃で多数の死者を出し、常陸《ひたち》でも大雨と旱魃が発生し、鎌倉では大風による被害があった。同四年には甲斐で長い天候不順があり（『年代記配合抄』『鎌倉大日記』ほか）、畿内でも凶作・飢饉・疫病が頻発し、寛正と改元されたが、それでも災害は一向に止まず、寛正二年には諸国で疫病が流行り、同三年には下総で大雪、翌四年の大雨で鶴岡八幡宮が破損した（『異本塔寺八幡宮長帳』『年代記配合抄』ほか）。この頃、成氏は古河定着の意思を固めるが、こうした天災や戦禍による鎌倉の荒廃も、彼の決断を後押しする要因になった可能性がある。

文正元年（一四六六）～文明四年（一四七二）も災害情報が多い。応仁二年（一四六八）は鎌倉一帯の大風雨で鶴岡若宮や六浦《むつら》の瀬戸社が破損、翌三年には相模を襲った台風で寿福寺《じゆふくじ》・極楽寺の十三重塔が顚倒、所々の堂舎・民家が多数破損した（『鎌倉大日記』『異本塔寺八幡宮長帳』）。成氏と西幕府との和睦が成ったのはこの年である。文明元年には上野で大風が吹き荒れ、同三年には上野などで麻疹《はしか》が流行り（『赤城山年代記』）、同四年の下総の旱魃では餓死者を出し、常陸・鎌倉・甲斐・上野・武蔵の旱魃では飢渇状況が現出した（『異本塔寺八幡宮長帳』『赤城山年代記』ほか）。文明三年、成氏は古河から下総千葉方面に退避し、半年余りで古河への復帰を果たすが、その背景には、成氏が基盤とする諸国より、上杉氏や堀越《ほりごえ》府が基盤とする上野・武蔵・伊豆・甲斐の被害状況が深刻であったことを予想させる。甲斐・武蔵・伊豆・上野では文明五〜七年も旱魃・飢饉で餓死者を出し、その惨状がつづく文明九年、成氏と結んだ長尾《ながお》景春《かげはる》が挙兵し、上杉方の五十子《いかっこ》陣を崩壊に導いた。

享徳の乱後の状況　成氏と上杉氏との和睦で享徳の乱が一段落するが、文明十一年（一四七九）には関東で大風が吹き荒れ、同十四年には武蔵で洪水が発生（『異本塔寺八幡宮長帳』『松屋筆記《まつやひっき》』）、同十六年には常陸で麻疹の大流行があり（『和光院和漢合運《わこういんわかんごううん》』）、長享二年（一四八八）には武蔵の旋風で品川に繋留中の商船が被害を受けた（『梅花無尽蔵《ばいかむじんぞう》』）。その間、関東周辺諸国で天候不順による凶作と飢饉・疫病が頻々と発生し、多くの死者を出した（『大平年代記』『妙法寺記』ほか）。

成氏は延徳二年（一四九〇）に政氏《まさうじ》に家督を譲るが、それからまもない明応四年（一四九五）八月、相模湾を中心とする大地震が発生、由比ガ浜に押し寄せた津波が「千度檀《せんどだん》」（檀かずら）に浸水し、二百余人の溺死者を出し、長谷《はせ》の大仏殿も破損した（『鎌倉大日記《かまくらおおにっき》』）。同じ頃、関東を襲った台風がその被害を倍増させた（『本土寺過去帳《ほんどじかこちょう》』『異本塔寺八幡宮長帳』ほか）。さらに明応七年八月、明応の巨大地震が発生し、関東以西の太平洋沿岸に甚大な被害をもたらした（矢田俊文『中世の巨大地震』）。成氏はその一年前にこの世を去っており、この大惨事を知ることはなかった。

成氏の飢饉・疫病対応　このように、関東の災害・飢饉・疫病は、成氏や奉公衆ばかりか、地域の人々の生活にも大きな影響を与えていた。この点、京都や畿内については、公家・僧・武家の記録から災害や飢饉・疫病の惨状が分かる。なかでも長禄・寛正の飢饉（長禄四・寛正元〜二年、一四六〇〜六一）では、旱魃・洪水による凶作で大飢饉が発生し、飢餓に陥った周辺の村人が京都に押し寄せ、京都も飢餓に陥った。そこに疫病も重なって多数の死者を出し、町中に死骸が溢れて死骸の山が川をせき止めたので、穴を掘って埋葬したなどの惨状が記録されている（『東寺過去帳《とうじかこちょう》』『経覚私要抄《きょうかくしようしょう》』ほか）。

将軍義政は銭一〇〇貫文を支出して救済を試みるが、膨大な飢餓難民の前では焼け石に水で、わずか一週間足らずで断念し、代わりに勧進聖《かんじんひじり》の願阿弥《がんあみ》の救済事業を補助し、あとは民間の力に頼った。願阿弥らは仮小屋を建て飢餓難民を収容し、勧進や施餓鬼《せがき》で集めた銭・食料で施しを行うが、押し寄せる難民の前には効果が薄く、二〇日ほどで事業を取り止めている（『経覚私要抄』『碧山日録《へきざんにちろく》』、今谷明「願阿弥」）。

関東でも永享九年（一四三七）、宝徳二～享徳元年（一四五〇～五二）、長禄二～寛正四年（一四五八～六三）、文明元～四年（一四六九～七二）に、水害や旱魃による凶作と飢饉が発生し、疫病も加わって多くの死者を出し、下総・武蔵・下野など各地で年貢減免を求める村人たちの逃散《ちょうさん》が頻々と発生した。しかし、飢餓民が古河に押し寄せ、土一揆が蜂起した事実は確認できない。その理由は、関東の残存史料が少ないだけでなく、新都古河とその周辺地域が、京都とその周辺地域との繋がりと、かなり異なる関係を持っていたからである。

当時の京都は日本最大の都市であり、最大の消費地であった。周辺の村々は、彼らの食料を確保する生産の場として編成され、京都に従属して存続し得る特殊な地位を与えられていた。それゆえ、ひとたび飢饉が発生すると、生産地であっても最初に飢渇する運命にあった（藤田弘夫『都市の論理』、藤木久志『飢餓と戦争の戦国を行く』）。一方、古河は成氏の移転と定着によって急成長を遂げた新興都市であり、周辺の村々は古河の後背地であったとはいえ、京都郊外の村々のように特殊な従属を強いられておらず、一般の村々と同じく自立した存在であった。正長の飢饉の際、下野小俣の鶏足寺の僧は、生き延びるために田畠を耕作し、漁に精を出す僧侶たちの行為を嘆いていたが、古河が急成長を遂げても、その周辺では山野・河海・湖沼から食料を得て命を繋ぐ途が残されていたのである。

飢餓難民の稼ぎ場　京都を中心とする首都圏（山城《やましろ》・大和《やまと》・摂津《せっつ》・河内《かわち》・和泉《いずみ》）は、坂本・大津など近江《おうみ》湖西を含めても、武蔵（埼玉県・東京都・横浜市）とあまり変わらない広さであるが、古河より遥かに多い人口と高い人口密度を持っていた。そのため恒常的な飢饉や疫病の流行に際し、危機管理の難しさを抱え、幕府・朝廷の救済策が十分に機能しなかった。畿内のような飢饉・疫病の被害情報が関東に少ないのは、史料の偏在によるだけでなく、実際に京都ほどの惨状と荒廃が拡がっていなかったからであろう。

長禄・寛正の大飢饉のさなか、将軍義政が多額の資金と人々を動員し、高倉邸の山水庭園を造り、その直後に花の御所を再興しようと計画し、天皇から京都の惨状を顧みない暴挙と批判されているが、これを京都に押し寄せた飢餓難民らを救済する公共事業と捉える見方もある（藤木久志『飢餓と戦争の戦国を行く』）。義政がそうした計画で行った事業かどうかは不明ながら、飢餓難民に稼ぎ場を提供し、ある程度の効果を挙げたことは否定できないであろう。

一方、関東では成氏の古河移転を機に多くの武士や僧侶・商職人・芸能民らが古河に移り住むようになった。同じ頃、古河に対峙する武蔵五十子陣でも、山内《やまのうち》上杉氏の陣を中心に上杉氏一族や配下の大名・国人らの陣地群が建設され、商職人が集まって城下町化への歩みを開始していた。五十子陣は長尾景春の乱で崩壊するが、それまで古河とともに飢餓難民の稼ぎ場となり、結果的に餓死者や流浪人の拡大を抑制する役割を果たすことになったと考えられる。

もとより成氏が、その効果を狙って古河定着を決めたわけではないとしても、古河城と城下町建設は、五十子陣建設とともに関東の二大土木事業であっただけに、飢餓に苦しむ人々の救済に寄与したことは否定できないであろう。古河と京都との違いは、都市の規模や人口密度の違いに加えて、政権都市である京都が食糧確保のために周辺農村を特殊に従属させていたことにあり、そのような異なる条件下で、成氏と義政が同じ救済政策を実施したとしても、結果は異なるものとならざるを得なかったのである。

花の御所室町邸の一角に立つ標柱（京都市）

疫病の中の古河と成氏　成氏時代の史料に頻出する疫病（感染症）には、麻疹（赤斑瘡《あかはんそう》・赤疱瘡《あかほうそう》）・三日病《みつかびよう》・疱瘡・イモヤミ・温病・咳病《がいびよう》・赤痢などがある。文安四〜五年（一四四七〜四八）に大和などで流行った温病・咳病・三日病、享徳三〜四年（一四五四〜五五）に畿内から北陸で流行った疱瘡・麻疹、長禄・寛正の大飢饉の中で畿内・近江方面で流行った麻疹・疱瘡は、多くの死者を出したことで知られている。当時の麻疹は子供ばかりか大人にも感染し、多くの死者を出す疫病として恐れられ、天然痘に当たる疱瘡、風疹を中心とした感染症の一つである三日病、インフルエンザを中心とした感染症の温病・咳病とともに、当時のウィルス性感染症の代表であった。七代将軍義勝《よしかつ》の夭折《ようせつ》原因となった赤痢も人々に恐れられていた（酒井シズ『病が語る日本史』、石弘之『感染症の世界史』）。

関東では畿内のように豊富な疫病情報を欠いているが、それでも文明三年（一四七一）には上野を中心に流行った麻疹で多くの死者を出し、文明八年には甲斐で疱瘡が流行って多数の子供が死に、文明十六年には常陸でも麻疹の大流行で一五歳未満の子供の三分の二が死去したという。さらに文明十八・十九年、長享二年（一四八八）・延徳四年（一四九二）には甲斐で疫病が発生している。

下総・武蔵・下野など成氏が基盤とする諸国でも、疫病が発生していた可能性は高いが、古河やその周辺は、古くからの政権都市京都に比べ、都市域の規模が小さく人口も少なかったので、居住空間の稠密《ちゅうみつ》度は高くはなく、疫病に感染するリスクもそれほど大きくなかった。しかし、成氏の時代に古河と諸国を往来する商人や旅の僧侶・連歌師《れんがし》らの動きが増加し、享徳の乱に伴う成氏軍・上杉軍の移動、幕府軍の関東侵攻など、大規模な人の移動による感染リスクが、古河・鎌倉・五十子などで高まっていたことは間違いない。今のところ、古河とその周辺地域で京都のような惨状があったことを示す史料は確認できないが、史料の偏在性を考慮しても、新都古河とその後背地が、京都とその後背地とかなり異なる性格を有し、それが飢饉・疫病の被害の差となった可能性は高いといってよかろう。

成氏時代の医療の内実　とはいえ成氏の時代には、多数の疫病感染者を診察・療養できる技術も体制も整っておらず、朝廷が災異《さいい》改元《かいげん》を行ったほか、京都でも関東でも寺社による悪疫神の退散祈禱、呪師・陰陽師《おんみょうじ》らによる呪術的療治が中心であった。確かに医療を職能とする人々はいたが、彼らの主たる診療対象は成氏とその家臣や大名・国人たちであり、しかも医療技術の水準の低さ、療治環境の脆弱さなどによって、ひとたび疫病が拡がればたちまちなす術のない状態に陥った。これも当時の医療水準に対応した医療崩壊であり、近代医学の成立以前には頻々と発生していた。

それでも成氏の周囲には、名医とされる医療集団が存在し、診療活動を行っていた。その代表が常陸の芹沢《せりざわ》氏、下総の豊前《ぶぜん》氏、古河の江春庵《こうしゅんあん》（香春庵）と頤生軒《いしょうけん》、常陸の好生軒《こうしょうけん》ら田代氏一族であった。

芹沢氏は常陸大掾《だいじょう》氏の一族とされ、行方《なめがた》郡芹沢（茨城県行方市）を本拠とし、成氏の古河定着以降に密接な関係を持ちはじめ、文明末〜長享頃（一四八〇年代後半）、芹沢土佐守のもとで「疵養生《きずようじょう》」した奉公衆の龍崎三郎《りゅうざきさぶろう》や庁鼻和四《ちょうのはなし》郎《ろう》が無事回復した、と礼を述べた成氏書状がある（『芹沢文書』）。また、芹沢氏から成氏や政氏への進上品が、万病円《まんびょうえん》・白薬《びゃくやく》などの医薬品であった点も（『芹沢文書』）、この家が医療を職能とする存在であったことを示している。

成氏時代の豊前氏については不明な点が多いが、一五世紀前半頃の鎌倉府御料所常陸国下妻荘《しもつまのしょう》の「用水争論絵図写」（『大宝八幡宮文書《だいほうはちまんぐうもんじょ》』）の中に、若柳郷《わかやなぎごう》（茨城県下妻市）を所領とする「豊前殿」の名があり、一五世紀半ばの黄梅院《おうばいいん》領相模国北深沢郷《きたふかざわごう》（神奈川県鎌倉市）の年貢算用状にも「豊前殿」の名がみえる（『黄梅院文書』）。これより「豊前殿」が鎌倉府奉公衆であったことは確実であり、古河公方のもとで活動する豊前氏の先祖に当たると考えてよかろう。しかし、豊前氏が古河公方配下の医師（家臣でもあった）としての足跡を残すのは、それから半世紀後の政氏晩年から高基《たかもと》の時代であった。

田代氏は、伊豆国田代郷（静岡県伊豆市）を発祥の地と伝え、一四世紀半ばには田代左京亮の名もみえる（『円覚寺文書』）。一五世紀前半、円覚寺ゆかりの僧であった序書記《じょしょき》、その子江春庵玉庭《ぎょくてい》が家職の医療で名声を上げ、鎌倉復帰まもない成氏と玉庭が親しい関係を持った。その関係から、晩年に近い玉庭とその嫡子周林蔵主《しゅうりんぞうす》、次子の頤生軒文賢《ぶんけん》が古河に活動の場を移したという（『阿保文書』『家蔵文書』『田代氏略系図』）。そして、成氏の晩年頃から周林・文賢らの医療活動が活発化する。

永正六年（一五〇九）、連歌師の柴屋軒宗長《さいおくけんそうちょう》が関東を回ったとき、猪苗代兼載《いなわしろけんさい》が会津で患い、古河で江春庵の療治を受けていたので、手紙を送ると「中風にて手ふるひやすからす」と返事があったと記している（『東路《あずまじ》の津登《つと》』）。この江春庵は玉庭の子周林蔵主であろう。周林の子文松蔵主《ぶんしょうぞうす》は中途で病に倒れ、文賢蔵主の子三喜斎《さんきさい》が文松の職を受け継ぎ一族の中心となった。

古河の田代氏とは別に下野の宇都宮氏と常陸の佐竹氏にも田代氏がいた。宇都宮で活動したのは中《なか》務大輔《つかのだいふ》（尊信法眼《そんしんほうげん》）で、玉庭の三男とされ、その子中務大輔綱光《つなみつ》とともに宇都宮氏の重臣として活動した（『慈心院文書《じしんいんもんじょ》』）。佐竹氏のもとで活動した治部大輔《じぶのたいふ》与綱《ともつな》は玉庭の四男と伝え、その子好生軒昌《こうしょうけんしょう》菊《ぎく》（左月庵《さげつあん》）が家職の医療で佐竹氏側近に仕え、外交面でも重要な役割を果たしていた（『家蔵文書』『田代氏略系図』）。

このように、田代氏一族は武士であると同時に医療を行う職能集団であり、成氏が文賢に発した書状の書札礼をみると、国人並みの待遇の芹沢・豊前氏らに対し、江春庵や三喜斎は大名扱いの待遇であった。彼らの配下には医療活動を補佐し、実務をこなす医療技術者が組織されていたと考えられる。江春庵や三喜斎が実際に医療活動を行うのは、成氏や公方家臣、外様の大名・国人、兼載ら名のある文化人らが中心で、古河の民衆がその恩恵に浴することはなかったであろう。

2　成氏を取り巻く社会的環境――職能民と成氏

鎌倉の工匠たち　成氏周辺で活動した職能民に、建築工人の番匠《ばんじょう》、鋳物造りの工人の鋳物師《いもじ》らがいる。鶴岡八幡宮・建長寺・円覚寺など多数の有力寺社がある鎌倉には、八幡宮大工（棟梁）のように特定の寺社に属して営業する番匠のほか、鎌倉内外の町や村で営業する「鎌倉中番匠衆《かまくらちゅうばんじょうしゅう》」がいた。

成氏死後約四〇年の天文八年（一五三九）、北条氏綱《ほうじょううじつな》が鶴岡八幡宮の再建を行ったとき、鎌倉番匠衆のほか相模玉縄《たまなわ》（神奈川県鎌倉市）の玉縄番匠衆、伊豆北条（静岡県伊豆の国市）の伊豆番匠に加え、大和国奈良から奈良番匠を招聘《しょうへい》している。このときの造営事業には、鍛冶・大鋸《おおが》引《び》き・銀細工・塗師《ぬし》（漆塗り）・葺師《ふきし》（屋根葺き）など各種工人が招集され、鶴岡大工職の飛《ひ》驒権守《だごんのかみ》の子の左衛門大夫清原信《きよはらのぶ》吉《よし》と神三郎清吉《じんざぶろうきよよし》が、各地から集まった番匠衆・各種細工人を束ねて工事を進めた（『鶴岡御造営日記』）。

こうした工匠たちは、鶴岡八幡宮や建長寺・円覚寺など、鎌倉の寺社を相手に早くから活動しており、鶴岡大工飛驒権守父子のほか、戦国期には東慶寺《とうけいじ》被《ひ》官大工《かんだいく》の金子氏（『金子文書』）、鎌倉二階堂の鎌倉番匠渋谷氏や桐谷氏（『渋谷文書』『杉本寺文書』）、鎌倉雪下《ゆきのした》の鎌倉鍛冶福本氏（『福本文書』）らの存在も知られる。福本氏の祖福本左衛門五郎は、長享二年（一四八八）三月、成氏の子政氏から武蔵高《たか》見原《みはら》（埼玉県小川町）での戦功を賞されている（『福本文書』）。彼は政氏に従って武蔵に従軍し、鍛冶の職務を果たす一方、軍事力の一端も担っていたことがうかがえる。成氏・政氏父子は、福本氏のように技術と武力を持つ棟梁らに特権を与えて組織していたが、彼らの一族や配下の工匠の中には、成氏に従って古河に移った者もいた可能性がある。

成氏と鋳物師　成氏は鋳物師にも特権を与えて掌握した。鋳物師は梵鐘《ぼんしょう》や鰐口《わにぐち》・雲板《うんぱん》、茶釜・湯釜・鍋釜や農具などの鋳造工人で、関東各地にさまざまな集団があった。その中で、鎌倉期以来、特権的地位を占めたのは、相模毛利荘飯山《もりのしょういやま》（神奈川県厚木市）の集団と上総矢田《かずさやた》・矢那《やな》（千葉県木更津市）の集団、下野佐野荘天命《てんみょう》（栃木県佐野市）の集団であった。

一五世紀になると、こうした大きな集団から中小の鋳物師が分立し、都市やその近郊で営業を開始する（市村高男「中世鋳物師の集団と集落」）が、こうした鋳物師社会の変化は成氏の鎌倉帰還の時期に重なっていた。

成氏は、前代からの特権鋳物師の掌握を考えていたが、享徳の乱以降、相模の鋳物師や武蔵・上野の主要な鋳物師は上杉氏の支配圏内にあり、当初の計画を実現できなかった。これに対し、上総矢田・矢那の鋳物師と下野天命の鋳物師は成氏の支配圏内にいたので、その掌握を進め、文明後半期頃（一四八〇年後半）、弟の鶴岡社務尊傚《そんじょう》と連携し、矢那の鋳物師の中から台頭した大野氏を「関東中鋳《かんとうちゅうい》物師《もじ》棟梁《とうりょう》」に任じ、関東鋳物師の掌握を図っていた（『大野文書』）。

一方、天命鋳物師の本拠は、古河に近い御料所の下野天命であり、奉公衆佐野氏の所領にも囲まれていたので、成氏にとって掌握しやすい存在であった。天命鋳物師の製品は、一五世紀半ばから一六世紀にかけて増加しており（『天命鋳物展』）、古河の成長とともにいっそうの発展を遂げていた様子がうかがえる。

日光山梵鐘に刻まれた長禄元号　注目されるのは、長禄三年（一四五九）十二月九日に日光山本宮に掛けられた梵鐘である。この鐘には鋳物師大工大和権守卜部《うらべ》春久《はるひさ》のほか、日光山を束ねる座禅院《ざぜんいん》昌継《しょうけい》、惣政所《そうまんどころ》の西本坊昌宣《にしもとぼうしょうせん》らとともに、「当将軍《とうしょうぐん》　源《みなもとの》　朝臣《あそん》成氏公《しげうじこう》」の名が彫られており（坪井良平『日本古鐘銘集成』）、成氏が日光山、関東鋳物師の一方の中心である天命鋳物師と密接に繋がっていたことを示している。

この梵鐘は享徳の乱中に成氏の支配権内で鋳造された。幕府に敵対する成氏が、改元に従わずに「享徳」元号を使い続けたことは知られているが、この梵鐘には長禄三年という元号が彫られている。成氏は、自分が大旦那として名が刻まれ、日光山本宮に掛けられることを知らなかったはずはない。また、古河に残る板碑の中にも京都で改元された元号を刻んでいるものが散見する（『古河市史　資料中世編』）ので、成氏は頑なに「享徳」元号のみ使い続けていたわけではないことが分かる。

元号は凶事・災害や代替わりなどを機に改められたように、本来、呪術的な役割と性格を持っており、成氏の行為を政治的な面のみで説明するのは慎重でなければならない。しかし、前述のように、

「享徳」改元に際し、関東には上杉氏のみに改元詔書が伝えられ、成氏には伝えられなかったのであれば、彼が反発し改元に従わない理由は十分にあったといってよい。成氏とその周辺で授受される表向きの文書などで、「享徳」元号が使い続けられたのは、おそらくそのためであろうが、彼が在地での慣習・価値判断にあまり関与しなかったことが、日光山本坊の鐘や板碑などに「享徳」以外の元号が使用された理由であったと考えられる。

　ともあれ、成氏の周辺には多様な工人がおり、成氏は彼らを再編し、代々の公方が鎌倉で行ってきたことを古河で再現しようとしたのである。

座頭・舞々・当道の活動　明応三年（一四九四）、岩松尚純《いわまつひさずみ》が長楽寺の松陰《しょういん》に伴われて古河へ初出仕し、成氏との対面を終えて宿に戻ったとき、公方者《くぼうじゃ》につづいて座頭《ざとう》・舞々《まいまい》・猿楽《さるがく》・当道《とうどう》らがやってきたことはすでに紹介した。尚純らが騒々しく思ったほどであるから、大勢でやってきたことは間違いない。彼らは当時の代表的な芸能民であり、もとは鎌倉やその周辺を主な稼ぎ場とし、成氏の古河定着に伴って新たな稼ぎ場を求めて移住してきたのであろう。

　このうち座頭は、琵琶《びわ》に合わせて平家物語を語る平曲《へいきょく》の担い手の盲人法師《もうじんほうし》を指す。一五世紀に平曲の最盛期と相まって彼らの組織が拡大し、一六世紀前半には検校《けんぎょう》・別当・勾当《こうとう》・座頭の階梯が設けられ、その中で多数を占めて按摩《あんま》・鍼灸《しんきゅう》なども手がける座頭が、彼らの代名詞のようになり、さらに芸能性を求めた人々が当道と呼ばれたらしい。古河で岩松尚純の宿所に押しかけた盲人法師らは、座頭と当道に書き分けられているので、宗教色の強い盲人法師の座頭と芸能色の強い当道とに分かれていたことを示す。

関東の舞々と公方家　舞々は一四世紀以降、曲舞《くせまい》・幸若舞《こうわかまい》の担い手となった芸能民であり、もともとは大寺社の法会《ほうえ》などの荘厳芸能を演じた専門職能民であったが、一四世紀以降、廻国の芸能民らが伝える語りや舞を取り入れ、一五世紀になると近畿諸国で一座を作って勧進興行《かんじんこうぎょう》を行うまでになった（山路耕造『翁の座　芸能民たちの中世』）。

『鎌倉年中行事』によれば、毎年六月七日、鎌倉の稲荷社・羽黒社・五大堂・祇園社の神人《じにん》らが、祇園社（現在の八雲神社）の神輿を担いで御所にやってきて神楽《かぐら》などが行われた。十四日には「祇園会の船」も繰り出し、「種々舞物」が行われたので、公方夫妻が御所の築地に桟敷を設けて見物した。成氏も幼い頃、御所にやってきた神輿や、そのときの舞物を父母や兄たちと見物したのではなかろうか。

関東の舞々は、一六世紀前半から相模・武蔵などで活動した小田原の天十郎《てんじゅうろう》が知られている。天十郎は、伊豆北条（静岡県伊豆の国市）出身で、北条氏綱から特権を与えられて小田原古新宿《こしんしく》に住んだ（『相州文書』）が、以前から相模などで活動する移他家《いたけ》・声聞師《しょうもじ》らの反発を受け、北条氏から地位の再確認を受けている（『相州文書』）。

注目されるのは、天十郎の小田原移住前から舞物を行う雑芸民たちがいたことである。戦国〜江戸期の相模で活動した鶴若孫藤次《つるわかまごとうじ》や大橋四郎次《おおはししろうじ》らの舞々の中で、鶴若孫藤次は相模平塚宿（神奈川県平塚市）に住み、源頼朝や成氏の父持氏から特権を得たとする偽文書《ぎもんじょ》を所蔵し（『相州文書』）、古くから相模を代表する舞々であったと伝えている。実際、孫藤次の祖の鶴若太夫《だゆう》は代々、鶴岡八幡宮の舞々太夫を務め、祭礼では獅子舞を舞っていたという（『相州文書』『新編相模国風土記稿』）。頼朝からの特権は信じがたいが、持氏の頃に鶴岡八幡宮の舞々太夫であった可能性は十分にあり、おそらく成氏や政氏の時代に鶴岡八幡宮で舞々を演じていたのは、この一族であろう。

先に述べた古河城下で岩松尚純らの宿所にやってきた舞々の中には、古河の鎮守雀神社・神宮寺や成氏の祈願所武蔵鷲宮《わしのみや》社《しゃ》等を稼ぎ場とする者もいたであろうが、成氏の古河定着とともに鎌倉から移住した者もいたと考えられる。彼らにとって寺社や人口が急増し、政権都市として発展途上の古河は、魅力ある稼ぎ場であったのである。

猿楽能と成氏　享徳五年（一四五六）にまとめられた『鎌倉年中行事』には、八月十五日の鶴岡八幡宮放生会《ほうじょうえ》（仏教の殺生戒《せっしょうかい》の思想に基づき鳥獣や魚を放つ行事）の翌十六日、毎年、社頭で猿楽が行われ、長命太夫《ちょうめいだゆう》が出演したとあり、「公方様」がこれを龍土の間から見物したと記す。この「公方様」が成氏を指すわけではないが、恒例の重要行事に公方が出席するのは当然のことで、成氏が長命太夫の猿楽能を見物した可能性は高い。また、『鎌倉年中行事』の雑多な儀礼を記した部分には、殿中や社頭で猿楽能が行われると、「公方様」から彼らに御剣や御小袖が下され、太夫が御縁で賜ったことなども記されている。成氏が猿楽らの芸能に接する機会は想像以上に多かったのである。

もともと猿楽は散楽《さんがく》とも呼ばれ、修正会《しゅじょうえ》などの法会・神事として行われていたが、曲舞や田楽の要素を取り込み、南北朝～室町期には神事芸能から鑑賞芸能へと発展し、大和《やまと》四座《しざ》をはじめ多くの猿楽座が成立した（山路興造『翁の座　芸能民たちの中世』）。

そうした群小猿楽座の一つに、南山城や石清水八幡宮《いわしみず》（京都府八幡市）に本拠を持つ長命太夫一座があった。長命猿楽は、鎌倉の猿楽が鎌倉公方の衰亡後、山城や大和に進出したとする説もある（後藤淑「長命大夫考」）が、鎌倉～南北朝期に山城の長命猿楽の一派が鎌倉やその周辺に移り、独自な発展を遂げたとみるのが妥当である（表章「長命猿楽考」、青盛透「南山城における二つの翁猿楽（上・下）」）。

下総倉掛の猿楽と成氏　関東で長命猿楽が確認できるのは一五世紀以降であり、『鎌倉年中行事』には祭礼で活動する長命太夫の名がみえる。

『本土寺過去帳』をみると、「クラカケ」（倉掛、千葉県柏市、松戸市博物館『本土寺と戦国の社会』）には長命（長明）・明若《めいわか》を名乗る二つの猿楽の一族が二〇人以上も現れる。その時期は、宝徳二年（一四五〇）から明応年間（一四九二～一五〇二）にかけての時期に限られるが、過去帳の記載であることを踏まえれば、宝徳二年を少し遡る時期に住み着いたと考えてよかろう。

享徳三年（一四五四）五月、下総平賀《ひらか》の本土寺では、「御堂」の再建計画が進められた。ところがこの年に始まった享徳の乱によって計画が中断し、応仁～文明初め頃（一四七〇年前後）に再開すると、古河府に寄付活動の許可を求め、三度目の申請では古河御所で成氏臨席のもとに質疑が行われ、成氏の判断のもとに本土寺日意の申請が認められた。やがて本土寺御堂が竣工すると、落慶供養が行われ、近くに住む長命次郎・明若太夫が呼ばれ、晴れ舞台で猿楽を演じた（『平賀本土寺継図次第』、松戸市博物館『本土寺と戦国の社会』）。おそらく長命次郎は、『鎌倉年中行事』にみえる長命太夫の子弟か孫であろう。

それからまもなく、彼らは倉掛から別の土地に移住する。長命次郎らが倉掛に住み始めたのは、永享の乱で鎌倉府が崩壊し、鎌倉公方の贔屓《ひいき》に預かれなくなったためで、本土寺や日蓮宗の庇護者の千葉氏を意識してのことであろう。ところが、持氏の子成氏が公方家を再興し、古河に移って存在感を示しており、そして、本土寺御堂再建も成氏の判断によって実現し、彼らはその落慶供養で晴れ舞台を踏むことができたのであった。成氏の存在が彼らに新たな希望を与えたことになろう。

まもなく長命・明若の猿楽たちは、成氏の政策によって成長する新都古河への移住を決心し、一族の多くが移り住むことになった。現在の茨城県西部に長命名字があるのはこのためであろう。古河御所での御前問答と本土寺落慶供養での晴れ舞台が彼らを古河に引きつけたのである。

明応三年（一四九四）、岩松尚純が古河の成氏・政氏に出仕したとき、猿楽が座頭・舞々らと宿所にきたことは前に触れたが、このときの猿楽の中には、倉掛から移住した長命・明若一座の者がいた可能性が高い。成氏が古河御所や城下の寺社祭礼などで、猿楽を見物する機会は多かったに違いない。享禄元年（一五二八）、成氏の曽孫に当たる晴氏《はるうじ》の元服式で猿楽が笛を吹いていた事実もある（『野田家文書』）。

3　成氏を取り巻く文化的環境——和歌・連歌

公方家と和歌・連歌　中世の代表的な文芸に和歌と連歌がある。成氏の時代はとりわけ連歌が流行し、多くの人の間で連歌の会が行われた。しかし、成氏が詠んだ和歌や連歌はほとんど残されておらず、唯一、『雲玉和歌抄《うんぎょくわかしょう》』に収録された次の和歌が成氏作ではないかとされる程度である。

　寄国祝をあそはしける　　公方成氏朝臣歟《あそんか》

　三の代や　五の時を　うけつきて　この日のもとそ　ひかりかはらぬ

『雲玉和歌抄』は、永正十一年（一五一四）四月に衲叟馴窓《のうそうじゅんそう》が編集した歌集である。編者の衲叟馴窓は、若年を武蔵江戸城辺りで過ごし、老年になって下総佐倉（本佐倉、千葉県酒々井町）に隠棲し、和歌を詠んで晩年を過ごした武士出身の歌人とされる（島津忠夫・井上宗雄編『雲玉和歌抄』解題）。この歌は、中国の三皇五帝《さんこうごてい》の故事にあやかり、父祖の業績を受け継ぎ、代わらぬ威光を示していることを詠ったものであるが、編者の衲叟が「公方成氏朝臣歟」と記すように、成氏の歌である確証はないとされる。そのため、目下、成氏の歌と断定できるものは皆無であり、鎌倉公方歴代の歌も残存しないことと相まって、公方家の文芸面での活動はかなり低く評価されている。

　しかし、貞治《じょうじ》四年（一三六五）、二条良基《にじょうよしもと》の信任を得た冷泉為秀《れいぜいためひで》が鎌倉に下り、公方基氏《もとうじ》に和歌を講じたこと（井上宗雄『中世歌壇史の研究　室町前期』）、毎年十一月二十五日に公方の荏柄天神《えがらてんじん》参詣が月次《つきなみ》に行われ、そのあと二〜三回の千句連歌《せんくれんが》が開かれ、公方が百韻《ひゃくいん》の発句《ほっく》を詠むのが慣例であったこと、殿中でも千句連歌が行われていたこと（『鎌倉年中行事』）などをみると、持氏や鎌倉帰還後の成氏が、和歌や連歌に接し、そして詠む機会はかなり多かったと考えて間違いなかろう。

荏柄天神社（神奈川県鎌倉市）

和歌では、藤原定家流の和歌を受け継ぐ二条・冷泉家と鎌倉との繋がりが密接である。応永二十六年（一四一九）七月、鎌倉府政所執事の二階堂盛秀の使者を務めた冷泉治部大輔（『法華堂文書』）や、永享の乱で自害した持氏近習の冷泉民部少輔《みんぶのしょう》の名がみえる（『鎌倉持氏記』『結城戦場記』）が、冷泉という関東では希有な名字からみて、尊氏・直義《ただよし》兄弟か基氏に和歌の指導をし、そのまま鎌倉に残った冷泉家の一族の子孫であった可能性が高い。

成氏周辺の武将歌人たち　公方家周辺の歌人では、木戸《きど》孝《たか》範《のり》・岩松家純《いえずみ》らが著名である。孝範（はじめ実範、小川剛生『武士はなぜ歌を詠むか』）の曽祖父は基氏近習の木戸貞範《さだのり》（沙弥《しゃみ》法《ほう》季《き》）であり、その孫が孝範の父範懐《のりかね》であった。彼は永享の乱に際し死去したと伝えられ（『雲玉和歌抄』）、幼い孝範は京都の冷泉家の庇護を受け、のちに幕府へ出仕し、足利政知《まさとも》の伊豆下向に従って関東に戻り（『雲玉和歌抄』）、文明六年（一四七四）には太田《おおた》道灌《どうかん》主催の歌会に参加する（『武州江戸歌合』）など多くの足跡を残している。そして、同じ武家歌人の東常縁《とうのつねより》の娘を妻に迎え、しばらく武蔵を中心に活動し、隠棲後は古河の成氏・政氏らの求めに応じ、一六世紀初めまで和歌を詠み続けた。

岩松家純は上杉禅秀の乱で没落した満純《みつずみ》の子で、一時、幕府に仕えたあと、政知の伊豆下向に従って関東に戻り、やがて成氏方の岩松持国を倒して岩松氏当主に返り咲き、成氏と上杉氏の和睦を機に成氏に従った。その間、盛んに和歌を詠んでいた。

上総の在国奉公衆大坪基清《おおつぼもときよ》は、馬具師としての家職を持つ一方、和歌にも強い関心を持ち、文明三年六～七月、東常縁が伊豆三島（静岡県三島市）で行った古今集講釈《こきんしゅうこうしゃく》を二度も聴聞し、同五年正月、常縁から古今伝授《こきんでんじゅ》を受けたことで知られている（井上宗雄『中世歌壇史の研究 室町前期』）。常縁は堀越公方・上杉方に属し、基清は成氏の臣下であるが、文芸面では敵味方の区別を越えて交流していた。

現在、成氏やそれ以前の公方の和歌・連歌の歌集はまだ確認されていない。永享の乱の戦禍、公方家の一時断絶、政氏以降の公方家分裂、その後の変転を想起すると、公方家や鎌倉の寺社が蔵する歌集や歌書の多くが散失した可能性が高いので、公方家の文芸活動が低調であったかどうかの評価は慎重になされるべきであろう。実際、成氏弟の鶴岡社務定尊《じょうそん》が清巌正徹《せいがんしょうてつ》と知己の関係にあり、その弟熊野堂守実《しゅじつ》も太田道灌の歌会に参加するなどの活動を行っており（安井重雄「木戸正吉『和歌会席作法』翻刻と校異」）、成氏の肉親にも和歌・連歌に素養のある者がいたことは間違いない。

継嗣政氏とその配下の歌人たち　永正二年（一五〇五）、成氏の子政氏は、近習の歌人吾那左金吾《あがなさきんご》（左衛門尉）の求めにより、建長寺住持玉隠英璵《ぎょくいんえいよ》が着賛した柿本人麿《かきのもとのひとまろ》画像に、「ほのほのと　あかしのうらの　あさきりに　しまかくれゆく　舟をしそおもふ」という和歌を書き（政氏の歌ではない）、花押を据えている（足利学校遺跡図書館所蔵）。このことから、政氏が和歌に造詣が深かったことや、古河近くに住む家臣にも和歌を家職とする文化人がいたことが分かる。同じ頃、政氏は結城氏家臣の比《ひら》楽《か》氏が持つ「新朗詠《しんろうえい》」を書写して進上させている（『中島大住氏所蔵文書』）。これは京都の公家らが応仁・文明の乱の戦禍で散失した歌書・歌集の収集・書写を行った（井上宗雄『中世歌壇史の研究　室町前期』）のと同じく、古河公方家でも散逸した歌書・歌集の書写・収集を進めていたことを暗示する。政氏の文芸に対する関心の高さがうかがえるとともに、結城氏の家臣まで「新朗詠」を持っていた事実は、当時の関東の文芸活動が想像以上の拡がりと深まりを持っていたことを示している。成氏近習や奉公衆の中に和歌や連歌に堪能な者がかなり存在し、成氏・政氏を中心に古河でも和歌・連歌の会がたびたび催されていた様子が垣間見える。

心敬の武蔵品川滞在　成氏が鎌倉に帰還した頃、京都歌壇を代表したのは常光院尭孝《じょうこういんぎょうこう》と清巌正徹であった。尭孝は僧位僧官を持ち、宮中や幕府の会でも指導的役割を果たし、その門下から尭憲《ぎょうけん》・尭恵《ぎょうえ》や東常縁らを輩出した。正徹は宮中に出入りできる身分ではないが、和歌のセンスの良さと冷泉家門流に属し、一条兼良《いちじょうかねよし》の信任を得て細川・畠山氏らと交わって尭孝のライバルとなった。その門下から高山宗砌《たかやまそうぜい》・蜷川智蘊《にながわちうん》・十住心院心敬《じゅうじゅうしんいんしんけい》らの歌人・連歌師を輩出した（井上宗雄『中世歌壇史の研究　室町前期』）。

応仁元年（一四六七）四月、正徹門下の心敬が、知人の鈴木長敏《すずきながとし》の招きにより、武蔵品川（東京都品川区）に向かった。長敏はかつて成氏が特権を与えた有徳人《うとくにん》鈴木道胤《どういん》の子であり、父と同じく多角的営業を行う海商であった。彼は品川の主導者として活動する一方、財力を背景に文芸活動を展開し、上杉氏や長尾・太田氏らと交流した。彼の広い人脈は海運業を通じて獲得したものであろう。

心敬は長敏が運行する船に乗って来たと考えられ、品川に着くと、鈴木氏の屋敷近くに草庵を結んでいる。心敬の品川での生活と活動を支えたのは長敏であるとみてよかろう。心敬は善福寺《ぜんぷくじ》などで句を詠むなどさっそく活動を開始し、文明二年（一四七〇）には武蔵河越《かわごえ》（埼玉県川越市）の太田道真《どうしん》興行の「河越千句《せんく》」に参会する（柘植信行「中世品川有徳人鈴木氏と連歌師」）と、この年夏から秋にかけて、日光・会津・白河を回って品川に戻った（金子金治郎『心敬の生活と作品』）。

自治都市品川と成氏　港湾都市品川は、武蔵国品川郷内の目黒川河口に成立した港町と街道沿いの宿からなる複合都市である（市村高男「中世東国における内海水運と品川湊」）。周辺の田畠山林まで含む品川郷全体が鎌倉府御料所とされ、武蔵守護の支配から切り離されていた。一四世紀に港湾都市として発展するに伴い、法人格を持った自治都市となり、鈴木氏ら有徳人を中心に都市運営が行われるようになった。

前述のように、鎌倉復帰からまもなく、成氏は鈴木道胤の倉役を免除し、妙国寺を祈願所にするなど、鈴木氏らに品川の自治運営を委ね、代官に任じた簗田氏を介して間接的に管理する政策を推し進めた。成氏と長敏時代の品川との具体的な関係を示す史料は確認されておらず、不明な点が多い。とはいえ、成氏が古河に本拠を移し、その管理方式を放棄した形跡は認められず、長敏ら鈴木氏一族も一五世紀末近くまで自治の担い手として存続しており、その地位を失う一六世紀初め頃まで（『永正十五年道者注文』）、成氏との関係を継続させていた可能性が高い。

その一方で、長敏の時代になると、扇谷《おうぎがやつ》上杉氏家務職の太田道灌が江戸に進出し、品川にも影響を与え始めていた。実際、道灌が品川の一角に家臣を置いた形跡もある（『一禰宜《いちのねぎ》氏経神事記《うじつねしんじき》』）が、その場所は品川の都市域ではなく、その周辺部にあたる品川郷の一角のようで、品川の自治に直接関与した形跡はない。その点からみれば、品川を御料所とし、鈴木氏らを介して自治の成果を享受し得た成氏との差は大きかったといってよかろう。心敬の品川来訪も、長敏の経済力と人脈によっており、太田道灌らの関与によるものではなかった。

武蔵国の支配構造　そもそも武蔵は山内上杉氏の守護分国であり、享徳の乱で五十子在陣が長期化したため、扇谷上杉持朝《もちとも》が将軍義政から河越荘を兵糧料所として与えられ（『足利家御内書案』）、武蔵中部の拠点として河越城を築いたのであった。そして、長禄元年（一四五七）頃、太田道真・道灌父子や上田・三戸《みと》・萩野谷《はぎのや》氏ら扇谷上杉氏重臣らが協同し、数年かがりで江戸城も築城した（『松陰私語』『鎌倉大日記』）。

しかし、品川郷や江戸郷一帯が、扇谷上杉氏や太田氏の所領になったわけではない。守護の山内上杉氏の承認を得た扇谷上杉氏が、上杉方の共通の軍事拠点の一つとして江戸城を築城したのである。実際、築城まもない頃、山内上杉房顕《ふさあき》が「江戸城衆」に対し、武蔵荏原郡の行方《なめがた》氏（常陸行方氏の一族、『潮田文書』）が成氏方に攻められたので、江戸城警備の強化を指示した史料がある（『臼田文書』、この史料にある江戸城を常陸の江戸崎城や江戸〈水戸〉城に当てるのはすべて誤り）ように、江戸城の支配権は山内上杉氏が持っていた。しかも、山内上杉氏配下と扇谷上杉氏配下を含む複数の武将が在城しており、房顕が道灌を城主と見なしていた形跡はない。

心敬と成氏　心敬については、反成氏勢力結集の使命をもって上杉方を回遊したとする意見があり（金子金治郎『心敬の生活と作品』）、今でもそれが有力な説となっている。しかし、早くから心敬と成氏との繋がりを指摘する見方もあった（両角倉一『連歌師宗祇の伝記的研究』）。心敬の『ささめごと』の写本の一つに「享徳第十九暦」とあり、古河公方勢力圏で使用された「享徳」元号が書かれているからである。そのことから、この書物は成氏かその周辺の人に進上されたものとみて、心敬と成氏の交流の可能性を浮上させたのであった。

もっとも、成氏かその周辺の人に進上したものかどうかは不明であり、なお検討を要するところがあるが、享徳四年（一四五五）七月以降も「享徳」元号を使い続けたのは、成氏とその周辺に限られており、幕府や上杉氏の関係者が文明二年（一四七〇）になって、わざわざ享徳十九年などと書くことはあり得ない。しかも心敬のような有力僧が、自分の歌集を書写し、そこに享徳十九年と書いたのであれば、それが成氏かその関係者の手に渡ることを意識していたとみるのが自然である。心敬と成氏らとの間に交流があったことは確かであろう。

旅の連歌師宗祇と成氏　心敬の後輩で弟子でもある連歌師に宗祇《そうぎ》がいる。宗祇は列島の東西を何度も旅し、心敬より遙かに広い地域で活動した（金子金治郎『連歌師宗祇の実像』、奥田勲『宗祇』）。

文正元年（一四六六）夏、京都を発って上野・武蔵を廻り、文正二年五月に品川の心敬を訪問、秋には筑波山（茨城県つくば市）、冬には日光山（栃木県日光市）に登り、さらに白河の関（福島県白河市）を廻って文明元年（一四六九）夏に帰洛、その冬までに関東に戻った。同二年に太田道真興行の「河越千句」に心敬と一緒に参加し、しばらく関東に滞在し、同三年に伊豆三島で東常縁の古今集講釈を聴き、翌四年に関東を離れた（伊地知鐵男「関東下向と関東武士との交渉」、両角倉一『連歌師宗祇の伝記的研究』）。

このように宗祇は、文正元年後半〜文明四年初めの数年間に精力的に関東とその周辺を廻って句を詠んだ。その多くは長尾・太田氏ら上杉方の武士や堀越府配下の東・木戸氏らとの交流の中で詠んだもので、古河府やその周辺で詠んだ句はほとんど残されていない。こうした相違から、宗祇と心敬が将軍義政から政治的使命を与えられて関東を廻ったとする仮説（金子金治郎『連歌師と紀行』、同『連歌師兼載伝考』）が生まれ、彼らの古河府周辺での活動が検討の枠外に置かれるようになった。

しかし、宗祇が筑波山と日光山に登り、白河の関や白河搦目城《からめじょう》（ともに福島県白河市）を訪れ、その道中の折々に句を詠んでいたことは事実であった。そして、筑波山は筑波社・中禅寺《ちゅうぜんじ》をはじめ全山が古河府の在国奉公衆筑波氏の支配下にあり、日光山の二荒《ふたら》社《しゃ》・中禅寺も成潤《せいじゅん》（成氏の兄）の没落後は古河府の管轄に復しており、宗祇が筑波氏や座禅院・宇都宮氏を無視し、さらには古河府を無視したまま自由に回遊できたとは考えがたい。

宗祇の『白河紀行』では、筑波山から黒髪山《くろかみやま》（日光山）を訪れ、そこから「ある人の情」を受け、塩谷《しおのや》（栃木県さくら市）を出てから大俵《おおたわら》（大田原、栃木県大田原市）を経て白河の関を見物した。宗祇はこの半年余りの旅の立ち寄り先や宿泊先を、「ある人」「あやしの民の戸」など意図的にぼかして表現している。

宗祇と成氏の対面

さらに注目されるのは、宗祇が古河の殿中で成氏と直接対面し、句に関して質疑応答していた事実である。その記録が「於古河御尋旨宗祇被答申条々」である（早稲田大学中央図書館「伊地知鐵男文庫」）。この史料の存在は早くから指摘されていた（伊地知鐵男「関東下向と関東武士との交渉」）が、関心を持って読まれることは少なかった。その内容はおよそ次のようなものである（括弧内は筆者の注記）。

一、（成氏）うらぶれて如何。（宗祇）なやみ物おもふ心か。

一、（成氏）天と云句に空と云句。面に可有候哉。（宗祇）天と空とは二句可隔候。

一、（成氏）今案事、一条殿《（兼良）》御作候哉。（宗祇）御作にて候。／（成氏）新式の追加の名を今案と申候哉。（宗祇）其は不存候。

このように成氏が宗祇に問いを発し、宗祇がそれに答える形式で、質疑・応答の内容は、語釈や去嫌《さりきらい》い（一つの句や和歌の中で同じ語を繰り返し使うことを避ける技法）を中心とした二六ヶ条からなる。これは、宗祇が成氏と対面した際のやりとりを、近くにいた者が筆録する形で作成したものであろう、とする意見もある（両角宗一『連歌師宗祇の伝記的研究』）。宗祇の足跡からみて、文正元年（一四六六）秋から文明二年（一四七〇）の間の出来事であろう。

このようにみると、宗祇の一年後に白河・会津回遊を行った心敬も、古河で成氏に対面したあと、筑波山へ登って筑波氏と交流していた可能性がある。そして、日光山や宇都宮でも座禅院・宇都宮館で興行された句会に招かれ、塩谷・大田原でも歓迎されて、白河への旅を続けたのである。それは成氏とその支持勢力の中心を進んだ旅であった。そして何よりも、成氏やその周辺の武士たちが、上杉方の武将たちに劣らず和歌・連歌に大きな関心を寄せ、宗祇らを招いて句会を開き、交歓していた点に注目される。成氏は宗祇との直接のやり取りからうかがえるように、四〇歳を目前にして、ますます学習意欲が旺盛であった。おそらく文正元年誕生の継嗣（のちの政氏）が健やかに育っていたことが、成氏のやる気と活力の源泉になっていたのであろう。

では宗祇や心敬の連歌の活動は、なぜ上杉方勢力に偏在し、成氏方での活動があまり伝えられないのであろうか。それは畿内周辺出身の心敬や宗祇が長く京都で生活する中で、上杉氏やその配下の武将や堀越に下った武士たちと交流する機会が多かったからである。宗祇は長尾氏と上野での対面以前から句を通じた文通があり（金子金治郎『連歌師宗祇の実像』）、心敬は足利政知の補佐役渋川義鏡《しぶかわよしかね》や東常縁・木戸孝範らと早くから文芸を通じて交流があった（井上宗雄『中世歌壇史の研究　室町前期』）。そうした関係からすれば、最初に伊豆を廻ろうとしたのは当然のことであろう。

連歌師の旅は、風雅を求め歌枕の古典を訪ねることが第一の目的であるが、その一方で日常の生活や連歌の修行の資金を得るためにも必要であった。彼らは京都の公家や幕府ばかりか、地方の大名・国人たちからも招聘され、訪問する先々で歓待され、句会を開き、句を詠み、句の指導を行って多額の謝礼を受け取っていた。宗祇が周防《すおう》山口（山口県山口市）を訪れた際、「都より　商い宗祇下りけり　言の葉召せと　いはぬばかりに」という落首が詠まれているように、彼はしたたかに生きながら連歌の修練に打ち込んでおり（奥田勲「連歌師の旅」）、政治的な思惑で成氏らを回避したわけではない。成氏もそのように思っていたので、古河で宗祇に対面したとき、何の躊躇もなく次々と質問を発し、宗祇もまたこれにしっかりと対応していたのである。

とはいえ、連歌師らの多くが畿内やその周辺の出身者であったため、知己の関係にあった上杉方や堀越府関係者との交流が中心になりがちであったことや、成氏と幕府・上杉方との対立の最中であったため、実際には成氏と対面し、宇都宮氏や日光山、筑波氏や筑波中禅寺などでも歓待されていたのに、幕府・上杉方に忖度し、あまり表に出さなかった可能性もある。

連歌師兼載の眼差し　その点で注目されるのは、南奥会津（福島県会津地域）の蘆名《あしな》氏一族猪苗代氏の出身の猪苗代兼載である。彼は心敬の弟子であり、同時に宗祇門下でもあった。兼載は熟年期まで京都を中心に活動し、各地を廻る旅を終えたあと、岩城（福島県いわき市）に草庵を結び、会津や下野・常陸・下総を重点的に廻るようになった。彼は南奥の出身だけに、下野・常陸や下総などに親近感を持っており、畿内周辺出身の心敬や宗祇とは、関東を見る目がおのずと異なっていた。

兼載は、文明七〜八年（一四七五〜七六）に関東へ帰還すると、木戸・太田氏や山内上杉顕定《あきさだ》・長尾氏らを中心に交流する。成氏に近い武士・寺社では佐竹氏配下の江戸純真《えどじゅんしん》との交流と鹿島社への参詣が確認できるのみであるが、明応七〜八年（一四九八〜九九）には、山内上杉顕定らばかりでなく、岩松尚純・茂木治興《はるおき》・千本《せんぼ》常陸介《ひたちのすけ》・多賀谷《たがや》朝経《ともつね》・上三川《かみのかわ》安芸守《あきのかみ》・那須《なす》資親《すけちか》・小野崎下野守・岩城常隆・白河結城政朝・小峰《こみね》朝脩《ともさと》などを広く廻っていた（金子金治郎『猪苗代兼載伝考』）。その巡回先は、下野・常陸・上野・武蔵・下総と岩城に集中しており、晩年の兼載の眼差しが、故郷に近い古河公方勢力圏とその周辺に向けられていたことがよく分かる。

兼載と政氏との交流　兼載が明応七〜八年（一四九八〜九九）までに古河を訪問した記録はない。成氏は明応七年に死去し、まだその喪も明けておらず、二代公方政氏は武蔵に出陣中であり、兼載が古河への訪問を控えざるを得ない状況にあった。

兼載と政氏の本格的な交流がみられるのは、兼載が岩城に草庵を結んだ文亀二年（一五〇二）からである。兼載は猪苗代や会津黒川（福島県会津若松市）などでの活動を経て、永正元年（一五〇四）からは下野・下総にまで足を伸ばし（金子金治郎『猪苗代兼載伝考』）、宇都宮成綱《しげつな》・芳賀《はが》伊賀守・壬生《みぶ》中《なか》務少輔《つかさのしょう》・茂木治興、日光山座禅院などを廻り、古河の政氏にも対面した（金子金治郎『猪苗代兼載伝考』）。当時、関東では成氏や奉公衆だけでなく、大名・国人や彼らの家臣の間にまで連歌が拡がっており、以前から古河の訪問を考えていた兼載は、まず下野に入り、ついで古河へ向かった。古河の政氏も兼載との対面を望み、兼載もこれにしっかりと応えたのである。

こうして二人の対面が実現し、兼載から政氏に次のような句が進上された（『園塵《そののちり》』）。

発句　従古河□（被カ）仰出に進上せし

さそわれて　年もやひらく　梅の花

公方様御夢想に代り

光あれは　花も□たてぬ　霞哉

古川（古河）に侍りし比、殿中より御法楽のためとて、発句可奉旨、仰られしに

松に菊　おもへは冬の　草木哉

兼載がこれらの句を政氏に進上した年月は明確ではないが、政氏・高基父子による公方家の内紛が始まる前、おそらく永正二〜六年頃、古河殿中で政氏に対面し、直接に進上していた可能性が高い。同じ頃、兼載は政氏からの所望により、公方近習の本間五郎を介して著作「景感道《けいかんどう》」を進上し、さらには著作「連歌比況集《れんがひきょうしゅう》」や小句集「古川(河)公方様江進上連歌」も進呈する（金子金治郎『猪苗代兼載伝考』）など、親密な関係を築いていた。政氏もたびたび兼載に句や句集・著作を求めており、父の成氏と同じように連歌に関心を寄せ、自身も句を詠んでいたとみられる。

文芸活動にみえる成氏の素顔　歴代の鎌倉公方たちは、その最盛期でも文学や学問に指導力を発揮しておらず、基氏を除く三代の公方には一首の和歌も歌会の記録もないとして、「不風流な関東公方」であったといい、その理由として、公方らが鎌倉を離れて戦陣にあったことが多く、鎌倉が東国の中心ではなくなりつつあったこと、時代の主役が公方から国人たちに移っていたことなどが挙げられている（小川剛生『武士はなぜ歌を詠むか』）。成氏に関する言及はないが、このようにみると、三〇年に及ぶ享徳の乱を戦い抜いた成氏は、「不風流な公方」とみられても仕方がないのかもしれない。

しかし、和歌・連歌や歌集や歌会の記録が残っていないことと、和歌・連歌や学問に対する関心の有無は別の問題であり、評価に際しては慎重な姿勢が必要であろう。これまで述べてきたように、成氏が最盛期の鎌倉公方に比べれば、勢力を後退させていたのは確かであるとしても、彼は古河に移った「鎌倉殿」「関東の将軍」であり、一般の大名や国人とは一線を画される特別の存在であった。古河に移ったとはいえ、鎌倉公方の地位を引き継いだからには、それに見合うさまざまな文武・学問の素養を身につけていることが不可欠であり、それなしに公方としての権威と存在感を維持することは難しかった。

『鎌倉年中行事』をみると、公方たちは恒例・臨時のさまざまなお祝い事や儀式・祭礼などでの役割を滞りなく遂行し、和歌・連歌などの文芸や芸能や教育などに接する機会が多かったことも分かる。この行事書自体、成氏が公方として身につけるべきことを示したもので、彼が公方である以上、そのための努力をする必要があったのである。

実際、この行事書には、荏柄天神社の「御千句」で公方が初めに百韻発句を詠む慣例があったと記すように、それなりの素養を身につけておくことが不可欠であり、当然ながら、鎌倉に復帰した成氏もこうした素養が求められたはずである。成氏の立場からすれば、和歌・連歌などの作品が残っていないからといって、彼の文化的素養や文芸活動を低く評価するのは正しくないであろう。

4　成氏を取り巻く文化的環境——聖護院・月輪院と修験

旅の修行僧歌人道興と成氏　成氏時代の古河を訪れたもう一人の文化人に聖護院道興《しょうごいんどうこう》がいる。道興は前関白《さきのかんぱく》近衛房嗣《このえふさつぐ》の子で、寺門派の中心である園城寺長吏《おんじょうじちょうり》や将軍護持僧《ごじそう》を務めていた。応仁・文明の乱では、足利義視《よしみ》と親しくして将軍義政の顰蹙《ひんしゅく》を買い、文明九年（一四七七）に門主を引退するが、同十一年に義政の赦免を受けて門主に返り咲くなど、波乱に富んだ人生を送った（近藤祐介「聖護院門跡の成立と展開」）。

復帰後の道興は、熊野那智《なち》参籠・北陸巡廻の修行に打ち込み、文明十八年六月〜翌十九年五月、北陸・関東・陸奥を廻る廻国修行の旅を行った。その紀行文が『廻国雑記《かいこくざつき》』である。これによると、文明十八年七月末に上野国に入り、二十日余り巡廻し、下総・上総・安房を廻った後、武総の内海（東京湾）を渡って鎌倉に入り、休む間もなく北上し、下総鳥喰《とりばみ》（茨城県古河市）を通って日光山・宇都宮、常陸小栗（茨城県筑西市）・真壁（同桜川市）経由で九月末、筑波山に参詣した。さらに下総稲穂《いなほ》（茨城県古河市）経由で武蔵浅草（東京都台東区）などを廻り、駿河まで足を伸ばしたあと、武蔵・甲斐を廻って宇都宮・白河に止宿し、陸奥を北上した。塩竈《しおがま》・松島を回遊した頃、聖護院焼亡の報に接して急遽帰途に就いた（高橋良雄『廻国雑記の研究』）。

この旅で道興は二度、古河とその周辺を訪れている。一度は文明十八年八月に上野から房総に向かうとき、もう一度は同年九月に鎌倉から日光山へ向かうときである。二回目の来訪は、古河城下近くの鳥喰で夕暮れの歌を詠んだのみであるが、最初の来訪のときは古河を通って水海郡山《みずみこおりやま》（茨城県総和町）の三島社別当坊に数日間宿泊・逗留したと記されている。このとき道興は、村君《むらぎみ》（埼玉県羽生市）から南下して利根川支流の浅間川《あさまがわ》を渡り、古河から川舟に乗って、「こがくれに　浮べる秋の一葉舟さそう嵐を川をさにして」など二首の歌を詠んでいる。夕暮れ時の中田（茨城県古河市）では富士山を眺めながら三首を詠んだ。水海に到着すると、伊豆三島社を勧請した郡山三島社の別当坊の屋敷に逗留し、八首の歌を詠んでいる。

道興が乗船した場所は古河城下の舟渡であるので、古河城下に入ったことは間違いなく、川船で渡良瀬川を下るときも古河城を間近に見ていたはずである。ところが成氏については一言も記しておらず、わざわざ水海まで移動して郡山三島社の別当坊に逗留した。それは、今回の旅が廻国修行を目的としていたことをよく示すが、水海は成氏の重臣である簗田氏の本拠であり、その一角に逗留したのなら、簗田氏はもとより成氏も知らなかったはずはない。道興が甲斐の山伏《やまぶし》宅に逗留したとき、武田《たけだ》信昌《のぶまさ》が挨拶に来て酒宴が開かれ、信昌の所望で道興が歌を詠んだという（『廻国雑記』）ので、成氏と簗田氏の名がまったく記載されないのは明らかに不自然である。

その背景には動興の深慮があったようである。文明十八〜十九年といえば、都鄙《とひ》和睦《わぼく》から四、五年を経過し、将軍義政と成氏との関係も修復され、西幕府寄りの立場で義政の顰蹙を買った道興も赦免され、聖護院門主に復帰していた。しかし、彼はかつての苦い経験を踏まえ、義政の誤解を避けるためにも、あえて成氏に会ったと明記するのを避け、廻国修行について重点的に記したと考えられる。

道興と鎌倉月輪院・成氏　というのは、道興は聖護院門主に復帰してまもない某年十月半ば、成氏に書状を送り、関東がまだ静謐にならず嘆かわしく思っている、月輪院増顕《がちりんいんぞうけん》を召し寄せ様子を尋ねているので事情は分かっている、頼朝以来の鎌倉と聖護院との関係をいささかも粗略に思うことはない、来春には必ず「京都の時宜を調え」関東に下り、成氏の「御本意」を成就させたい、などと成氏が目指す都鄙和睦に協力すると解せる内容を伝えていたからである（『月輪院文書』、近藤祐介「戦国期関東における幸手不動院の台頭と鎌倉月輪院」）。

もちろん明春の関東下向が文明十八年（一四八六）六月からの廻国修行である可能性は低く、それ以前に彼が関東に下ったかどうかは不明ながら、道興が成氏にかなり肩入れしていたことはうかがえよう。それだけに、文明十八年八月に古河城下に入ったとき、そして水海の郡山三島社別当坊に逗留したときに、道興が成氏ばかりか簗田氏にも一言も言及していないのは不自然であり、実際には古河か水海で何らかの交渉があったと推測される。

当時、成氏と道興とを結びつけたのは鎌倉の月輪院であった。月輪院は鎌倉公方代々の護持僧を務め（『鎌倉年中行事』）、成氏が鎌倉府の立て直しを進めていた頃も、関東の修験《しゅげん》（山伏）たちを束ねる存在になっていた。道興はその月輪院を介して情報を入手し、関東中の修験の束ねもすべて月輪院の力に依拠していたのである。

月輪院と一色氏・不動院

その月輪院は、成氏との関係もさることながら、足利一門で奉公衆でもある幸手《さって》城（埼玉県幸手市）の一色氏と密接な関係にあった。道興が成氏に送った書状の中にみえる月輪院増頭は、幸手一色氏二代直頼《なおより》の弟増尊《ぞうそん》の弟子であり、この増頭が月輪院を継承し、鎌倉府の時代と同じく足利一門が院主となる慣例が復活した（『一色系図』、新井浩文「戦国期関東における本山派修験の勢力伸長について」）。これは、成氏が一色氏の一族を月輪院の院主に任じ、護持僧としての務めを果たさせる一方で、関東の修験たちを束ねる役割を担わせていたことを示す。

この鎌倉月輪院の影響のもと、一色氏の支配領域にある木淵《きぶち》（埼玉県春日部市）の不動院が重要な役割を果たした。不動院は修験の寺で、一色氏が幸手城主となる一五世紀後半以降に創建され、幸手や古河を中心とした成氏勢力圏中心部の修験たちを束ねていたのである。それは、鎌倉の月輪院―幸手木淵の不動院を軸として、関東の修験たちを効率的に掌握しようとする成氏の政策であり、修験たちの中から始まっていた新たな動きを捉え、それを促進する政策であった。享徳の乱が終わった頃、すでに成氏は戦国期を先取りした修験政策を開始していたことが分かる。

5　成氏を取り巻く文化的環境――文芸と水墨画

成氏と鎌倉の禅林文化　鎌倉の月輪院は、成氏の権威と権力を背景に、関東の修験を束ねる役割を担っていた。この事実は、成氏が古河移転後も鎌倉との関係を維持していたことの一端を示す。幕府軍が鎌倉を占拠しているうちは、成氏が鎌倉と古河の間を自由に往返することは難しかったが、それによって鎌倉との関係が切断されたのではない。鶴岡八幡宮社務の任命権、建長寺を除く鎌倉五山住持の推挙権、諸山以下の住持任命権などは、成氏が引き続き所持していた。また、寺領安堵権も行使しており、享徳六年（康正三、一四五七）四月に円覚寺黄梅院の当知行地を安堵し（『黄梅院文書』）、享徳二十六年（文明九、一四七七）九月には報国寺とその開山塔休畊庵《きゅうこうあん》の当知行地を安堵している（『報国寺文書』）。円覚寺・黄梅院や建長寺の住持、江ノ島岩本坊《いわもとぼう》や極楽寺などとも祈禱や贈答を介して交流していた（『集古文書』『三浦光祥氏所蔵文書』『岩本院文書』『極楽寺文書』）。

しかし、成氏が以前のように鎌倉との密接な関係を回復するのは、文明十四年（一四八二）の都鄙和睦以降であり、同十五年八月、竺雲顕騰《じくうんけんとう》を鎌倉十刹《じっさつ》の禅興寺《ぜんこうじ》住持に任じ（『蔭凉軒日録』）、延徳二年（一四九〇）四月には秀伝西堂《しゅうでんせいどう》を禅興寺住持に任じた（『永徳寺文書』）のはその現れである（これらは座公文）。次代政氏も、永正六年（一五〇九）九月、禅興寺再興を進めるべく、建長寺前住玉隠英璵（建長寺一六四世）を禅興寺大勧進職《だいかんじんしき》に就け（『明月院文書』）、同九年五月に妙徳西堂《みょうとくせいどう》を東勝寺住持職に任じ（『京都御所東山御文庫記録』）、日蓮宗妙本寺の敷地・寺領も安堵した（『妙本寺文書』）。

成氏・政氏父子は、鎌倉禅林との関係を特に重視した。その背景には、戦乱の終息を機に建長寺・円覚寺を中心とする鎌倉禅林の復興機運が高まり、それに伴って発展する文芸などを接収しつつ、鎌倉と古河との連携による古河文化の底上げを図ろうとする意図があったからである。そのため成氏・政氏父子は、当代の関東文芸界を代表する玉隠英璵や、建長寺住持の子純得幺《しじゅんとくよう》（一五九世）、円覚寺住持の誠中中諄《せいちゅうちゅうじゅん》（一四五世）・中恩芳林《ちゅうおんほうりん》（一四六世）・叔悦禅懌《しゅくえつぜんえき》（一五〇世）らと親しく交流を展開する（伝祥啓筆「富嶽図」、『明月院文書』『足利政氏書札礼』ほか）一方、関東水墨画界の巨匠である賢江祥啓《けんごうしょうけい》らの詩画軸にも深い関心を寄せ、制作を依頼することが多かった。

成氏・政氏父子と詩画軸　ここでは祥啓が画を描き、そこに着賛し詩歌を寄せる玉隠らの文芸人、それを享受する成氏・政氏らの関係について概観しよう。最近の研究によれば、祥啓は下野宇都宮の画師である螺来《つぶら》（螺良・粒良・津布良）氏の一族とされ、建長寺の書記を務めていたので啓書記と呼ばれた。成氏が上杉方と和睦し、幕府との和睦を始めようとしていた文明十年（一四七八）、成氏の後ろ盾を得て上洛し、京都画界の第一人者で将軍同朋衆芸阿弥《どうほうしゅうげいあみ》に師事し、中国画をアレンジした阿弥派《あみは》の画風の習得に努め、二年半の研鑽後に鎌倉に帰還した。祥啓は将軍家の文化の実態を学習し、最新の画風を鎌倉に持ち帰り、伝統的な関東画界に新風を吹き込み、新時代を切り開いたとされている（相澤正彦・橋本慎司『関東水墨画』）。

政氏の公方就任記念の「富嶽図」

祥啓の画の中には富士山を描いたものもあり、その一つが伝祥啓「富嶽図《ふがくず》」である（東京国立博物館蔵）。この画には制作者の署名も落款もないが、作風などから祥啓作とみて間違いないとされており（山田烈「古河公方と室町水墨画」、平井良直「古河公方ゆかりの美術」）、富士山を描いた当代の代表作とされている。

この画の上部には、延徳二年（一四九〇）二月の子純得幺の序文があり、制作の経緯が分かる。それによれば、「東藩大都《とうはんだいと》督相公《とくそうこう》」（古河公方成氏）の「賢嗣《けんし》　源君《げんくん》」（政氏）は、そびえ立つ富士山をこよなく愛し、画師に「富嶽図」の制作を命じ、完成すると政氏が戦乱を鎮めて富士山のような「大平将軍」になることを期待する賛を子純が書いた（相澤正彦・橋本慎司『関東水墨画』）。この画の制作や着賛は、政氏の公方就任に合わせて進められた可能性が高い。おそらく成氏から祥啓や子純に口添えもなされていたのではなかろうか。これより先、成氏自身も中恩芳林から富士軸を贈られたことがあった（『東慶寺文書』）が、中恩は関東の平和実現を成氏に期待して贈ったのかもしれない。

祥啓に近い世代の画師林居《りんきょ》も、禅僧を介して公方家と繋がっていた。林居は阿弥派と伝えられる以外、謎に包まれた画人であるが、政氏の家臣で歌を家職とする吾那左金吾（左金吾は左衛門尉）が、自

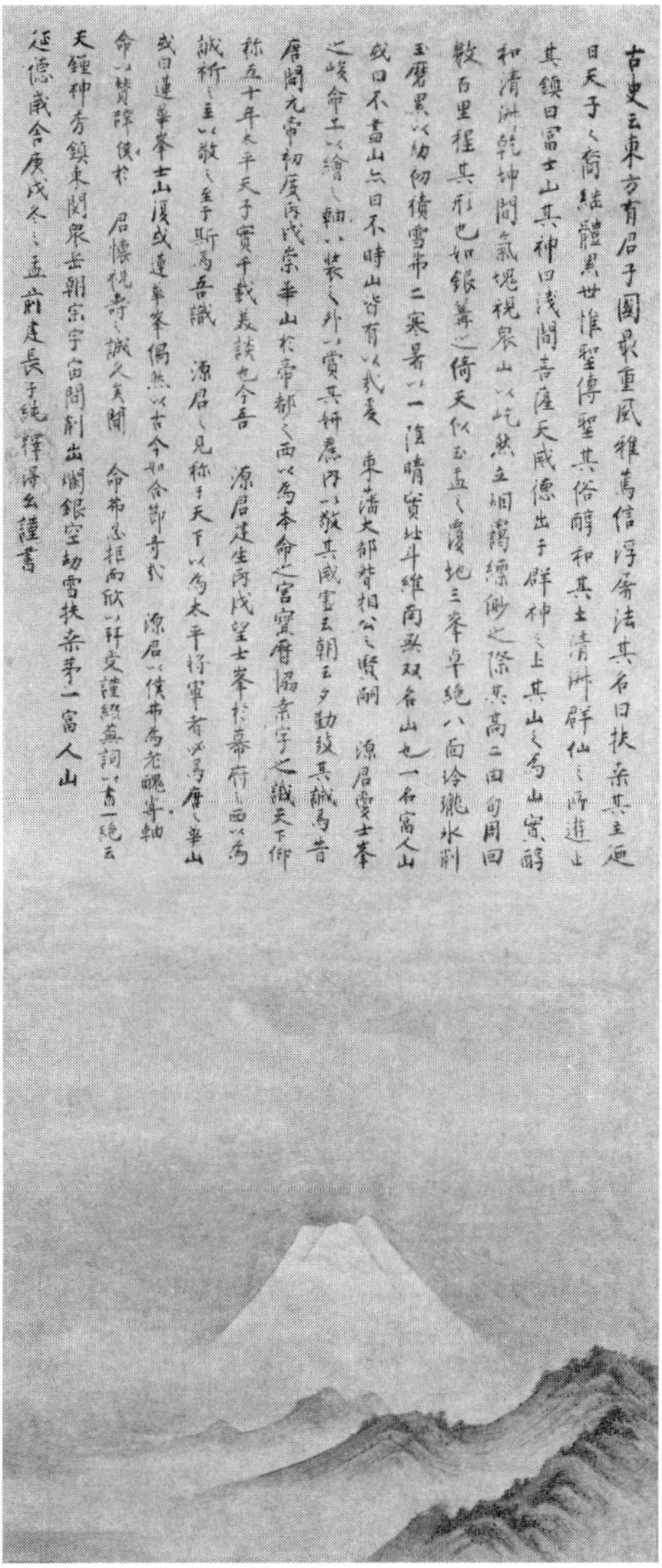

伝祥啓「富嶽図」（東京国立博物館蔵、出典：ColBase）

家の守護神にしようと、林居作の柿本人麿（詩歌界では神格化していた）像を入手し、永正二年（一五〇五）、その画に玉隠英璵の賛（代筆らしい）と詩歌に通じた者（公方近習であろう）が人麿の詩を書し、箔を付けるため政氏に花押を書いてもらっている（足利学校遺跡図書館蔵「柿本人麿像」、平井良直「古河公方ゆかりの美術」）。その賛によると、吾那左金吾は、「古河東」に住んでいるとある（結城合戦で籠城し、首を取られた者に吾那次郎の名がある）ので、鎌倉から古河に移った奉公衆の一人のようであり、この絵はその子孫に伝えられたものであった可能性が高い。この人麿像の存在からも、公方家と玉隠らとの密接な関係がうかがえよう。

現在、成氏の肖像画は確認されていないが、久喜の甘棠院《かんとういん》（埼玉県久喜市）には出家姿の政氏の肖像が残されている。そこには、永正十九年の玉隠英璵の賛が書かれており、玉隠と政氏との親交の深さをよく示している。

古河を壮厳化する先進文化　成氏が古河に移転したあとの鎌倉には、少なからぬ番匠・鍛冶・大鋸・銀細工・塗師・畳刺などの職人、猿楽・舞々・座頭などの芸能民らが残留した。彼らは鎌倉に残留しても、それまでの公方家との関係や営業を意識して、古河の成氏との関係を維持し続けていた。

享徳の乱の戦禍と成氏の古河移転が、僧・神官や職人・芸能民らの古河移住を促したことは先に触れた通りであるが、鎌倉残留を選択した彼らは、その後の鎌倉を新たな都市に再生する主役となった。発展途上の新都古河は、鎌倉に匹敵する文化・宗教・学問・技術の蓄積が不十分で、鎌倉の伝統の力に依拠せざるを得ない状況にあった。

その頃、両上杉氏も鎌倉との関係を維持していたが、都鄙和睦後、成氏は停滞気味であった鎌倉との関係を改めて強化し、復興途上にあった文化の保護と摂取に努めながら、古河の文化育成を図った。成氏が本拠の古河を関東の他の政治都市と峻別される政権都市へと育成するには、単に都市域を拡大し、人口の数値を増やすばかりでなく、洗練された先進文化を根付かせて、都市そのものを荘厳化することが不可欠であったのである（園田英弘『「みやこ」という宇宙』）。

中世後期の鎌倉と町衆　成氏の古河移転は、鎌倉にいた奉公衆の古河移住を促し、鎌倉の武家人口は減少した。庇護者を失って衰退する寺社も現れ、鎌倉はおのずと性格を変化させていった。

八雲神社（神奈川県鎌倉市）

かつて鎌倉は幕府と鶴岡八幡宮を中心とする武士たちの町とされていたが、現在では、大町の八雲神社（かつては祇園社）が商人や職人ら町衆の信仰を集め、彼らのまとまりの核になっていたことが明らかにされており、中世の鎌倉が八幡宮・武士を中心とする町（須地賀江橋《すじかえばし》〈筋替橋〉・大倉辻《おおくらつじ》など八幡宮を含んだ中枢部）と、祇園社・町衆を中心とする町（大町・小町・米町・和《わ》賀江《かえ》など海側地域）とが共存していたことが分かってきた（藤木久志「中世鎌倉の祇園会と町衆」）。さらに、武蔵小路下・亀谷《かめがや》辻《つじ》・気和飛坂山上《けわひざかやまがみ》（化粧坂山上）など西側の山寄り地域も町であり（松尾剛次『中世都市鎌倉を歩く』）、建長寺・円覚寺の門前

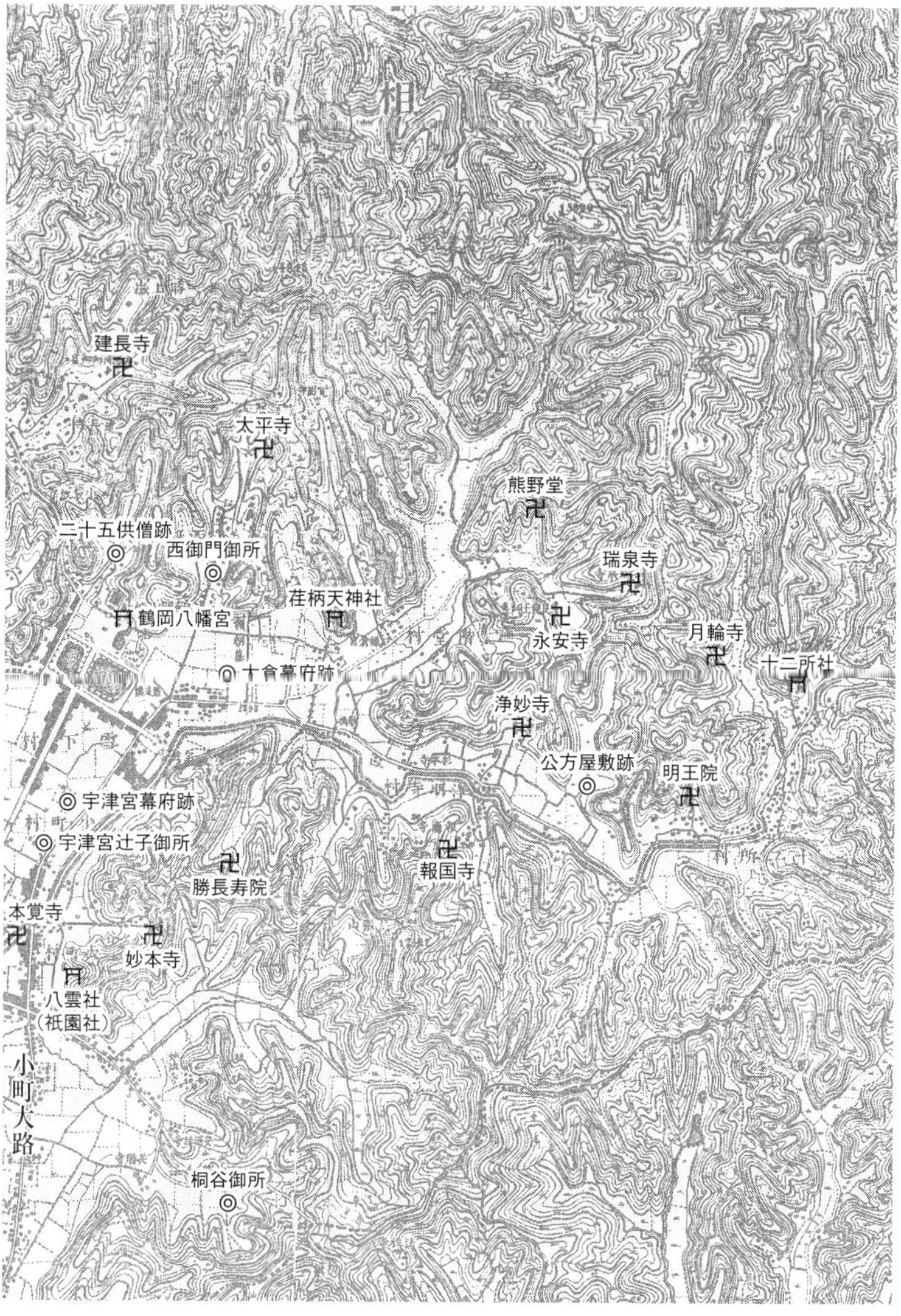

図 6　15 世紀の鎌倉（「迅速測図」鎌倉・逗子に加筆）

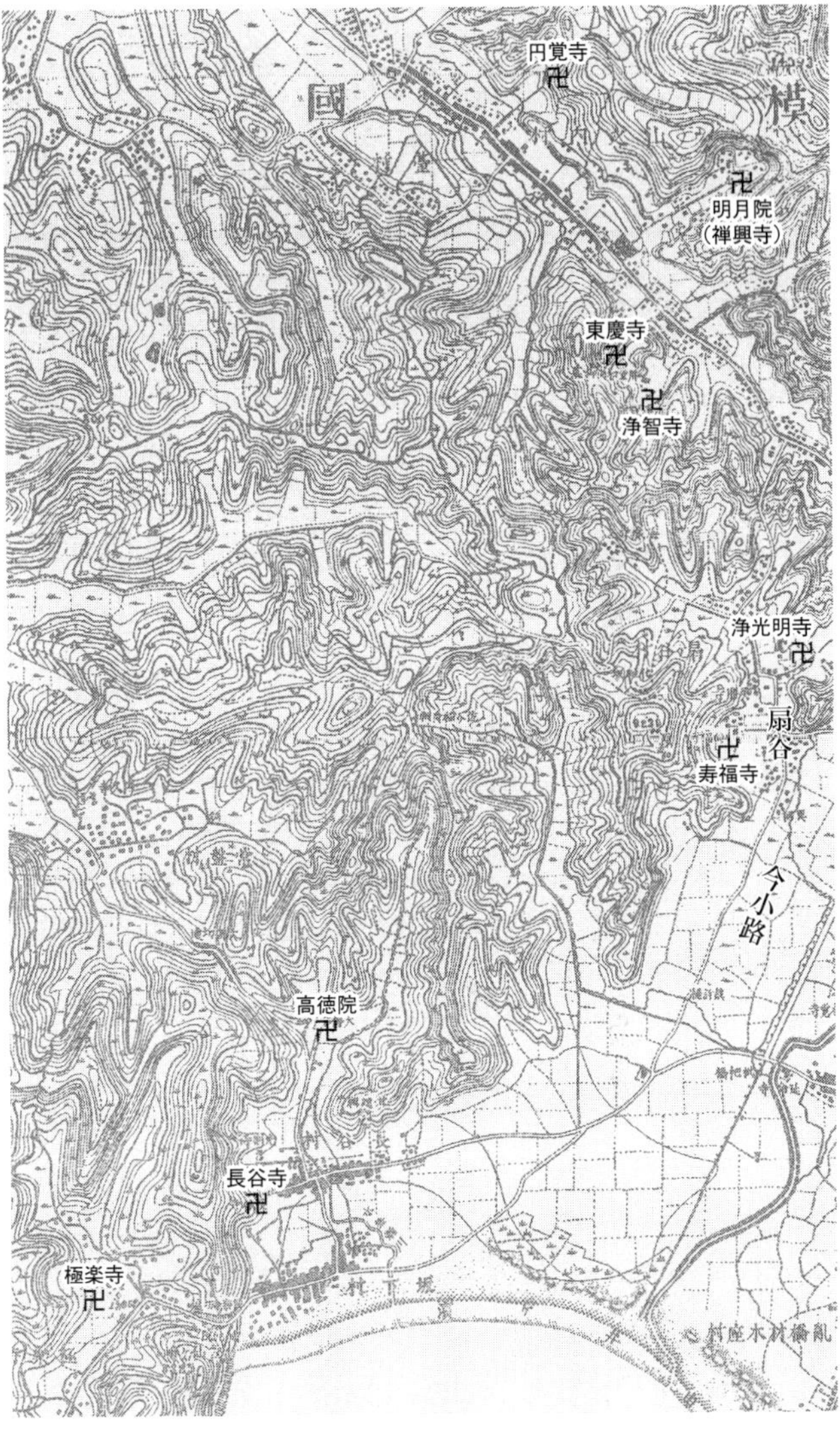
円覚寺
明月院
(禅興寺)
東慶寺
浄智寺
浄光明寺
扇谷
寿福寺
今小路
高徳院
長谷寺
極楽寺

にも町屋が並んでいた。

その四つの中でも大町とその周辺地域が最も活気があり、そこには日蓮宗の常栄寺《じょうえいじ》・妙本寺《みょうほんじ》・本覚寺《ほんがくじ》などもあって、町衆と密接な関係を結んでいた。大町の八雲神社（かつては祇園社）の祇園会は、京都と同じく町衆が支えており、「祇園会の船」（船形の山車）も彼らが出していた。持氏夫妻が公方屋敷の築地に設けた桟敷で見物した（『鎌倉年中行事』）のは、御所前を渡御する「祇園会の船」や舞物であり、鎌倉に復帰した成氏も、古河に移るまで毎年この祇園会をみていたことであろう。

鎌倉と古河の発展　一五世紀半ば過ぎ、成氏が古河に移転したのちの鎌倉は、商人・職人らが台頭し、有力寺社やその門前住人らと一緒になって、停滞した鎌倉に活気を与えながら、宗教・文芸・学問と商業・物造りを中心とする都市へと脱皮させていった。

一方、古河は成氏の定着に伴い、新たな政権都市に急成長し、当時の関東の城郭都市の中で、おそらく最多の人口を擁し、最高の文化水準に達していたと考えられる。しかし、多くの武家人口を抱え、政権都市として充実しても、文化都市としての不備を補うためには、旧都鎌倉との関係を維持し、その伝統の力を必要とした。そのため成氏は、鎌倉の伝統の力を保護・活用するとともに、古河に近い下野足利（栃木県足利市）の鑁阿寺《ばんなじ》や足利学校に蓄積された学問や教育にも依拠し、自らの権力と新都古河を洗練された最新の文化で荘厳化していった。成氏・政氏父子が、鎌倉禅林の詩歌・絵画・教学に連なり、その後ろ盾となったのはそのためであり、旧都鎌倉も公方の後ろ盾を得て、新たな文化・技術都市として再生していった。鎌倉と古河は兄弟の関係になぞらえられる都市として再生、建設されたのである。当然ながら、それは公方である成氏の政権構想に基づくものであった。

鎌倉と古河とでは、立地や社会経済環境などに規定された都市形態の違いがあるとはいえ、鎌倉の伝統を継承した新都として古河を観察する必要があり、それなしには鎌倉の研究も、古河の研究も不十分なものとならざるを得ない。

6　成氏と年中行事の世界

「鎌倉年中行事」の概要　『鎌倉年中行事』は、享徳五年（一四五六）六月、御所奉行の海老名《えびな》季高《すえたか》が、鎌倉公方代々の先例を集成し、成氏が公方として行うべき内容や、それを実行する際に準拠すべきことを書き連ねたものである。その基本部分は、代々の公方を経て持氏に引き継がれた年中行事にあり、復帰した成氏時代の変化に合わせ、雑多な儀礼の作法や書札礼などが加筆されている。

表2は年中行事の概略を示したものである。前半は正月〜十二月の年中行事、後半は若君誕生・元服や移徙・犬追物・発向などの儀式や書札礼などが記されており、厳密に『鎌倉年中行事』と呼ぶにふさわしいのは前半である。なかでも正月行事が圧倒的な比重を占め、二月〜十二月は毎月朔日の定例の御祝行事、月末ごとに公方の穢《けがれ》を移した撫物《なでもの》（形代）を陰陽頭《おんようのかみ》の所に持参し、除災祈禱を行ったことなどが記されている。

この撫物の除災は、鎌倉府でも朝廷や室町幕府と同様に、陰陽道《おんみょうどう》が公的行事で重要な役割を果たし

表2 「鎌倉年中行事」の概略

月日	年中行事の内容
正月朔日	公方様御行水。早旦御祝ノ始。朝ノ御祝。大御所様へ御出。御椀飯。内ノ御椀飯始。
正月二日	朝、御祝。御椀飯相州守護ヨリ一年、房州之守護ヨリ一年、隔年参。
正月三日	朝、御祝。御椀飯常州野州ヨリ隔年ニ参。
正月四日	朝、政所出仕。法躰宿老中出仕。御湯始。
正月五日	夜御行始、管領へ御出。
正月六日	従管領御引出物。
正月七日	朝、御祝同前、御椀飯ハ自政所参。
正月八日	若宮社務、御加持ニ被参。
正月九日	例日タル間、御祝等無之。但初子日ニ相当時、見好法師参テ、種々ノ祝言ヲ申。
正月十日	小侍所并評定奉行、扇谷、侍所千葉介方出仕。但依時宜日限八日。
正月十一日	御評定始。吉書。
正月十二日	勝長寿院之御門主様、殿中へ御出。
正月十三日	月輪院、遍照院、一心院出仕。日限堅定事ナシ。
正月十四日	外様ノ人々出仕。是モ日限定コトナシ。小山・結城・小田・宇都宮・那須又ハ佐竹方旁々当参之時者、皆以正月十五日ヨリ出仕アル也。
正月十五日	朝、御祝。御椀飯自上総一年、自下総一年参。然間千葉介方進上椀飯、奉行千葉介方代官参。
正月十六日	建長寺・円覚寺・寿福寺・浄智寺・浄妙寺并ニ十刹・諸山之長老以下御礼ニ参。極楽寺、宝戒寺、成就寺、浄光明寺、覚園寺、慈恩寺　大楽寺以下被参。其後太平寺ノ長老・同天寿院殿、東慶寺、松岡長老・同瑞松院殿様・同積善院殿御出。国恩寺、護法寺、禅明寺、此三ヶ寺モ比丘尼五山ノ内也。同日海岸寺殿御出。金澤之称名寺ハ御茶計也。

正月十七日	御的アリ。
正月十八日	藤澤山清浄光寺上人御参。
正月十九日	在郷ノ奉公・外様ヨリ、御礼被申上。明春御礼ハ日限不定。
正月二十日	大御所様ヲ重御申立、終日御酒。
正月二十一日	依例日出仕之人又ハ被申上方モ無之。
正月二十二日	武州、相州之国人、一揆中参上ノ人モアリ。
正月二十三日	鶴岡御社参。
正月二十四日	真言院地蔵、号黒地蔵、御参詣。
正月二十五日	荏柄天神へ御参詣。
正月二十六日	上総、下総辺ヨリ有参上、御礼被申上方有。
正月二十七日	依霊日出仕之人、被申上方モナシ。
正月二十八日	明王院、号五大堂、不動へ御参詣。
正月二十九日	雪下今宮へ御参詣アリテ、直ニ瀬戸ノ三島大明神へ御社参。
正月晦日	毎月ノ撫物ノ御使。
二月朔日	御祝御酒三献、御一家、御所奉行、其外宿老中皆以御座ニ伺候。
二月	八幡宮ニ一七日御参籠。七日之内浜ノ大鳥居ヲ有御廻、七度アリ。
二月二十三日	朝ヨリ廿五日マデ荏柄天神ニ御参籠アッテ、直ニ極楽寺舎利会ニ御参詣。
二月	御寺御焼香、是モ日限不定。御寺ト申ハ浄妙寺・長寿寺・大休寺・延福寺・瑞泉寺・長徳寺・永安寺・勝光院・太平寺・天寿院・冷光院・保寿院以上十二ヶ所也。
二月晦日	夜、御撫物御使、陰陽頭方へ罷出。
三月朔日	御祝如例。
三月三日	公方様由比ノ浜へ御出。浜ノ御犬ハ蒙古退治ノ御祈禱タル間、毎年御出尤也。

三月晦日	夜、御撫物陰陽頭方へ被遣。
四月朔日	御祝如例、三島御精進タル間、アイ火以下可有斟酌方ハ、不被致出仕、
四月晦日	夜、撫物被遣。
五月朔日	御祝如常。
五月五日	御祝御同前。
五月中	被撰吉日、泰山府君祭有之。
五月晦日	御撫物被遣。
六月朔日	御祝如常。富士御精進七日有之。
六月七日	稲荷・羽黒・五大堂・祇園、殿中へ光御。
六月十四日	同前、当日祇園会之船共参。
六月晦日	夜、御撫物被遣。次名越ノ御祓。
七月朔日	御祝如例。
七月七日	御素麺参。其外御祝如常。
七月十五日	盆御追善於殿中有之。御寺へ御焼香ニ御出、十五日ハ建長寺施餓鬼御聴聞。
七月十六日	浜之新居焔魔堂、号円応寺、応永大乱ノ時、為亡魂御弔。
七月二十四日	建長寺開山忌。
七月晦日	御撫物、陰陽頭方へ被遣之。
八月朔日	八朔御祝ト号。
八月二日	依例日御返事御書被出之。
八月十五日	八幡宮放生会祭礼
八月十六日	(八幡宮)於社頭猿楽アリ。
八月晦日	御撫物被遣。

九月朔日	御祝如常。
十月朔日	御祝如例。亥子之御祝三度アル時ハ三度ナガラ御祝有之。
十月晦日	夜、御撫物、陰陽頭方へ被遣之。
十一月朔日	御祝如常。三嶋御精進。
十一月初	八幡宮陪従。祭礼過マデ終夜社頭ニ被籠。
十一月晦日	夜、御撫物、陰陽頭方へ被遣。
十二月朔日	御祝如常。節分之夜、御方違御出。立春ノ御祝始。
（誕　生）	若君、姫御所様、御誕生之時、御座所之次第之事。三日之御祝之時。次七日夜御祝、七日之御祝ハ申サヌコト也。三日五日七夜之御祝之時。
（元　服）	公方様御元服ノコト。京都へ以使節御一字ヲ御申、御代々御嘉例也。
（移　徙）	御所造并御新造之御移徙ノ様躰之事。
（犬追物）	御犬追物被遊馬場殿事。
（発　向）	公方様御発向事。
（礼　儀）	管領対奉公中礼儀并書礼等之事。
（礼　儀）	公方様従管領有申事。
（礼　儀）	奉公中奉対管領礼儀之事。
（礼　儀）	対千葉介方、其外之外様、奉公中礼儀之事。
（書　札）	奉公中、管領書札之事。
（書　札）	奉公中対外様書札之事。
（書　札）	管領、其外御一家并外様、奉公之老若等、建長寺以下五山当住并東堂方
（書　札）	律家モ香ノ袈裟カケラレタル人ノ方へ書札。次護持之僧へハ、次僧正ハ、次勝長寿院御門跡ハ、又日光之御留守勤スル人躰。

（礼儀）	管領、御一家、其外ノ外様被官中、対奉公之方ニ礼儀之事。
（書札）	管領、其外御一家并外様奉公之老若等以下。
（書札）	五山以下へ書状ノ書ヤウ。
（礼儀）	奉公中対公方者礼儀事。
（礼儀）	検校、勾当、座頭之等ニテモアレ。
（猿楽時）	殿中又ハ社頭ナドニテ猿楽能ヲ申時。

ていたことを示す。陰陽道に絡む呪術的習俗は、公方の除災ばかりでなく、当時の社会の至る所で深く根付いており、古河に定着した成氏の時代でも、陰陽頭をはじめ民間の陰陽師《おんみょうじ》らの活動を必要とする状況が広く存在したのである。

この月初めと月末の恒例行事を除けば、節目に行われる行事が大半である。成氏がこれらの年中行事をすべて行ったとは限らないが、できるだけ実践しようと努めた可能性は高い。当然、古河移転により実施できなくなったもの、形を変えて続けたものもあったと考えられる。その点は『鎌倉年中行事』にみえる行事と、成氏・政氏らが古河で行った行事の違いから、古河府成立による変化の一端をみることもできる。以下、正月上旬、正月中下旬、二月〜十二月の行事、その他の儀礼・書札礼の順にみていこう。

正月上旬の行事内容　元日の早朝、公方は清めの行水と手水《ちょうず》を行い、その儀式が終わると、御酒一献《ごしゅいっこん》がある。ついで朝の御祝に奉公衆らが出仕して御酒三献《ごしゅさんこん》がある。そのあと公方が大御所《おおごしょ》（先代公方）に年頭挨拶をし、御酒三献となるのが慣例であるが、成氏の父持氏はすでに故人であったから、この挨拶と御酒三献は割愛されたのであろう。

つぎは朔日の椀飯《おうばん》で、公方に進献するのは管領《かんれい》である。これには御一家（吉良・渋川氏）や奉公衆も参列し、三献目が始まると、管領から剣・弓・征矢《そや》、沓《くつ》・行縢《むかばき》などが進献された。二日の椀飯は相模と安房の守護が一年おきに、三日は常陸と下野の守護が一年おきに進献し、七日は政所執事、十五日は上総と下総の守護が一年おきに進献した。

このように椀飯は、鎌倉時代の椀飯を引き継ぎながら、鎌倉府を支える関東管領（山内上杉氏）と政所執事（二階堂氏）、外様大名（佐竹・結城・宇都宮・千葉氏や小山・小田・那須氏）が進献し、公方との共同飲食によって親和と連帯を強めることに寄与していた。成氏の鎌倉復帰後も、これに近い形で実施されたとみられるが、古河移転後は古河府執行部中心の椀飯になり、その規模と形を変えて行われたと考えられる。

三ヶ日が過ぎると重臣らの出仕が始まり、四日は政所執事、ついで法体《ほったい》の宿老中が公方に対面し、御酒三献がある。そのあと公方は湯治となり、公方人の岩堀《いわぼり》氏が湯殿で公方の身の回りの世話をした。五日夜は「御行始」で、公方が関東管領邸を訪れ、管領が一家を挙げて歓迎し、白打鮫《しろうちざめ》の剣・白糸の具足などさまざまな品々が献上された。

八日は鶴岡八幡宮社務が公方の厄除け祈禱を行い、大御門に神額を掛けて御所に侵入する災危を防いだ。成氏復帰後は、社務である弟の定尊が祈禱を行い、古河移転後も、定尊が同じように年始祈禱を行っていたと考えられる。

九日は初子日《はつねのひ》（正月最初の子の日）に当たる年だけ、見好法師《みよしほうし》（民間陰陽師。千秋万歳《せんずまんざい》のような門つけ呪師。山本尚友「民間陰陽師の発生とその展開」）が御所に来て祝言を唱えた。これは公方の延命長寿を祈る行事の一つであり（藤木久志「鎌倉公方の春」）、古河移転後も行われていた可能性が高い。

正月中下旬の行事　十一日は評定始《ひょうじょうはじめ》があり、管領・評定奉行や政所執事・問注所執事らが評定所に出仕し、公方が来ると儀式が始まる。この日の儀題は吉書《きっしょ》であった。古河でも最後の公方義氏時代の吉書が残っており（『喜連川家文書』）、対象地域を限定し手続きも簡略化されながら継続していたことが分かる。現在、成氏や政氏の時代の吉書は残っていないが、義氏の時代にも行われていたのなら、成氏や政氏の時代には、鎌倉府の吉書に近い形で行われていた可能性が高い。

十二日は勝長寿院門主の年始挨拶があり、稚児《ちご》一人、坊官一人、法師二人を従えた門主が御所の大御門から入り、丁重な歓待を受け、帰りには公方が御縁まで見送った。十三日には月輪院など公方の護持僧が参上した。前述のように、成氏時代の月輪院は、関東修験の束ね役となっていたが、勝長寿院門主の成潤は公方に敵対していたので、年中行事から脱落していたとみられる。

寺院の年始挨拶は十六日に山場を迎え、建長寺・円覚寺などの鎌倉五山、禅興寺・瑞泉寺などの十刹、諸山の長老らが公方に対面し、接待を受けた。ついで極楽寺や太平寺長老などが参上し、最後に鎌倉の外にある金沢称名寺《かねさわしょうみょうじ》（神奈川県横浜市）などが参上し、寺院の挨拶が終わる。鎌倉諸寺院の年始挨拶は、成氏の復帰後に復活したとみられるが、古河移転後は、随伴した僧侶らを除けば書状での挨拶に変わったと考えてよかろう。

武士たちの年始挨拶はこれに前後して行われた。十日の役付き武士の出仕に続き、十四日は外様の出仕日で、下野・常陸・下総の小山・宇都宮・那須・佐竹・小田・結城氏らが参上する。十九日には在郷の奉公衆、外様の国人らが出仕し、二十二日には武蔵・相模の国人・一揆中が出仕した。成氏の古河移転後は、自ら挨拶に出仕する者と、代官を派遣し挨拶と献上物を届けるだけの者に分かれるが、それなりの人数が挨拶しており、公方である成氏の存在感はまだかなり大きかったことが分かる。

正月下旬になると、公方の寺社参詣が始まる。最初は二十三日の鶴岡八幡宮参詣で、公方が関東管領・御一家らを伴って参拝し、本社に奉幣を捧げた。翌二十四日には真言院、二十五日には荏柄天神へ参詣し、ここでは毎年二、三度「御千句」の歌会があり、公方が百韻発句を詠んだ。二十八日には明王院、二十九日には雪下の今宮へ参詣し、六浦の瀬戸三島社（神奈川県横浜市）参詣を最後に正月の寺社参詣を終える。鎌倉復帰後の成氏は、父祖の例に倣って鎌倉中の寺社参詣を行ったであろうが、古河移転後は、古河とその周辺の寺社参詣に重点を移し、鎌倉の寺社には書状で対応するようになる。

変化する年始挨拶　このように年始挨拶には、鎌倉中の寺社、管領以下の重職、奉公衆、外様大名・国人・一揆に至るまで、鎌倉府管下の各地から出仕した。しかし、それぞれの家の正月行事があり、遠方のため代官を参上させて挨拶する者もあった。成氏の古河移転後は、古河に移った奉公衆や寺僧らを除けば、在国奉公衆、各地の外様大名・国人らは代官を派遣するか、書状での年始挨拶に変わった。以下、成氏・政氏時代と最後の公方義氏時代の年始挨拶を比較し、その変化の様相をみてみよう（表3・表4参照）。

表3　年頭の祝儀献上と古河公方の返礼御書

公方	日付	献上者	冒頭文言	献上品	返礼品	出典
成氏	正月十二日	横瀬信濃守	為年頭之祝詞	太刀幷白鳥	御剣	集古文書六四
〃	正月十三日	茂木式部丞	為年始之祝言	太刀・白鳥	御剣	茂木文書
〃	正月十四日	茂木上総介	為改年之祝詞	太刀・白鳥	太刀一	茂木文書
〃	正月十九日	真壁安芸守	為年頭之祝言	太刀・白鳥	御剣	真壁文書
〃	正月二十三日	遍照寺		巻数・茶		遍照寺文書
〃	正月二十五日	新田三郎	為年始之祝言	太刀・馬	太刀一	正木文書
政氏	正月十二日	真壁右衛門佐	為年頭之祝儀	太刀幷白鳥以下	御剣	真壁文書
〃	正月十二日	横瀬信濃守	為年頭之祝詞	太刀幷白鳥	御剣	園田文書
〃	正月十三日	真壁右衛門佐	為年始之祝儀	扇幷柑子	墨	真壁文書
〃	正月十三日	茂木上総介	為季首祝言	太刀	御剣	茂木文書
〃	正月十八日	茂木上総入道	為年始之祝言	太刀・白鳥	御剣	茂木文書
〃	正月二十日	祥懌西堂		鍮石香炉幷盆		喜連川家文書案
〃	正月二十四日	遍照寺	為今春之祈禱	巻数幷茶		遍照寺文書
〃	正月二十八日	遍照寺	為今春之祈禱	巻数以下		遍照寺文書
〃	二月八日	極楽寺	為今春之祈禱	巻数		極楽寺文書
高基	正月十一日	安養院	如嘉例	茶		鑁阿寺文書
〃	正月十二日	横瀬信濃守	為年頭之祝詞	太刀幷白鳥	御剣	集古文書六七
〃	正月十二日	真壁右衛門尉	為年頭之祝詞	太刀	御剣	家蔵文書一二
〃	正月十二日	真壁安芸守	為年始之祝言	太刀幷柑子	太刀	影写本真壁文書

〃	正月十二日	六字院	如例年	草魁		鑁阿寺文書
〃	正月十三日	真壁安芸守	為年始之祝言	太刀	御剣	真壁文書
〃	正月十三日	真壁右衛門佐	為年始之祝儀	太刀	御剣	真壁文書
〃	正月十三日	真壁右衛門佐	為年頭之祝儀	太刀	御剣	真壁文書
〃	正月二十三日	久下中務少輔	年始之為祝儀	太刀幷棰・白鳥	御剣	榊原文書
〃	二月十八日	安保弾正忠	為青陽之祝詞	棰以下		安保文書写
晴氏	二月七日	石川信濃守	為年始之祝儀	太刀幷蠟燭	御剣	石川文書
〃	閏正月十八日	芹沢土佐守	為年頭之祝儀	万病円幷白薬		芹沢文書
〃	正月十一日	鑁阿寺衆中	為新年頭之祝詞	茶		鑁阿寺文書
〃	正月十一日	鑁阿寺衆中	為年甫之祝儀	茶		鑁阿寺文書
〃	正月十二日	真壁安芸守	為改年之祝儀	太刀幷白鳥・柑子	御剣	真壁文書
〃	正月十二日	真壁安芸守	為年頭之祝儀	太刀幷白鳥・柑子	御剣	真壁文書
〃	正月十七日	武茂修理大夫	為年頭之祝儀	棰幷白鳥		家蔵文書九
〃	正月二十三日	芹沢土佐守	為改年之祝儀	薬両種		芹沢文書
〃	正月二十七日	芹沢土佐守	(欠損)	(欠損)	扇	芹沢文書
〃	二月二十二日	鶴岡神主新太郎	為改年之御祈禱	巻数幷油煙	御扇	鶴岡神主家伝文書
〃	二月二十三日	芹沢土佐守	為年頭之祝儀	白薬・万病円		芹沢文書
〃	二月二十三日	(田代)文松蔵主	為祝儀	棰以下		弘前阿保文書
〃	三月四日	芹沢土佐守	為年頭之祝儀	万病円・白薬		芹沢文書
〃	三月十九日	芹沢土佐守	為年頭之祝儀	万病円・白薬		芹沢文書
〃	三月十九日	梵禎首座	為肇年之祝詞	翰墨	扇	喜連川家文書案
〃	四月十五日	芹沢土佐守	為年頭之祝儀	万病円・白薬		芹沢文書

〃	四月十九日	芹沢土佐守	為年頭之祝儀	万病円・白薬		芹沢文書
義氏	三月二日	芹沢土佐守	為改年之祝儀	万病円・白薬	(官途)	芹沢文書
〃	一月十三日	芹沢左近大□	為新年頭之□	両薬三嚢	松葉	芹沢文書
〃	正月十一日	鶴岡小別当	為肇年之祝儀	巻数幷油煙	御扇	鶴岡八幡宮文書
〃	正月二十三日	臼井上野介	為年頭之祝儀	一荷三種		喜連川家文書案
〃	正月十四日	狩野遠江守	為年頭之祝儀	弓幷扇子		喜連川家文書案
〃	正月五日	簗田中務太輔(代官)	年頭之祝儀	一荷五種		簗田家文書
〃	正月五日	簗田中務太輔(代官)	年頭之祝儀	太刀幷一荷五種	太刀	喜連川家文書案
〃	正月五日	洗心斎	為年頭之祝儀	一荷五種	扇子	喜連川家文書案
〃	正月九日	梶原美作守	為年頭之祝儀	一荷三種	御扇	称念寺文書
〃	正月十一日	(北条)左京大夫	為年頭之祝儀	太刀幷馬	太刀	喜連川家文書案
〃	正月十二日	鑁阿寺衆中	為改年之祝儀	建渓	五明	保坂潤治所蔵文書
〃	正月十四日	那須修理大夫	為改年之祝儀	太刀	太刀	那須文書
〃	正月十五日	那須修理大夫	為改年之祝儀	太刀幷馬	太刀	那須文書
〃	正月十五日	(鷲宮)神主大和守	為肇年之祝儀	一荷両種		大内文書
〃	正月十七日	真壁安芸守	為年頭之祝儀	太刀	御剣	真壁文書
〃	正月十八日	鶴岡神主新太郎	為改年之祝儀	巻数幷氷麝	御扇	鶴岡神主家伝文書
〃	正月二十日	粟飯原孫次郎	□	菱食		粟飯原金次郎氏所蔵文書
〃	正月二十日	高城源次郎	為年頭之祝儀	白鳥	御扇	喜連川家文書案
〃	正月二十二日	蘆野弾正少弼	為肇年之祝儀	扇子幷白鳥		戸村文書
〃	正月二十四日	粟飯原孫次郎	為年頭之祝儀	菱食		粟飯原家文書
〃	正月二十六日	小山伊勢千代丸	為改年之祝儀	太刀幷扇子・白鳥	太刀	小山氏文書

〃	正月二十七日	小山弾正大弼	改年之祝儀	太刀幷馬	太刀	小山氏文書
〃	正月二十七日	法華経寺	為改年之祝儀	建渓幷海苔	扇子	中山法華経寺文書
〃	正月二十九日	(北条)氏直(代官)	年頭之祝儀	太刀・五明	御書・太刀	簗田家文書
〃	正月二十九日	国分左衛門太郎	為年頭之祝儀	白鳥		新編会津風土記八
〃	正月	鑁阿寺衆中	為肇年之祝儀	建渓百袋	扇子	喜連川家文書案
〃	正月　日	千手院	為改年之祝儀	一荷三種	扇子	喜連川家文書案
〃	二月朔日	小山弾正大弼	為改年之祝儀	太刀・馬	太刀	小山氏文書
〃	二月五日	那須修理大夫	為年頭之祝儀	太刀幷馬	太刀	那須文書
〃	二月五日	芹沢土佐守	為改年之祝儀	御薬五包		芹沢文書
〃	二月八日	鑁阿寺衆中	為孟春之祝儀	建渓		鑁阿寺文書
〃	二月十一日	小野崎下野守	為年頭之祝儀	太刀幷扇子	御剣	小田部氏所蔵文書
〃	二月十四日	芹沢左近大夫将監	為改年之祝儀	白薬・万病円		芹沢文書
〃	二月十八日	芹沢土佐守	為肇年之祝儀	万病円・白薬		芹沢文書
〃	二月二十六日	芹沢土佐守	為年頭之祝儀	万病円・白薬		芹沢文書
〃	二月	行方左衛門大夫	為年頭之祝儀	白鳥		喜連川家文書案
〃	三月二日	烟田右衛門大夫	為改年之祝儀	白鳥		烟田文書
〃	三月二日	大高三郎	為改年之祝儀	太刀		大高文書
〃	三月五日	芹沢土佐守	為改年之祝儀	万病円・白薬		芹沢文書
〃	三月七日	芹沢土佐守	為改年之祝儀	万病円・白薬		芹沢文書
〃	三月十九日	由良刑部太輔(代官)	年頭之祝儀	太刀幷一荷五種	太刀	集古文書七

＊年頭・年始などの表記なしでも、年始祝言であると判断したものについては掲示している。

表4　天正六年の年頭申上衆

月日	申上衆名	進上の品	返礼の品
正月一日	北条陸奥守(代官布施対面)	二荷五種	御書
正月七日	成田下総守(代官対面)	御太刀并青蚨二百疋、一荷三種	御剣・御書
正月八日	太田弥太郎(使者)	一荷五種	御書
正月九日	小田大炊頭(代官嶺対面)	一荷三種	御書・御扇
〃	佐々木信濃守(代官須西対面)	一荷二種	御書・御扇
〃	相馬大蔵丞(飛脚)	三種	御書、御返祝なし
正月十一日	(鷲宮)神主新二郎	一荷三種	弾正少弼の官途
		官途の返礼に黒之御馬	御太刀
正月十四日	報恩寺	御扇二金、二荷五種	御書・御扇
〃	皆川又三郎	御太刀并一荷五種、但御太刀者不致進上	御書・御扇、受領申上付而山城守御書
〃	足利千手院	一荷三種	御書・御扇
〃	足利鑁阿寺	建渓百袋	御書・御扇
正月十五日	佐野小太郎(代官田島太郎右衛門対面)	二荷七種	御書
〃	由良刑部太輔(代官小曽根弥十郎対面)	御太刀一腰金覆并一荷五種	御書・御剣
〃	由良信濃守	御太刀一腰、一荷三種	御書・御剣
正月十六日	壬生上総介(代官本間勘解由左衛門参上)	御扇・御弓并一荷五種	御書・御扇
正月十八日	(北条)氏政(使松田四郎左衛門尉参)	御太刀并五明	御書・御太刀、御番所御酒一ッ肴・熨斗、築田下野守添

正月二十二日	小田氏治(飛脚)	御太刀幷白鳥	御書・御太刀
正月二十三日	臼井上野介	一荷三種	御書
正月二十五日	国分左衛門太郎(飛脚)	白鳥一	御書
正月二十九日	佐倉(千葉)邦胤(飛脚)	御太刀一腰幷白鳥	御書・御太刀
〃	粟飯原孫次郎	大雁一	御書
〃	鎌倉恵光院	巻数幷一荷三種	御書・御扇剡藤
〃	常観坊	巻数・牛玉・護幷鹿皮	御書・御扇
二月二日	高城下野守(相馬因幡申上)	御太刀幷白鳥、受領の祝儀金襴	御書・御剣
		一巻幷青蚨千疋	御書
〃	(田代)三喜斎(忍而以飛脚申上)	御薬五種	御返祝・御書なし
〃	(芹沢)養謙斎(忍而以飛脚申上)	御薬五種	御返祝・御書なし
二月六日	鎌倉覚園寺	御巻数幷御筆・建渓十袋・同一合	御扇
二月十六日	長尾新五郎	御太刀幷二荷七種	御書・御剣
二月二十四日	村上助三郎	御太刀幷白橋鞍一口	御書・御剣
〃	大坪新十郎	白橋鞍一口	御書・御扇
〃	行方(島崎)左衛門大夫	御扇幷白鳥・鱒二ツ	御書・御扇狩野筆

*文禄慶長御書案(「喜連川文書」)より作成

成氏・政氏時代の年始挨拶の内容は、残存する公方の返礼からある程度推測できる。その代表的な例が次の成氏書状である（『正木文書』『極楽寺文書』）。

年始の祝言として、太刀・馬到来、目出候、仍って太刀一これを遣わされ候、恐々謹言、

正月二十五日　　成氏（花押）

新田三郎殿（岩松成兼）

これは古河移転後の成氏が、岩松成兼《しげかね》に年始挨拶の進上物（太刀・馬）の返礼として太刀一腰を贈った際の返書である。武士らの進上物は、太刀や馬・酒肴《しゅこう》・扇・弓・銭・白鳥・雁・柑子《こうじ》などが中心で、公方からの下賜品は相手の身分により、大名には太刀と返書、国人には剣か扇と返書、それ以下は返書だけ、返書もなし、という違いがあった（表3）。御一家に準ずる大名の岩松氏は、太刀・馬に対して太刀と返書が送られている。

成氏・政氏時代の年始の進上物に対する返書はあまり残っていないが、享徳の乱中は公方派の武士や寺社の多くが挨拶し、都鄙和睦以降は上杉氏の一族・重臣からも進上物が届けられたとみられる。それでは古河での挨拶状況はどうであったであろうか。

最後の公方義氏に対する年始挨拶をまとめた史料群があるので、その中の天正六年（一五七八）の挨拶内容をまとめてみると、表4のようになる。

当時の義氏は小田原北条氏の庇護下にあり、反北条勢力の佐竹・宇都宮・結城氏や里見氏らは挨拶を止めており、名を連ねるのは奉公衆や北条氏に服属した武士たちに限られる。奉公衆では小田大炊《おだおおいの》

頭《かみ》・佐々木・相馬・佐野氏や村上・大坪・行方氏、御一家に準ずる岩松氏の執事由良氏、医師の田代・芹沢氏、祈願所の鷲宮社・鑁阿寺・鎌倉覚園寺《かくおんじ》などがみえ、公方と親しい武士や寺社が挨拶を行っていた。

ほかには、北条氏政《うじまさ》・氏照《うじてる》兄弟、北条氏に従う武蔵の成田氏、下野の壬生・皆川・長尾氏、北条氏と結ぶ下総の千葉氏とその傘下の臼井・国分・高城《たかぎ》・粟飯原《あいはら》氏らであった。彼らは北条氏に倣って年始挨拶をしており、北条勢力と反北条勢力の系列化が進むと、公方に近い寺社でさえ、挨拶を止めたり、形式的に行うだけになっていく。

享徳の乱中、上杉方が成氏に年始挨拶をしなかった可能性があるが、それでも義氏の時代ほど反対勢力が公方の存在を軽視することはなかった。前述のように、足利政知に従って伊豆・関東に入った岩松尚純が、のちに成氏に出仕・帰属し、木戸孝範の子弟も成氏・政氏に従うなど、公方との交流を復活させたのはその一端を示す。少なくとも一六世紀前半の高基の時代まで、成氏時代に準じた年始挨拶が行われていたとみて大過なかろう。古河公方は斜陽の公方とみられがちであるが、少なくとも成氏・政氏の時代には、公方としての輝きを失っていなかったのである。

二月〜八月の年中行事　年中行事に戻って二月以降の行事内容を概観しよう。二月朔日は月初めの御祝で、御一家・御所奉行・宿老中が出仕し御酒三献があった。日限は不定ながら、同じ頃に鶴岡八幡宮で一七日間の参籠、二十三〜二十五日には荏柄天神の参籠があった。また、二月初めと盆・年末には、公方家菩提寺へ行き焼香を行っていた。成氏の古河移転後、その大半が実施できなくなったとみられるが、菩提寺での焼香は書状を送り、香料を納める形で続行していたようである。

三月三日の桃の節句（上巳《じょうし》の節句）には、由比ヶ浜で「浜之《はまの》御《お》犬《いぬ》」（犬追物）が行われた。この犬追物は犬を弓で射る遊戯から「蒙古退治の祈禱」に変化しており、元寇の恐怖の記憶と上巳の日の悪霊払い慣行が結びついて起こった変化とされている（藤木久志「鎌倉公方の春」）。成氏がこうした犬追物を古河で行っていた形跡はみられない。

四月朔日には瀬戸三島大明神の臨時祭礼に先立つ三島精進が始まり、「合い火」（同じ火で煮炊きすること）を控え、穢のある人は出仕も控えた。八日の臨時祭礼には公方も参詣し、「中の酉」の日には公方の代官の月輪院が伊豆三島社に行き、神馬《しんめ》などを奉納した。成氏の時代も月輪院を介して、三島社に参詣していたとみられる。

五月五日は泰山府《たいざんふ》君祭《くんさい》（中国の五岳の一つ泰山の神の祭り。冥界信仰の影響を受けて延命と除災を祈った）があり、陰陽頭が浄衣で出仕して公方の延命・魔除け・栄達を祈った。五月末には七日間の「富士御精進」があり、六月一日に御所近くの飯盛山に参詣した。古河の成氏は、円覚寺の中恩芳林から「富士軸」を進上されたことがあり（『東慶寺文書』）、当時、流行中の富士信仰に関心を持っていたことをうかがわせる。そういえば、古河城下の一角と城下外れの伊《い》賀袋《がふくろ》（埼玉県加須市）にも富士浅間社が建てられており、のちのちまで公方家と密接な関係を持っていた（『武州文書』）。

六月七日には稲荷・羽黒・五大堂・祇園社から渡御する神輿が御所前に来ると、公方も妻戸《つまど》の内から見物し、十四日に祇園会の船（船形の山車）が来ると、さまざまな舞物が行われ、多くの民衆が集まるので、公方も御所の築地の上に桟敷を設けて見物していた。成氏は古河に移転したあと、鎌倉の祭礼を見る機会は失ったであろうが、鎌倉から移した寺社や古河の惣鎮守雀神社の祭礼、古河に住む雑芸民らの存在を想起すると、寺社祭礼や神事で神輿を見たり、神楽や舞物を見る機会はたびたびあったと考えられる。

七夕には御祝があり、公方の食膳には素麺が用意された。お盆の十三日・十四日には菩提寺の僧が殿中に参上し、戦乱の中で命を落とした人々の追善供養が行われた。十五日は建長寺の施餓鬼、十六日には由比ヶ浜の新居焔魔堂《あらいのえんまどう》で上杉禅秀の乱の犠牲者の「亡魂御弔《ぼうこんおとむらい》」があり、公方も参列した。成氏が古河に本拠を移したあと、こうした施餓鬼や供養に参加できなくなり、代官を派遣し香料を届けるようになったとみられる。

八月朔日は八朔《はっさく》の節日で、御連枝・護持僧・管領・奉公衆・外様の当参の人々から在国の人々まで参上し、贈答を行った（詳細は後述）。十五日は鶴岡八幡宮の放生会《ほうじょうえ》があり、翌十六日に社頭で長命太夫が猿楽能を演じ、公方も龍王の間から見物した。前述のように、成氏も長命太夫の猿楽能を見物していた。

九月〜十二月の年中行事　九月九日の重陽《ちょうよう》の節句に関する記載はない。十月亥の日には「亥子《いのこ》の御祝」があり、御所で搗《つ》かれた「御成切《おなりきり》」（亥子餅《いのこもち》）が管領や外様、奉公衆・在郷の武士にまで配られ、無病息災・子孫繁盛と五穀豊穣を祈り（藤木久志「鎌倉公方の春」、盛本昌広『贈答と宴会の中世』）、十一月初旬の鶴岡八幡宮の祭礼には公方も参籠した。十二月の節分の夜には「御方違《おんかたたがえ》」があり、管領・奉公衆・外様が順番に公方を饗応した。公方が到着すると「御酒三献」があり、亭主は多数の引き出物を献上し、寝所の用意や翌日の立春の御祝、夜に着用する衣装を用意し、翌日に亭主の子息・親類が引き出物を御所へ届けた。古河ではこの種の行事が行われた様子は認められない。

八朔の祝儀の内実　八朔は田実《たのみ》・憑《たのみ》の節供などとも呼ばれるように、稲の収穫を目前にした豊作祈願や予祝、各種の贈答などが行われる農村行事に起源を持つ。鎌倉時代に御家人の間で贈答の風習が広まり、室町時代には将軍に公家・武家が「たのみの節供」として物品を進上し、将軍が返礼を下賜する行事となり、公家にも取り入れられて公武の重要な行事となった（『平凡社大百科事典』）。鎌倉府の八朔は、幕府から分立したのを契機に独自な発展を遂げたものであった。

『鎌倉年中行事』によれば、八朔の日は御連枝・護持僧・管領・奉公衆・外様まで「御頼《おたのみ》」（御田実・御憑）を進上するのが慣例で、御連枝と管領の使者だけが公方と対面し、それ以外の使者は申次に御剣《ぎょけん》・唐物《からもの》（中国からの舶来品）などを渡していた。申次はそれらの品々に進上者の名前を書いた札を付け、保管用の部屋に運んだ。翌日、宿老が御剣替《ぎょけんがえ》を、中老が唐物替《からものかえ》を行った。

御剣替とは太刀・剣の進上者に下賜する太刀・剣を、身分に応じて別の太刀・剣に替えて割り振る作業であり、唐物替も同様に磁器・書画などを割り振る作業である。割り振り方の理念は、進上者には入手しがたい物を選び、公方が彼らより広い世界と繋がり、各地から多様な物品を得られる存在であることを示すことにあった（新井白石『読史余論』、三鬼清一郎「織田政権の権力構造」）。この作業終了後、申次が進上者に下賜する御剣・唐物を代官に渡し、それに対応する物が下賜された。

ついで馬替の実務が始まり、馬の管理役所である御厩《みまや》の別当らが献上された馬の毛色や模様を査定する「毛付《けつけ》」を行い、それが終わると献上者の代官は宿所へ戻り、宿老中と御厩別当が相談し、公方が下賜する馬を見定めて、別当の家臣が公方に披露する。この馬替も、献上者が入手しがたい馬を返礼用に割り振っていた。

御剣替・唐物替は献上された太刀・剣・唐物などの物品を選別し、身分に応じて別の品物を下賜品とする作業であり、公方は献上物を一定の基準によって下賜物に転化し、出費なしに御連枝・管領・奉公衆・外様らとの贈答を行い、主従関係を再確認した。室町期の経済は「使い回しの経済」と評価される（桜井英治『日本の歴史12 室町人の精神』）が、献上物を右から左に使い回す公方の贈答行為は、そのように呼ぶのにふさわしい内実を持っていた。

八朔の祝儀と古河公方　表5は、成氏ら古河公方歴代が発した八朔の献上品に対する返礼の内容をまとめたもので、「為憑之祝言《たのみのしゅうげん》」の表記があるように、八朔は確かに「憑」と呼ばれていた。注目されるのは、成氏以降、歴代公方の返礼書状が戦国末期まで発せられ、最後の公方義氏の書状が二二点も残っている事実である。これは成氏以降、義氏の時代に至るまで八朔の贈答が行われていたことを示すが、年始の祝儀と同じく、義氏の時代には小田原北条氏の勢力圏内でのやりとりが増加し、形骸化が進行した。それでも戦国末期まで、公方家で八朔の祝儀が行われていた事実は注目に値しよう。

成氏から晴氏までは事例が少なく不明な点が多いが、十六世紀半ばを過ぎても、献上者は一色・岩松氏らの足利一門、彦部・簗田・佐野・相馬・茂木氏ら奉公衆、小山・結城・那須氏ら外様の大名、

表5　八朔の祝儀献上と古河公方の返礼御書

公方	日付	献上者	冒頭文言	献上品	返礼品	出典
成氏	八月朔日	茂木上総介	為憑之祝言	太刀	御書	茂木文書
〃	〃	茂木式部丞	為今日祝言	太刀以下	御書	茂木文書
〃	八月一日	岩松三郎	為八朔之御祝言	御馬・御剣	(御返)	正木文書
政氏	〃	茂木上総入道	為八朔之祝言	太刀以下	御剣	茂木文書
〃	八月初吉	鷲民部少輔	為憑之祝言	指縄	管城子	鷲宮神社文書
晴氏	八月一日	小山弾正大弼	為八朔之祝儀	太刀	太刀	小山文書
藤氏	八朔	小山弾正大弼	為八朔之祝儀	太刀并扇	太刀・松葉	小山氏文書
義氏	八朔	小山弾正大弼	為八朔之祝儀	太刀并馬	太刀・馬	小山氏文書
〃	八朔	彦部左馬助	(破損)	(破損)并青蚨	太刀	彦部文書
〃	八朔	那須修理大夫	為八朔之祝儀	太刀并馬	太刀・馬	那須文書
〃	八月朔日	那須修理大夫	為八朔之祝儀	太刀并馬	太刀・馬	那須文書
〃	八月朔日	那須修理大夫	為八朔之祝儀	太刀并馬	太刀・馬	那須文書
〃	八朔	簗田中務太輔	八朔之祝儀以代官	馬并一荷三種	馬	賜蘆本簗田文書
〃	八月朔日	小山弾正大弼	為八朔之祝儀	太刀并馬	太刀・馬	小山文書
〃	八月朔日	小山弾正大弼	為八朔之祝儀	太刀并馬	太刀・馬	小山氏文書
〃	八朔	小山伊勢千代丸	為八朔之祝儀	太刀・扇子	太刀	小山氏文書
〃	八朔	小山伊勢千代丸	為八朔之祝儀	太刀・扇子并白鳥	太刀	小山氏文書
〃	八朔	神主大和守	為八朔之祝儀	一荷三種并指縄	御扇	大内文書
〃	八朔	神主大和守	為八朔之祝儀	指縄并一荷一種	御扇	鷲宮神社文書

〃	八月	壬生彦次郎	為八朔之祝儀	弓幷団	矢	喜連川家文書案
〃	八月	相馬左近大夫	為八朔之祝儀	弓幷団	矢	喜連川家文書案
〃	八月	佐野小太郎	為八朔之祝儀	馬	馬	喜連川家文書案
〃	八朔	一色宮内太輔	為八朔之祝儀	太刀	太刀	喜連川家文書案
〃	八月	甘棠院主	為八朔之祝儀	両種	団	喜連川家文書案
〃	八月	千手院主	為八朔之祝儀	両種	団	喜連川家文書案
〃	八月	小山下野守	為八朔之祝儀			喜連川家文書案
〃	八月	結城左衛門督	為八朔之祝儀			喜連川家文書案
〃	八月日	妹尾甲斐守	為八朔之祝儀	弓・団幷白鳥	御矢	喜連川家文書案
〃	八月二日	小山弾正大弼	以代官懇言上	扇子幷糯子		小山氏文書

祈願所の鷲宮神主や鑁阿寺千手院、政氏菩提所の甘棠院などにまで及んでいた。

　贈答の品々は、大名からは太刀・馬、その返礼は太刀・馬、奉公衆・国人からの献上品は馬・剣・扇・弓、その返礼品は馬・剣・扇・矢か御書のみの場合もあった。年始挨拶の献上品・返礼品と同じく、身分に対応した違いがあったことが分かる。また、武士の献上品とその返礼は武器・武具が中心であり、寺社の献上品は両種（酒の肴）や指縄《さしなわ》（手綱に添えて用いる縄紐）などで、その返礼品も管城子《かんじようし》（筆）・扇子《せんす》・団《だん》（団扇《うちわ》、軍配団扇か）など武具以外のものであった。

　全体に贈答を行う人の範囲は縮小し、儀式内容も簡略化しているが、成氏は父の時代の八朔に準じて行おうとしており、義氏の時代ほどの形骸化は進んでいなかった。

公方の在地との関わり方　前述のように、八朔は豊作祈願や予祝などに関わる農村儀礼から発展したものであり、主従関係に寄与する儀礼であったため、幕府や鎌倉府でも盛んに行われた。鎌倉に帰還した成氏も、持氏に準じた八朔やその他の儀礼を継承し、在地との直接の関わりはあまり認められない。これは、成氏が「関東の将軍」として、関東・南奥の領主たちの上に立つ存在であり、在地と直接向かい合う一般の領主とは一線を画されていたからである。

しかし、成氏が古河に定着して、御料所と奉公衆を中心とする公方の権力基盤を再編し、その支配を深化させるにつれて地域との距離が縮小し、一般の領主らのように地域に向かい合う必要性が高まった。もちろん直接在地に対応するのは家臣たちであるが、成氏も超然とした立場で地域に向かい合うだけでなく、一定の交流を持つ姿勢を見せ始めていた。成氏の父持氏とその夫人が、御所の築地に設けた桟敷から町衆が出した「祇園の船」や舞物を興味深く見物したのも、地域や民衆の活動に興味を持っていたことを示すが、古河に移った成氏の時代になると、伝統的な儀礼を忠実に継承するばかりでなく、時代の変化に応じて改変して実施するようになった。そうでなければ、義氏の時代の年中行事や儀礼はもっと廃れていたのではなかろうか。

儀礼からみえる成氏の素顔　古河での年中行事の内実は、不明な点が多いことは確かである。しかし、古河公方歴代の文書に現れる年末年始の挨拶・祈禱・贈答や、折々の節供での寺社・外様らとのやりとりをみると、最後の公方である義氏の時代まで、それなりに行事やお祝い事などが行われており、廃止されたり簡略化されたものがあるとはいえ、『鎌倉年中行事』に準じて行おうとする指向性を持っていたことは間違いない。

そのことは、成氏の孫高基による嫡子（のちの晴氏）の元服に際し、伝統的な儀式内容や役割分担に配慮しながら式を遂行したことからもうかがえる（『野田家文書』）。高基は父政氏と対立し、父を引退に導いた経歴を持つが、そのイメージとは裏腹に、伝統行事や儀礼を大切にする一面を持っており、公方としての権威や礼の秩序を維持する上で、伝統の力が果たす役割を知っていたのであろう。

高基の祖父である成氏は、古河に移って基礎を築き直す以前、短期とはいえ鎌倉の御所に住み、鎌倉公方として活動したことがあるだけに、公方家が代々受け継いできた行事や儀式の役割と、その中に籠められた伝統の力の重要性と、それを受け継ぐことの意味（本郷恵子『将軍権力の発見』）を肌で感じ取っていたと思われる。しかし、古河に移れば実施することができない行事や儀式が現れるのは当然であり、それゆえ成氏は、新都古河の実情に合わせながら、実施可能なものは継続し、不可能なものは廃止するか簡略化して、古河府の実態に見合った行事や儀式に改変し、実施したと考えられる。その点からいえば、成氏は伝統を重視する一面と、それを改変して存続させる合理的思考を併せ持つ人であった。おそらくそうでなければ、古河公方一五〇年の基礎を固めるのは難しかったのではなかろうか。

第七章　それからの成氏

1　成氏から政氏へ

中風になった成氏　都鄙和睦《とひわぼく》からしばらくして、成氏《しげうじ》が鎌倉の極楽寺長老に宛てた六月二十五日付けの書状がある（『極楽寺文書』）。その中で、成氏は中風《りゆうふう》になったことに言及している。年号の記載がなく、花押の形も三〇歳頃から最後まで使ったものであるため、年代を特定するのは難しいが、文明十四年（一四八二）の都鄙和睦をめぐる活動や、文明十五年の竺雲顕騰《じくうんけんとう》の禅興寺《ぜんこうじ》住持任命など、継続的に文書を発出していることからみて、おそらくそれ以降の文書と考えてよかろう。成氏が五〇歳代半ばから後半になった頃である。

この書状の中で、成氏は「中風気」がなかなか良くならないので、極楽寺でしっかりと祈禱をしてくれていると聞く、薬師護摩祈禱の巻数を送ってくれて誠に祝着である、と礼を述べている。簡潔な内容であるため具体的なことはよく分からないが、成氏が「怠転なく祈禱を成されるの由」と書いているところからみると、中風の発症からそれほど長い時間を経過しておらず、その分だけ身体の違和感を強く感じているのであろう。おそらく半年か一年くらいの前の発症ではなかろうか。

中風は中気《ちゅうき》とも呼ばれ、脳卒中と同義に用いられることがあるが、一般には脳卒中の発作後、半身不随などの後遺症を残した状態をいい、昭和期の日本では心臓病や癌とともに死亡原因の最上位を占めていた。成氏の後遺症がどの程度であったのか、史料は何も語っていない。しかし、平癒祈禱の巻数を受け取り、しっかりとその受け取りの礼を述べている以上、文書の発出に近臣が関与していたとしても、比較的軽い半身麻痺程度で済んでいたのではないかと推測される。

この当時、古河には名医とされる江春庵《こうしゅんあん》がいた。おそらく成氏もその診察も受けていたのであろうが、科学的治療法が未発達な時代であっただけに、祈禱の持つ呪術的な治療が医師と同じか、それを上回るほど重要な役割を果たしていた。そうした医療環境からみて、成氏は江春庵の治療と合わせて、極楽寺など寺社の祈禱の効力に大きな期待を寄せていたのである。しかし、祈禱によって中風が平癒するとは考えがたく、おそらく成氏は、このあとも中風に悩まされつづけていた可能性が高い。

一五世紀は酔狂の時代と呼ばれる（桜井英治『日本の歴史12　室町人の精神』）ように、成氏を取り巻く社会は将軍・大名から民衆まで、至る所で飲酒の機会があった。『鎌倉年中行事』をみても、御祝い事や儀式・祭礼・会議などの際に、「御酒一献」「御酒三献」などの記載があちこちみえる。成氏は公方であったので、さまざまな公式行事や儀式・会議にかなりの頻度で参加することになり、その先に酒宴が待っていた。成氏が愛飲家であったかどうかは不明であるが、こうした環境の中で生きていれば、中風になる機会もおのずと多くならざるを得なかったといえよう。

公方の代替わり

気丈に乱世を駆け抜けてきた成氏も、五〇代半ば過ぎで中風を患い、公方家の家督交替が現実味を帯び始めた。文正元年（一四六六）生まれの継嗣も、すでに元服して政氏《まさうじ》と名乗り（『尊卑分脉』）、公方の座を譲ることが可能になっていた。しかし、成氏は中風を患いながらも、すぐ家督を譲ろうとしなかった。波乱に満ちた自分の過去を振り返り、経験の浅い政氏に将来を託すことへの不安を感じていたからであろう。

現在確認できる成氏が発した最後の公的文書は、長享四年（延徳二、一四九〇）四月十日、秀伝西堂《しゅうでんせいどう》を鎌倉の禅興寺住持職に任じた公帖である（『永徳寺文書』）。そして、政氏が最初に発した公的文書は、長享二年（一四八八）十一月二十七日の佐藤助太郎宛て感状（『相州文書』）、翌三年三月二日の鍛冶大工（棟梁）の福本左衛門太郎宛て感状（『福本文書』）であった。このことからみて、成氏から政氏への代替わりは、長享四年四月十日からまもなく行われたと考えられる。

そこで改めて注目されるのは、延徳二年（長享四、一四九〇）二月、政氏が発注して制作した伝祥《しょう》啓《けい》「富嶽図《ふがくず》」（二一七頁）である。前述のように、この画には建長寺住持の子純得幺《しじゅんとくよう》による長文の賛があり、政氏が世の中の安穏・太平を実現する「太平将軍」になるよう期待する内容であった。子純がこの画に着賛したのは延徳二年二月であり、遅くとも延徳元年の前半には画の制作を依頼していたとみられ、成氏から政氏への代替わりを意識して計画されたと考えられる。その前年の長享二年十一月には、政氏が家臣らに感状を発し始め、この画に子純が着賛した延徳二年二月から二ヶ月後に成氏の公的文書が消滅し、政氏が新たな公方として前面に立つことからみて、この画は政氏の公方就任を記念して作成された可能性が高い。

異年号を使った政氏　代替わりの翌年、政氏は茂木治興《はるおき》を引付衆、ついで評定衆に任じる二点の文書で「福徳二年」という元号を使用している（『茂木文書』『家蔵文書一四　茂木筑後知量家蔵文書』）。しかし、公式元号に「福徳」はなく、かといって政氏がかつての成氏のように、政治的な反発から改元に従わなかったのでもないようである。

この「福徳」という元号は、私年号とか異年号などと呼ばれるもので、戦乱などで社会が混乱し、京都での改元が正常に伝わらなかったとき、たまたま改元の伝達ルートに乗ってしまった私的な元号であったとされている（千々和到「中世東国の『私年号』」）。この「福徳」という元号は、公式元号の延徳の「延」の一文字を「福」というおめでたい文字に替えただけで、多くの私年号はこのようにして作られ、ときには板碑などに刻まれて、一定の拡がりをもって使用されることもあった（千々和到『板碑とその時代』）。

福徳二年は延徳三年（一四九一）にあたり、政氏が成氏から公方の座を譲り受けてまもない時期である。その時期に古河府の評定衆を任じる重要な文書に私年号が使われたことは注目に値しよう。しかも、老いたりとはいえ、成氏は中風を患いながらも生存しており、彼の経歴からすれば、元号問題に無関心であったとは思えない。

その点で注目されるのが、成氏が秀伝西堂を禅興寺住持職に任じた公帖で、「長享四年四月十日」と書いている事実である（『永徳寺文書』）。長享という元号は、三年八月二十一日に延徳に改元されているので、成氏は改元後も長享元号を使い続けていたことになる。とはいえ、この時期の成氏が、「享徳」元号と同じ意図をもって「長享」元号を使い続ける理由も見当たらず、別の要因によるものであったようである。

京都では将軍義尚《よしひさ》が長享三年三月二十六日、六角氏討伐の最中、近江鈎《まがり》（滋賀県栗東市）の陣中で病死したため、前将軍義政《よしまさ》が政務を執ることになったが、その直後の八月に中風で倒れ、さらに十月にふたたび中風で倒れて病床に伏し、翌延徳二年正月七日に死去している（榎原雅治・清水克行『室町幕府将軍列伝』）。そのため、八月二十一日の「延徳」改元は手続きを行うことができず、正式に伝達されることもなかった。成氏が「延徳」改元を知らず、「長享四年四月十日」と書いたのはそのためである。

平和な社会を望む人々

しかし、問題はまだ残る。政氏は「延徳」改元直前に「長享二年四月廿五日」の日付の文書を出した（『楓軒文書纂』六一）あと、「延徳」の私年号文書を発しており、彼も「延徳」改元を知らなかったことが分かるが、延徳四年七月十九日の「明応《めいおう》」改元とそれに伴う七月二十八日の幕府吉書始《きっしょはじめ》によって、「明応」元号が使われ始めたにもかかわらず、明応二年（一四九三）四月～閏四月になっても「延徳五年」の元号を書いた文書を発している（『喜連川文書案』一、『賜盧文庫文書』『富岡家文書』）。明応二年四月といえば、管領細川政元《かんれいほそかわまさもと》が将軍義材《よしき》（義稙《よしたね》）を廃し、義遐《よしとお》（義澄《よしずみ》）を擁立した明応の政変が起きた時期に重なっており、幕府の混乱の中で政氏に改元がスムースに伝わっていなかった可能性が高い。

こうした状況の中で、改元情報が錯綜し、政氏も混乱していたようである。そのことは、「長享」のあとの元号で、すでに改元された「延徳」を使っていることからもうかがえるが、彼が使用した「延徳」元号が、ただちに公式元号であったと考えて良いかどうかは検討すべき点がある。関東では享徳の乱の最中、私年号の「延徳」が使用されていた事実があり（寛正元年、一四六〇年に当たる）、この「延徳」元号が公式元号なのか、それとも私年号「延徳」であったのか、必ずしも明確ではないからである。

いずれにせよ、これらの混乱は、戦乱と政争によって混乱した幕府の改元伝達が、正常に機能しない中で起こったことであった。そして、私年号「福徳」と「延徳」は、公方の成氏・政氏父子が使用したばかりか、地域の民衆にも受け入れられ、板碑の紀年銘などに刻まれることになった。引き続く戦乱の中で、人々は平和で幸福な社会の到来を待ち望んでおり、そうした状況下で拡がったのが「福徳」元号であり（「延徳」もその可能性あり）、政氏ばかりか成氏でさえ、これを私年号とは思っていなかったのである。

成氏・政氏父子にとっても、長期にわたる享徳の乱が終わり、戦い疲れもあったのであろうが、「福徳」に籠められた平和で豊かな社会の到来を望んでいた点では、人々と共通する思いを持っていたといってよいのではなかろうか。しかし、現実の政治社会は、必ずしも成氏・政氏父子の思いのようにはならなかった。

2　成氏・政氏と長享の乱

山内・扇谷両上杉氏の抗争　文明十四年（一四八二）の都鄙和睦は、約三〇年に及ぶ享徳の乱を終結させた。そして、成氏は幕府に既得権のほとんどを認めさせることに成功した。これに伴い、関東にも平和が訪れるはずであったが、現実はかなり異なる方向に動いていった。その最大の原因は、乱の過程で変化した所領支配の状況やさまざまな既得権をめぐる争いにあった。とりわけ、享徳の乱中に伏在していた山内《やまのうち》・扇谷《おうぎがやつ》両上杉氏の利害対立が、乱の終結とともに一挙に表面化することになった。成氏から政氏への代替わりと重なる長享元年（一四八七）冬、両上杉氏の武力抗争が始まり、ふたたび関東を動乱の渦に巻き込んだのである（長享の乱）。成氏が代替わりの際、政氏の前途に不安を抱いていたのは、こうした事態が訪れることを予感したからであろう。

　享徳の乱は、成氏方と上杉・幕府方の抗争であったが、長享の乱は、①幕府が伊豆に送り込んだ堀《ほり》越《ごえ》公方足利政知《まさとも》と扇谷上杉氏との利害競合、②五十子《いかっこ》在陣中の山内上杉氏の分国武蔵に進出した扇谷上杉氏の権益拡大による両上杉氏の対立、という二つの矛盾を内包して展開した。①は政知の補佐役渋川義鏡《しぶかわよしかね》が相模・武蔵での権限拡大を進めたため、早い段階から表面化していた。とりわけ政知の本拠伊豆に隣接する相模は、扇谷上杉氏の守護分国であっただけに、寛正三年（一四六二）春頃から扇谷方の反発を引き起こし、上杉持朝《もちとも》が政知へ敵対するとの風聞が拡がり、慌てた将軍義政が政知・義鏡らの関東進出を制止し、持朝を慰撫して河越荘《かわごえ》を与えるなど、既得権を保障し事なきを得た経緯がある（『足利家御内書案』）。関東に関する義政の認識の甘さが露呈した出来事であった。

②は両上杉氏間の矛盾であるだけに、事態はより深刻であった。享徳の乱中は打倒成氏という共通目標があり、小異を捨て連携を成立させることができたが、応仁元年（一四六七）の持朝の死去、孫の政真《まさざね》（持朝の子顕房《あきふさ》の子）の家督継承、文明五年（一四七三）の政真の戦死とそれに伴う政真叔父定《さだ》正《まさ》の家督継承など、扇谷上杉氏当主の短期交替による混乱と停滞の時期に、配下の太田《おおた》道真《どうしん》・道灌《どうかん》父子が存在感を示し、武蔵中南部で権益拡大を推し進めた（『報国寺文書』ほか）ため、山内上杉氏との利害対立が表面化し（『古簡雑纂』）、道真・道灌父子が敵対するらしいとの風聞まで拡がっていた（『古簡雑纂』）。

太田道灌への不信感　この間の文明元年（一四六九）、道真は関東に下っていた連歌師心敬《しんけい》・宗祇《そうぎ》らを河越城に招いて連歌会を催し（『河越千句』）、文明六年には道灌が心敬や関東在陣中の木戸《きど》孝範《たかのり》らを江戸城に招いて歌合を実施した（『武州江戸城歌合』）。さらに文明八年には、道灌が京都建仁寺の正宗《しょうしゅう》龍統《りゅうとう》（東氏の出身）に懇願し、静勝軒詩序《しょうじょうけんしいじょ》・江亭《こうてい》（白船亭）記を詩板として作成し（それには京都・鎌倉の高名な禅僧の詩も寄せられた）、彼が江戸城に私的に建てた静勝軒・江亭に掛けて、最新の禅林文化や人脈に通じる存在であることを誇示し、我が世の春を謳歌していたのである（『江戸城静勝軒詩序並江亭記等写』『梅花無尽蔵』）。

しかし、前にも述べたように、江戸城は道灌個人の城ではない。江戸城は山内上杉氏の持ち城であり、道灌は有力とはいえ在城する武将の一人という立場にあった。それにもかかわらず、自分が主催者となり、城内で華やかに和歌や連歌の会を催し、私的に建物を建てて詩板を掛け、あたかも城主のように振る舞っていたため、山内上杉氏はもとより、主家の扇谷上杉氏でさえ、彼の言動に不信感を抱くようになっていた。さらに文明十年正月、両上杉氏が都鄙和睦を取り持つ条件で成氏と和睦した（その代わりに熊野堂守実《しゅじつ》が「証人」として山内上杉氏に入った）にもかかわらず、幕府に対する和睦交渉が遅れた上、道灌を中心に成氏方の長尾景春《ながおかげはる》・千葉孝胤《ちばのりたね》への攻撃を継続し（『小山氏文書』）、成氏から「虚言」と批判されていた（『蜷川家文書』）。成氏は上杉方の景春攻撃は内部問題として黙認し得たとしても、千葉自胤《よりたね》（乱中に下総を没落）の復権と孝胤打倒を口実に下総への侵攻を認める（それを証明する確かな史料はない）ことはなく、道灌らの攻撃を迎え撃っている。

　成氏の不信感が募る文明十一〜十二年春、ふたたび成氏と両上杉氏が歩み寄り、熊野堂殿守実と山内上杉顕定《あきさだ》・扇谷上杉定正が、成氏に対し起請文に添えて御料所と公方近習の所領注文を提出し、和睦交渉を行った。それからまもなく、道灌は成氏の近習梶原《かじわらの》能登入道《とにゅうどう》に、自分が幕府へ虚偽の言上をしたという話は多賀谷入道（祥賀）の讒言《ざんげん》であり、信じてはならないなどと伝えていた（『古簡雑纂』）。讒言されるのは快く思わない者がいたことを示すが、ここで注目すべき点は、顕定・定正が成氏の弟守実を前面に立て、争点となっていた所領問題の解決を図っていた事実であろう。

　この文書は、文明十年正月の停戦以降、道灌ら両上杉方が押領した成氏やその近習たちの所領を調べ上げ、その返還を前提とした領土協定の具体的内容を提示したものとみられ、その合意によって上杉方の都鄙和睦交渉が本格的に進められることになった。そして、文明十四年十一月末、堀越公方の知行分の保障を踏まえて、幕府と成氏との和睦交渉が成立することになったのである。

しかし、それでも道灌らはそれまでどおり、江戸城を拠点とし、利根川水系を越えて下総への侵攻を続け（『年代記配合抄』）、葛西周辺から印旛郡方面でたびたび戦闘を展開した（『本土寺過去帳』）。そのため、両上杉氏は成氏との関係悪化を危惧する一方、自分たちの意思に違う道灌の動きを危険視するようになり、文明十八年七月、主君の定正が誅殺するに至った（『梅花無尽蔵』）。成氏五六歳の秋の出来事であった。

両上杉氏間の所領問題　こうして両上杉氏は成氏との抗争再開を回避することになったが、皮肉なことに、道灌の誅殺後に両上杉氏間の所領問題が一挙に表面化することになった。前述のように、扇谷上杉氏は五十子陣に長期滞在する山内上杉氏の分国に進駐し、河越城・江戸城などに拠って成氏方に対峙していた。とりわけ江戸城は複数の武将によって築城された山内上杉氏の城郭であったが、道灌らが軍事的支配を拡げ、江戸城ばかりか武蔵南部地域まで虫食い状に軍事的支配権を行使し始めていた。山内上杉氏は反成氏という共通目標に集中し、あえてこれを問題にしていなかったが、享徳の乱が終結したとき、改めて扇谷方の武蔵中南部の権益拡大の現実を知ることになり、その領土返還と線引き問題が表面化したのであった。そして、扇谷方の先鋒として武蔵進出を進めた道灌誅殺の後、両上杉氏が領土交渉を行う中で、埋めがたいほどの溝に直面し、長享元年（一四八七）閏十一月、下野足利の勧農城《かんのうじょう》（栃木県足利市）の攻防を契機として、武蔵・相模を主要な舞台とする武力抗争が開始されたのである（長享の乱）。

翌二年になると、二月の実蒔原《さねまきはら》（神奈川県厚木・伊勢原市）の合戦、五月の小田原城（神奈川県小田原市）・七沢城《ななさわじょう》（同厚木市）の攻防戦、六月の須加谷原《すがやはら》（埼玉県嵐山町）の合戦、十一月の高見原《たかみはら》（埼玉県小川町）の合戦などが連続して起こり、多くの犠牲者を出した（『梅花無尽蔵』）。高見原の合戦では成氏・政氏らも関与した形跡があり、延徳元年（一四八九）七月には、岩松氏配下の横瀬氏に対し、向《むかい》古河《こが》（埼玉県加須市）への参陣や高見原の合戦での忠勤を賞する成氏の書状が発せられている（『集古文書』）。また長享二年十一月には、代替わりを目前にした政氏が、鎌倉鍛冶の福本氏や公方者の佐藤氏らに感状を発している（『福本文書』『相州文書』）。そのためか、成氏・政氏は長享の乱で扇谷方に味方したと考えられていた。

しかし、成氏は都鄙和睦の実現に先立って、両上杉氏と領土問題の合意を経て和睦した事実を想起してみると、上杉氏の内部抗争にあえて関与する必要はないはずである。実際、成氏・政氏が扇谷方として積極的に動いた様子はなく、古河周辺の小山・結城・佐野氏らも動いた形跡はない。横瀬氏や福本・佐藤氏らの行動も、公方御料所や公方家臣・公方派領主らの権益擁護のための行動であった可能性が高そうである。

長享二年に集中した戦闘によって、両上杉氏とも体力の消耗が大きかったらしく、翌三年（延徳元）の戦線は膠着状態となり、延徳二年十二月には両者の和睦が成立した。しかし、延徳三年四月に伊豆堀越の足利政知が死去すると、その三ヶ月後、政知の子茶々丸が政知嫡子で天龍寺香厳院《きょうごんいん》主清晃《せいこう》の生母円満院《えんまんいん》と同母弟潤童子《じゅんどうじ》を殺害し、二代堀越公方となった。明応二年（一四九三）四月、管領細川政元が将軍義材（のちの義稙）を追って政知の嫡子義澄（香厳院主清晃が還俗）を擁立する（明応の政変）と、義澄の命を受けた伊勢《いせ》宗瑞《そうずい》が茶々丸への攻撃を開始して堀越から追い、やがてこれを自害に追い込むことになる。明応の政変の翌月の閏四月、両上杉氏の抗争が再開されるが、扇谷定正は駿東で急成長を遂げた伊勢宗瑞と結んだのに対し、山内上杉顕定は古河公方政氏と連携し、これに対抗することになった（家永遵嗣「北条早雲研究の最前線」）。

成氏の子義綱の役割　注目されるのは、政氏と顕定との連携には、政氏の弟義綱《よしつな》と山内上杉氏との養子縁組みが伴っていたことである。義綱は成氏の次男であるが、顕定の後継として関東管領になる条件で、山内上杉氏の養子に入って四郎顕実《あきざね》と名乗った（『喜連川判鑑』）。すでに顕定は一族から養子憲房《のりふさ》を迎えていたにもかかわらず、公方家との同盟を望み、成氏に働きかけて実現したものであった（佐藤博信『古河公方足利氏の研究』）。養子入りの時期は、顕定が定正との抗争を再開する直前の明応二年四月であろう。将軍義澄と管領細川政元に通じる伊勢宗瑞が、扇谷定正と結んで武蔵をうかがったため、政氏との連携を急いでいたのである。

問題は顕定が養子憲房を差し置いてまで、なにゆえ義綱（顕実）を養子に迎えたのかであろう。その理由が扇谷上杉氏に対抗する軍事同盟の強化にあり、そのために山内上杉氏正嫡が就く関東管領職を義綱（顕実）に継承させる約束をしたのである。

戦国期の大名権力を例とした研究によれば、同盟には攻守軍事協定・相互不可侵協定・領土協定・

縁組みという四つの要件があり、その中でも相互不可侵の約束を含む領土協定が基本であることが解明されている（藤木久志「戦国大名の和与と国分」）。顕定が政氏と同盟を結ぶに当たり、享徳の乱で混乱した所領の支配関係を整理し、合意しておくことが必要であり、その合意の証明として縁組みが不可欠の要件となったのである。

この養子入りは、文明十一～十二年（一四七九～八〇）頃、顕定・扇谷定正の両上杉氏が、成氏の弟熊野堂守実を「証人」（山内上杉氏との縁組みの可能性もある）にしていたことと通底する。これは、文明十年正月の停戦講和を一歩進め、所領問題を解決し、顕定による都鄙和睦交渉の推進を条件に、身内を「証人」とした点で共通する。守実の処遇については不明な点があるとはいえ、今回は扇谷方との緊張を高める顕定が、義綱（顕実）を継嗣とすることを約束し、紛争の火種となる領土の不可侵協定を確認しておくことが不可欠であった。あるいは「証人」として山内上杉氏にあった守実が死去したか、何かの事情で公方家に戻ることになった代わりに、政氏の弟義綱（顕実）を継嗣として迎え、同盟関係を再構築したのかもしれない。いずれにせよ成氏・政氏父子は、そのときの戦況次第で両上杉氏のどちらに味方するかを決めていたのではなく、中世の法慣習に基づいた手続きを行った上で、同盟を結んでいたことは確実といってよかろう。

顕定方を支援する政氏軍　政氏が公方を継承した延徳二年（一四九〇）、すでに二四歳になっていたので、嫡子亀王丸（のちの高基《たかもと》）も誕生し、弟の義綱＝顕実も二一～二二歳くらいになっていたと思われる。公方家と山内上杉氏との同盟が成立するのはそれから三年後であり、成氏は六三歳になっていた。この同盟についても、基本となる所領の不可侵協定についても、経験豊富な成氏が一定の関与をした可能性がある。

明応二年（一四九三）閏四月、両上杉氏の前哨戦が上野で開始される（森田真一『上杉顕定』）と、政氏は顕定との同盟に基づき、後方支援のため上野に軍勢を差し向け、扇谷方を攻撃していたようで、武井城（群馬県桐生市）を攻めた富岡氏の戦功を賞している（『富岡家文書』）。翌三年七月、扇谷方の反撃が始まると、顕定は越後上杉氏に援軍を要請する（『発智氏文書』『楡井文書』）。しかし、八〜九月になると、扇谷方が伊豆の伊勢宗瑞らと結んで武蔵北部まで侵攻してきたため、顕定は本拠の鉢形《はちがた》城（埼玉県寄居町）で迎え撃つことを断念し、利根川北岸まで後退して対峙する状況となった。ところが扇谷方の大将定正が、たまたま戦場で頓死したばかりか、政氏軍が後方支援に武蔵中部まで出陣したこともあり（『鎌倉大日記』）、顕定軍は扇谷軍を武蔵河越まで押し返している。顕定が政氏と結んだ攻守同盟が機能していたことを示す。

明応五年七月には、政氏が山内上杉氏の拠点鉢形城に在陣しており、顕定は配下の庁鼻《ちょうのはな》和上杉氏や上州一揆に政氏の警備に当たらせ（『伊佐早謙採集文書』）、背後の憂いを断った上で、一挙に相模に侵攻して扇谷方に打撃を加え、翌六年には武蔵上戸《うえど》（同川越市）に在陣し、入間川を挟んで扇谷方の本拠河越城に対峙した。そして、鉢形に在陣する政氏に、上戸への移陣を要請したのであった。

顕定が政氏に上戸移陣を要請した月日は不明であるが、この年の九月晦日に成氏が古河で死去しているので、政氏はいったん鉢形から古河に帰還していた可能性もあるが、顕定からの要請に応えるべく、簗田《やなだ》・一色《いっしき》・佐々木・梶原・野田・印東《いんとう》・佐野氏ら三〇〇〇騎を率いて上戸へ出陣し、長期にわたって在陣した（『松陰私語』）。しかし、極寒の中での不慣れな長期在陣によって体調を崩し、明応八年十月、近臣らの勧めにより、療養のためひとまず古河へ戻ったのである（『松陰私語』）。

義綱（顕実）のその後　政氏と顕定の同盟はこの後も維持される。永正三年（一五〇六）に政氏・高基の対立が始まり、永正十三年に至るまで断続的な抗争が展開されるが、その間の永正七年、顕定が越後上杉氏の内紛鎮圧に出陣し、越後長森原《ながもりはら》（新潟県柏崎市）で戦死すると、顕定の養嗣子顕実ともう一人の養子憲房との相続争いが始まった（佐藤博信『古河公方足利氏の研究』）。その結果は、高基と通じる憲房が勝利し、山内上杉氏当主の座をもぎ取り、敗北した顕実は鉢形城から没落する。その行方はまったく不明とされているが、娘が宇都宮成綱《うつのみやしげつな》に嫁していた（『宇都宮系図』）ことを想起してみると、宇都宮の娘を頼っていったと考えるのが自然であろう。そして、永正十二年に死去したと伝えられる（『古河公方系図』）。享年は四五、六歳であろう。

顕実没落を機に顕定と政氏との同盟は解消するが、やがて憲房が高基の子憲広《のりひろ》を養子に迎え、関東管領職を譲る約束で新たな攻守同盟を結んでいる。しかし、それも長くは続かず、憲広と憲房実子憲政《のりまさ》との対立が始まると、同盟はたちまち破綻する。足利氏に戻った憲広は晴直《はるなお》と改名し、上総国宮原（千葉県市原市）に定着し、「宮原御所」と呼ばれた（『古河公方系図』）。

このように古河公方と山内上杉氏との間で繰り返し攻守同盟が結ばれるが、いずれも短期に頓挫し、両者が連携して関東を支配する体制が復活することはなかった。